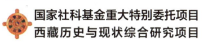中国社会科学院创新工程学术出版资助项目

国家社科基金重大特别委托项目
西藏历史与现状综合研究项目

中国社会科学院创新工程学术出版资助项目

国家社科基金重大特别委托项目
西藏历史与现状综合研究项目

西藏人口分布变动及人口功能区规划研究

黄祖宏　高向东　著

社会科学文献出版社
SOCIAL SCIENCES ACADEMIC PRESS (CHINA)

西藏历史与现状综合研究项目
编 委 会

总　序

郝时远

　　中国的西藏自治区，是青藏高原的主体部分，是一个自然地理、人文社会极具特色的地区。雪域高原、藏传佛教彰显了这种特色的基本格调。西藏地区平均海拔 4000 米，是人类生活距离太阳最近的地方；藏传佛教集中体现了西藏地域文化的历史特点，宗教典籍中所包含的历史、语言、天文、数理、哲学、医学、建筑、绘画、工艺等知识体系之丰富，超过了任何其他宗教的知识积累，对社会生活的渗透和影响十分广泛。因此，具有国际性的藏学研究离不开西藏地区的历史和现实，中国理所当然是藏学研究的故乡。

　　藏学研究的历史通常被推溯到 17 世纪西方传教士对西藏地区的记载，其实这是一种误解。事实上，从公元 7 世纪藏文的创制，并以藏文追溯世代口传的历史、翻译佛教典籍、记载社会生活的现实，就是藏学研究的开端。同一时代汉文典籍有关吐蕃的历史、政治、经济、文化、社会生活及其与中原王朝互动关系的记录，就是中国藏学研究的本土基础。现代学术研究体系中的藏学，如同汉学、东方学、蒙古学等国际性的学问一样，曾深受西学理论和方法的影响。但是，西学对中国的研究也只能建立在中国历史资料和学术资源基础之上，因为这些历史资料、学术资源中所蕴含的不仅是史实，而且包括了古代记录者、撰著者所依据的资料、分析、解读和观念。因此，中国现代藏学研究的发展，不仅需要参考、借鉴和吸收西学的成就，而且必须立足本土的传统，光大中国藏学研究的中国特色。

作为一门学问，藏学是一个综合性的学术研究领域，"西藏历史与现状综合研究项目"即是立足藏学研究综合性特点的国家社会科学基金重大特别委托项目。自 2009 年"西藏历史与现状综合研究项目"启动以来，中国社会科学院建立了项目领导小组，组成了专家委员会，制定了《"西藏历史与现状综合研究项目"管理办法》，采取发布年度课题指南和委托的方式，面向全国进行招标申报。几年来，根据年度发布的项目指南，通过专家初审、专家委员会评审的工作机制，逐年批准了一百多项课题，约占申报量的十分之一。这些项目的成果形式主要为学术专著、档案整理、文献翻译、研究报告、学术论文等类型。

承担这些课题的主持人，既包括长期从事藏学研究的知名学者，也包括致力于从事这方面研究的后生晚辈，他们的学科背景十分多样，包括历史学、政治学、经济学、民族学、人类学、宗教学、社会学、法学、语言学、生态学、心理学、医学、教育学、农学、地理学和国际关系研究等诸多学科，分布于全国 23 个省、自治区、直辖市的各类科学研究机构、高等院校。专家委员会在坚持以选题、论证等质量入选原则的基础上，对西藏自治区、青海、四川、甘肃、云南这些藏族聚居地区的学者和研究机构，给予了一定程度的支持。这些地区的科学研究机构、高等院校大都具有藏学研究的实体、团队，是研究西藏历史与现实的重要力量。

"西藏历史与现状综合研究项目"具有时空跨度大、内容覆盖广的特点。在历史研究方面，以断代、区域、专题为主，其中包括一些历史档案的整理，突出了古代西藏与中原地区的政治、经济和文化交流关系；在宗教研究方面，以藏传佛教的政教合一制度及其影响、寺规戒律与寺庙管理、僧人行止和社会责任为重点，突出了藏传佛教与构建和谐社会的关系；在现实研究方面，则涉及政治、经济、文化、社会和生态环境等诸多领域，突出了跨越式发展和长治久安的主题。

在平均海拔 4000 米的雪域高原，实现现代化的发展，是中国改革开放以来推进经济社会发展的重大难题之一，也是没有国际经验可资借鉴的中国实践，其开创性自不待言。同时，以西藏自治区现代化为主题的经济社会发展，不仅面对地理、气候、环境、经济基础、文化特点、社会结构等特殊性，而且面对境外达赖集团和西方一些所谓"援藏"势力制造的"西藏问题"。因此，这一项目的实施也必然包括针对这方面的研究选题。

所谓"西藏问题"是近代大英帝国侵略中国、图谋将西藏地区纳入其殖民统治而制造的一个历史伪案，流毒甚广。虽然在一个世纪之后，英国官方承认以往对中国西藏的政策是"时代错误"，但是西方国家纵容十四世达赖喇嘛四处游说这种"时代错误"的国际环境并未改变。作为"时代错误"的核心内容，即英国殖民势力图谋独占西藏地区，伪造了一个具有"现代国家"特征的"香格里拉"神话，使旧西藏的"人间天堂"印象在西方社会大行其道，并且作为历史参照物来指责 1959 年西藏地区的民主改革、诋毁新西藏日新月异的现实发展。以致从 17 世纪到 20 世纪上半叶，众多西方人（包括英国人）对旧西藏黑暗、愚昧、肮脏、落后、残酷的大量实地记录，在今天的西方社会舆论中变成讳莫如深的话题，进而造成广泛的"集体失忆"现象。

这种外部环境，始终是十四世达赖喇嘛及其集团势力炒作"西藏问题"和分裂中国的动力。自 20 世纪 80 年代末以来，随着苏联国家裂变的进程，达赖集团在西方势力的支持下展开了持续不断、无孔不入的分裂活动。达赖喇嘛以其政教合一的身份，一方面在国际社会中扮演"非暴力"的"和平使者"，另一方面则挑起中国西藏等地区的社会骚乱、街头暴力等分裂活动。2008

3

年，达赖集团针对中国举办奥运会而组织的大规模破坏活动，在境外形成了抢夺奥运火炬、冲击中国大使馆的恶劣暴行，在境内制造了打、砸、烧、杀的严重罪行，其目的就是要使所谓"西藏问题"弄假成真。而一些西方国家对此视而不见，则大都出于"乐观其成"的"西化""分化"中国的战略意图。其根本原因在于，中国的经济社会发展蒸蒸日上，西藏自治区的现代化进程不断加快，正在彰显中国特色社会主义制度的优越性，而西方世界不能接受中国特色社会主义取得成功，达赖喇嘛不能接受西藏地区彻底铲除政教合一封建农奴制度残存的历史影响。

在美国等西方国家的政治和社会舆论中，有关中国的议题不少，其中所谓"西藏问题"是重点之一。一些西方首脑和政要时不时以会见达赖喇嘛等方式，来表达他们对"西藏问题"的关注，显示其捍卫"人权"的高尚道义。其实，当"西藏问题"成为这些国家政党竞争、舆论炒作的工具性议题后，通过会见达赖喇嘛来向中国施加压力，已经成为西方政治作茧自缚的梦魇。实践证明，只要在事实上固守"时代错误"，所谓"西藏问题"的国际化只能导致搬石砸脚的后果。对中国而言，内因是变化的依据，外因是变化的条件这一哲学原理没有改变，推进"中国特色、西藏特点"现代化建设的时间表是由中国确定的，中国具备抵御任何外部势力破坏国家统一、民族团结、社会稳定的能力。从这个意义上说，本项目的实施不仅关注了国际事务中的涉藏斗争问题，而且尤其重视西藏经济社会跨越式发展和长治久安的议题。

在"西藏历史与现状综合研究项目"的实施进程中，贯彻中央第五次西藏工作座谈会的精神，落实国家和西藏自治区"十二五"规划的发展要求，是课题立项的重要指向。"中国特色、西藏特点"的发展战略，无论在理论上还是在实践中，都是一个现在进行时的过程。如何把西藏地区建设成为中国"重要的国家安

全屏障、重要的生态安全屏障、重要的战略资源储备基地、重要的高原特色农产品基地、重要的中华民族特色文化保护地、重要的世界旅游目的地"，不仅需要脚踏实地地践行发展，而且需要科学研究的智力支持。在这方面，本项目设立了一系列相关的研究课题，诸如西藏跨越式发展目标评估，西藏民生改善的目标与政策，西藏基本公共服务及其管理能力，西藏特色经济发展与发展潜力，西藏交通运输业的发展与国内外贸易，西藏小城镇建设与发展，西藏人口较少民族及其跨越式发展等研究方向，分解出诸多的专题性研究课题。

注重和鼓励调查研究，是实施"西藏历史与现状综合研究项目"的基本原则。对西藏等地区经济社会发展的研究，涉面甚广，特别是涉及农村、牧区、城镇社区的研究，都需要开展深入的实地调查，课题指南强调实证、课题设计要求具体，也成为这类课题立项的基本条件。在这方面，我们设计了回访性的调查研究项目，即在20世纪五六十年代开展的藏区调查基础上，进行经济社会发展变迁的回访性调查，以展现半个多世纪以来这些微观社区的变化。这些现实性的课题，广泛地关注了经济社会的各个领域，其中包括人口、妇女、教育、就业、医疗、社会保障等民生改善问题，宗教信仰、语言文字、传统技艺、风俗习惯等文化传承问题，基础设施、资源开发、农牧业、旅游业、城镇化等经济发展问题，自然保护、退耕还林、退牧还草、生态移民等生态保护问题，等等。我们期望这些陆续付梓的成果，能够从不同侧面反映西藏等地区经济社会发展的面貌，反映藏族人民生活水平不断提高的现实，体现科学研究服务于实践需求的智力支持。

如前所述，藏学研究是中国学术领域的重要组成部分，也是中华民族伟大复兴在学术事业方面的重要支点之一。"西藏历史与现状综合研究项目"的实施涉及的学科众多，它虽然以西藏等藏族聚居地区为主要研究对象，但是从学科视野方面进一步扩展了藏学研究的空间，也扩大了从事藏学研究的学术力量。但是，这一项目的实施及其推出的学术成果，只是当代中国藏学研究发展的一个加油站，它在一定程度上反映了中国藏学研究综合发展的态势，进一步加强了藏学研究服务于"中国特色、西藏特点"的发展要求。但是，我们也必须看到，在全面建成小康社会和全面深化改革的进程中，西藏实现跨越式发展和长治久安，无论是理论预期还是实际过程，都面对着诸多具有长期性、复杂性、艰巨性特点的现实问题，其中包括来自国际层面和境外达赖集团的干扰。继续深化这些问题的研究，可谓任重道远。

在"西藏历史与现状综合研究项目"进入结项和出版阶段之际，我代表"西藏历史与现状综合研究项目"专家委员会，对全国哲学社会科学规划办公室、中国社会科学院及其项目领导小组几年来给予的关心、支持和指导致以崇高的敬意！对"西藏历史与现状综合研究项目"办公室在组织实施、协调联络、监督检查、鉴定验收等方面付出的努力表示衷心的感谢！同时，承担"西藏历史与现状综合研究项目"成果出版事务的社会科学文献出版社，在课题鉴定环节即介入了这项工作，为这套研究成果的出版付出了令人感佩的努力，向他们表示诚挚的谢意！

2013 年 12 月北京

序

本书广泛吸收和运用了国内外人口学、地理学、经济学和社会学等相关学科的理论和方法，通过定性研究和定量研究相结合、理论探索和实际资料分析相结合、宏观和微观相结合的方法，利用几次人口普查的大量数据和相关的空间分析，对西藏的人口分布与人口功能区划进行了深入的研究。本书资料翔实，研究方法合理，关于人口空间结构优化问题的建议颇有新意，使本书达到了较高的学术水平，笔者认为本书在以下四个方面具有一定的创新性。

首先，对西藏人口的历史变迁、人口空间分布变迁进行了系统梳理。一方面对西藏既有人口研究进行系统整理，为西藏人口的后续深入研究奠定基础；另一方面，通过梳理本书认为西藏经济形态的转变，特别是畜牧经济向农业经济转变的过程对西藏人口分布具有重要影响，这种经济形态转变加剧了西藏历史人口分布的不平衡状况。

其次，在分析方法上，本书运用分形理论，从新视角对西藏城镇体系人口规模和城镇体系空间格局进行分析，尝试进一步挖掘西藏城镇化的研究深度，并在此基础上，提出构建合理的城镇体系，促进西藏人口空间格局的优化。

再次，构建了西藏人口发展功能区划指数，尝试对西藏人口发展功能区进行定位，将西藏划分为人口限制区、人口疏散区、人口稳定区和人口集聚区，从而为西藏人口再分布提供一定的理论依据。

最后，本书建议构造新的"一江两河"核心城镇带和构造"大"字形交通网络体系，以优化西藏城镇空间结构。

总的来说，本书达到了较高的学术水平，很好地体现了作者的理论修养和科学研究能力，尤其是利用空间模型研究实际问题的能力。本书的出版，对促进西藏人口合理分布和可持续发展都有重要的实际意义。本书从专业角度对西藏城镇化进程进行了探讨，其中肯定还有一些不够成熟的地方，希望作者在今后的工作中，能够对西藏人口及其相关问题进行更深入的研究。

张善余

2017 年 10 月于上海

前　言

　　西藏高原以其独特的自然景观和人文景观闻名于世，地形地貌复杂多样，生物资源十分丰富，这些特点也决定了西藏高原生态系统的脆弱性和敏感性。研究显示，20 世纪中叶以来西藏生态环境已处于轻度退化状态，这一变化除了受到自然条件及全球气候变化等因素影响，不合理的人为活动也是重要影响因素之一。高原地区人口总量持续增长以及自然资源开发规模的失控或利用不当等效应的加剧，不仅使西藏资源环境人口承载量有所减少，还导致西藏高原生态系统产生了一系列生态环境问题。

　　目前，西藏的草地面积退化加剧，土地沙化严重，冻土消融作用加强，冰川退缩加快，西藏高原生态屏障功能面临着严重的威胁与挑战，这些变化都正在或即将影响高原地区人口的生存和可持续发展。我国第六次人口普查数据显示，十年间西藏人口增长幅度居全国前列，经济也持续快速增长，铁路、机场等交通设施的建成便利了大量外省区市人口迁入西藏，与此同时西藏乡村迁入城镇的人口规模也持续增长。根据城镇化发展的一般规律，2020～2050 年将是西藏城镇化加速发展阶段，城镇人口将快速增长，西藏区域内人口分布也将随之发生变动，这无疑会给西藏脆弱的生态环境带来巨大的压力。因此加强对西藏人口分布影响因素和城镇空间格局的研究，对协调西藏人口与资源环境矛盾，促进西藏经济社会可持续发展具有积极意义。

　　本书主要通过 1982 年、1990 年、2000 年和 2010 年的历次西藏人口普查数据及其他社会经济数据，采用横向和纵向对比分析、空间统计分析等研究方法，利用 ARCGIS、GEODA 等空间统计分析软件，着重分析讨论四个方面的内容。首先，总结西藏高原地区人口空间水平分布和人口垂直分布规律，了解西藏人口分布在不同时期的变化，预测其变化趋势。其次，通过 ARCGIS 空间统计分析，探讨西藏地区人口水平分布和垂直分布变动的动力机制，并利用夜间灯光数据和人口普查数据，分析西藏地区人口城镇化的空间演变、城镇空间结构和城镇体系演变对人口分布的影响。再次，在人口与资源环境方面，探讨在特殊自然环境下西藏人口发展功能区划问题，以促进西藏地区人口与资源环境的可持续发展。最后，在分析西藏人口空间分布变动格局、动力机制和城镇化的基础上，提出西藏人口发展及可持续发展途径的建议。

通过对以上内容的分析，本书得出以下主要结论。

（1）从西藏人口的历史变迁来看，不同的历史发展时期西藏主导经济形态不同，经济形态的转变对西藏人口规模和人口分布影响巨大。早在旧石器时代西藏就有人类居住，以采集狩猎为主要生存方式，人口分布的基本特点是稀疏、分散和漂泊流动。随着畜牧经济的出现和发展，西藏的西北部，即畜牧经济的主要发展区域居住着相当数量的西藏人口。此后东南部农业经济逐渐兴起，由于农业经济比畜牧经济承载的人口数量多，这一经济形态的转变使得西藏东南部的人口数量逐渐超过西北部，最终由以农耕经济为主的雅砻部落统一了西藏，建立了吐蕃王朝。随后在一些农业比较发达和宗教比较兴盛的地方逐渐形成了城镇，特别是在山南地区、拉萨地区和日喀则地区的城镇比较密集，这种人口分布的空间格局一直延续至今。

（2）从西藏人口分布水平方向来看，在西藏从农业社会向工业化社会迈进的过程中，西藏人口分布呈现出东南部人口众多而西北部人口分布稀少的特征，地域之间差异明显，人口分布极度不平衡。从四个时期的人口洛伦茨曲线可以看到，西藏10%的土地面积集聚了西藏近50%的人口总量，在西藏近60年的经济发展过程中，这一人口分布特征没有大的改观，西藏这种人口分布状况反映了典型的农业社会模式。随着近年来国家投资和西藏经济的发展，人口再分布系数显示了西藏人口再分布的力度在加大，人口迁移流动趋势明显，这也将逐步改变西藏人口分布极度不平衡的状态。

（3）从西藏人口分布垂直方向来看，其分布不是简单随着海拔高程的增加人口逐步减少的状况，而是呈现出中高海拔人口数量多密度大，分别向高海拔地区和低海拔地区逐渐递减的规律，西藏的这种人口垂直分布特征主要受海拔、坡度、坡向和河流的综合影响。

（4）从西藏人口分布空间格局来看，空间自相关分析结果显示西藏人口分布呈现出明显的空间集聚状态，人口分布的空间集聚区域主要以拉萨为中心，分布于拉萨河流域，并存在明显的空间关联。通过不同时期西藏人口分布的空间自相关分析，西藏人口空间分布的集聚性有所减弱，由人口空间分布的极度不平衡状态向人口分布区域均衡化方向发展。

（5）从人口分布影响因素来看，地理加权回归模型结果显示，城镇化和坡度是西藏人口分布模式的主要影响因素。从回归方程不同地区城镇化系数来看，西藏中部地区城镇化的发展能够带动西藏城镇化的整体发展，吸引大量的人口在此集聚，而阿里地区和昌都地区城镇化的推进对人口集聚影响相对较弱。从回归方程坡度系数来看，坡度对西藏人口影响最大的区域主要分布于尼洋河流域和怒江流域上游至那曲一带，羌塘高原一带受坡度的影响也较大，受坡度影响较小的区域主要分布于亚东至日喀则市这一区域。

（6）从西藏城镇体系的分形维数来看，西藏城镇体系人口规模和城镇体系空间结构都呈现出分形特征。西藏城镇体系人口规模的分形维数显示，拉萨市城市首位度还不是很高，垄断性不强，城镇人口规模分布集中，中间的城镇发育较快。西藏城镇体系空间结构的分形维数显示，西藏城镇以拉萨为中心向周围递减，城镇空间分布呈现出弱集聚型的特征，这都说明西藏城镇体系的自组织演化在空间结构方面具有优化的趋势；西藏城镇空间格局呈现的分形特征与西藏的自然环境有着密切的联系，西藏的主要城镇都分布在河流沿线，河流的分形特征影响了西藏的城镇空间分形特征。

（7）在西藏城镇体系空间结构的演化过程中，自然环境、国家投资和政策、宗教文化和城镇腹地都对西藏的城镇空间结构产生了影响。本书建议构造新的"一江两河"核心城镇带和"大"字形交通网络体系，以促进西藏城镇空间结构优化。

（8）利用植被指数、土地利用、最热月平均温度和夜间灯光数据构建西藏人口发展功能区，将西藏分为人口限制区、人口疏散区、人口稳定区和人口集聚区。人口限制区主要分布在西藏西北部的羌塘高原、冈底斯山脉至念青唐古拉山山脉地区和喜马拉雅山山脉所在的山区地带；人口疏散区主要分布在西藏西北部的牧区和东南部的一些山地的牧区；人口的稳定区主要分布在雅鲁藏布江中游河谷、拉萨河流域、尼洋河流域、那曲至昌都线和一些湖盆地区；人口集聚区主要分布在拉萨河、年楚河流域，那曲地区、昌都地区和藏南地区。

本书在以下三个方面进行了一些创新尝试。

其一，对西藏人口的历史变迁、人口空间分布变迁进行了系统梳理。对西藏既有人口研究进行系统整理，为西藏人口的后续深入研究打下基础。通过梳理发现，西藏经济形态的转变对西藏人口分布具有重要的影响力，特别是畜牧经济向农业经济转变的过程对西藏人口分布具有重要的影响，这种转变加剧了西藏历史人口分布的不平衡状况。

其二，在分析方法上，运用分形理论，从新视角对西藏城镇体系人口规模和城镇体系空间格局进行分析，尝试拓宽西藏城镇化的研究内容并加大研究深度，在此基础上，提出构建合理的城镇体系，促进西藏人口空间格局的优化。

其三，构建了西藏人口发展功能区划指数，尝试对西藏人口发展功能区进行定位，将西藏划分为人口限制区、人口疏散区、人口稳定区和人口集聚区，从而为西藏人口再分布提供一定的理论依据。

目 录

表目录

图目录

第一章 西藏人口研究概况

青藏高原地广人稀、交通闭塞，适宜人类活动的范围较为有限，并且人类的经济活动对环境的影响相对较弱，使得高原大部分地区还保存着较为完好的原始自然状态。21世纪以来，局部地区环境有较明显的变化，除了自然原因，如全球气候变暖大背景下高原气候增温减湿引起的沙漠化土地面积的扩大、青海湖及许多内流湖泊的水位下降、湖水矿化度增加及湖域面积强烈退缩以至消亡、冰川与冻土作用减弱等反映环境趋于旱化外[①]，人为因素也起着相当重要的作用。特别是20世纪中叶以来，高原地区人口总量增长、区域人口分布变动、自然资源开发规模失控或利用不当等负面效应加剧，加之天然草场退化和沙化、水土流失等环境恶化趋势日益凸显，影响高原地区人口的生存和发展。人口、资源、环境与社会经济发展之间的关系已引起人们越来越多的关注，走可持续发展道路已经成为人们的共识。作为可持续发展的重要一环，人口的空间分布变动研究具有重要意义。因此，我们必须走新型城镇化道路，促进人口分布空间格局优化，保护和管理好青藏高原地区的资源环境，以促进高原地区人口与资源环境以及社会经济的可持续发展。

一 研究背景

（一）青藏高原地区具有特殊的地理环境和气候条件

从地理学的角度看，我国大多数相关学者认为，海拔分级和起伏高度形态类型是用来划分中国陆地基本地貌类型的分级指标，但关于我国地貌

---

① 李明森：《青藏高原环境保护对策》，《资源科学》2000年第4期。

海拔该如何划分一直没有统一的标准。早在 20 世纪 50 年代，周廷儒将我国地貌类型划分为平原（海拔 < 200 米），丘陵（海拔 < 500 米），高原（海拔 > 1000 米），中山（海拔 500~3000 米）和高山（海拔 > 3000 米）。[①]在此基础上，1959 年，沈玉昌对山地类型依据海拔高度 500 米、1000 米、3000 米和 5000 米等指标划分了丘陵、低山、中山、高山和极高山。[②] 20世纪 70 年代末~80 年代中期，我国开展了大规模 1:1000000 地貌图的编制，大大推动了学者们对山地地貌的分类进行新的探索。李炳元等在青海地貌图(1:1000000) 制图研究中，根据青藏高原特点，其周边山地起伏高度往往超过 2500 米，建议在前人的基础上将山地的海拔按高度分类指标调整为低海拔（海拔 < 1000 米）、中海拔（海拔 1000~4000 米）、高海拔（海拔 4000~5800 米）和极高海拔（海拔 > 5800 米）。[③] 陈志明根据国家 DTM 数据库进行高程频率统计做出的海拔频数分布图表分析，认为中国地貌基本形态类型包括七个类型，其中山地分为低山（海拔 500~800 米）、低中山（海拔 800~2000 米）、高中山（海拔 2000~3000 米）、高山（海拔 3000~5500 米）和极高山（海拔 > 5500 米）。[④] 至此，沈玉昌和陈志明的划分方法成为基本地貌类型中海拔的两种主要分级。为更好地反映我国地貌的宏观规律与地壳构造运动差异，并考虑山地地貌面海拔划分与现有的研究精度相适应，李炳元等根据青藏高原的高原面海拔分布特征，认为我国地貌海拔分级及其高度指标分级应为：低海拔（海拔 < 1000 米）、中海拔（海拔 1000~2000 米）、亚高海拔（海拔 2000~4000 米）、高海拔（海拔 4000~6000 米）和极高海拔（海拔 > 6000 米）。[⑤] 本书所研究的西藏地区是青藏高原的主体部分，其平均海拔在 4300 米左右，根据海拔定义，西藏地区属于典型的高海拔地区。

---

① 周廷儒、施雅风、陈述彭：《中国地形区划草案》，科学出版社，1956，第 21~56 页。
② 沈玉昌：《中国的地貌类型与区划问题的商讨》，《中国第四纪研究》1958 年第 1 期；《中国地貌区划（初稿）》，科学出版社，1959。
③ 李炳元、李钜章：《中国 1:100 万地貌图图例系统和地貌类型的探讨》，载中国科学院地理研究所《地貌制图研究文集》，测绘出版社，1986，第 52~59 页。
④ 陈志明：《1:400 万中国及其毗邻地区地貌说明书》，载《中国地貌纲》，中国地图出版社，1993，第 7~13 页。
⑤ 李炳元、潘保田、韩嘉福：《中国陆地基本地貌类型及其划分指标探讨》，《第四纪研究》2008 年第 4 期。

青藏高原具有特殊的地理环境和气候条件，一直被视为生态环境脆弱区域，其特征表现为地势高峻、气候干燥寒冷、大气中含氧量稀薄、自然条件相对恶劣等。随着人类活动的不断增强，青藏高原自然综合体面貌也随之改变，日益呈现人文属性。人们聚居在高原这一特定的自然地域上，拥有着相同的社会特征，比如语言、宗教、民族和文化，使青藏高原成为一个不仅具有明显的自然属性，而且更具有典型社会属性的地域。由于受到地形及高原生态环境的限制，高原地区在社会经济发展过程中处于较为落后的位置，特殊的自然环境不但使周围低海拔地区的民族向青藏高原的发展和迁移较为困难，同时也使藏族人民向周边非高原地区的发展存在着自身适应问题。因此，认识高原地区的自然环境和社会环境及在其影响下的人口分布特征具有一定的意义。

（二）全球气候变暖，高原地区环境反应敏感

青藏高原的气候具有全球独一无二的特征——大气洁净、空气稀薄、气温低、太阳辐射强烈等，这些特征也决定了高原生态稀有、脆弱的特点。以青藏高原为例，科学家发现神秘而脆弱的青藏高原是气候变化的敏感区，并且具有超前性，世界自然基金会因此将该地区确定为"全球生物多样性保护"最优先地区。已有研究表明，青藏高原的气候近几十年来发生了明显变化，导致该地区冰川退缩、冻土消融、湖泊面积减小、草地退化与沙漠化面积扩大，这些生态环境的变化备受国际社会与科学界的关注。特别是在全球气候变暖的作用下，青藏高原的冰川正在加速消融，由此将带来一系列环境变化。姚檀栋院士领衔的研究团队在最新研究成果《青藏高原与周边地区冰川变化及其与大气环流关系》一文中指出：喜马拉雅地区冰川在长度和面积上萎缩最为剧烈，冰川物质亏损最为严重[1]，呈现强烈负物质平衡。[2] 例如，位于西藏梅里雪山的 Ata 冰川，在 1917 ～

---

[1] T. Yao, T. Thompson, W. Yang et al., "Different Glacier Status with Atmospheric Circulations in Tibetan Plateau and Surroundings," *Nature Climate Change* 2 (9) (2012): 663 – 667.

[2] 冰川物质平衡是指某时段冰川固态、液态水的收支状况，又称冰川物质收支，主要受大气降水（固态、液态水）和气温等因素变化的影响。冰川物质平衡量等于积累量与消融量的差值。当积累量大于消融量，出现正平衡，有利于冰川的发育；若积累量小于消融量，产生负平衡，导致冰川后退。

1954 年以每年 20 米的速度萎缩，1955～1984 年冰川萎缩速度增长至每年 30 米，1985 年后增长至每年 60 米，2005 和 2006 年更是以每年 80 米的速度减少。冰川长度也从 1917 年退缩几十米至 2005 年退缩近 3000 米。这一数据显示受环境气候影响，我国青藏高原地区冰川萎缩的速度和程度都是迅速而猛烈的。

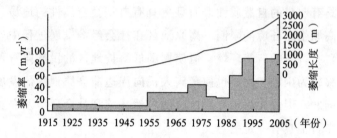

图 1 - 1　1917～2005 年西藏梅里雪山 Ata 冰川萎缩状况

数据来源：T. Yao, T. Thompson, W. Yang et al., "Different Glacier Status with Atmospheric Circulations in Tibetan Plateau and Surroundings," *Nature Climate Change* 2（9）（2012）：663 - 667。

姚檀栋院士还指出，在全球持续变暖条件下，喜马拉雅地区冰川萎缩可能会进一步加剧，这将使大河水源补给不可持续，地质灾难加剧，譬如冰湖扩张、冰湖溃决和洪涝等，这将影响下游地区人类的生存福祉。青藏高原及周边地区拥有极地地区之外最多数量的冰川，这些冰川位于许多著名亚洲河流的源头，并正经历大规模萎缩，其对该区域大江大河的河流流量产生巨大影响[①]，进而影响这一地区的社会经济发展以及更深层次的国家利益。

人口分布与区域资源条件关系密切，特别受土地、水资源、气候、环境、地形地貌等自然条件的制约。由于受环境改变的影响，我国青藏高原生态移民"乞牧"迁移现象逐年增加。如黄河源头第一县玛多县，这个在 20 世纪 70 年代全国最富有的县，如今变成了国家级贫困县。玛多县扎陵湖附近如今有几十万公顷草场几乎寸草不生，牧民们只得携家带口，赶着牛羊，远行他乡，游动"乞牧"。近年每当冬季临近，全县 40% 以上的牧

---

① T. Yao, T. Thompson, W. Yang et al., "Different Glacier Status with Atmospheric Circulations in Tibetan Plateau and Surroundings," *Nature Climate Change* 2（9）（2012）：663 - 667。

民弃家而走，有的到了都兰、格尔木等地，有的到青、川、藏交界区，使得那里本来就已超越极限的草场负载更为严峻。① 此外，西藏安多地区的一批牧民越过青藏交界处的唐古拉山口北上，牧民推进到了格尔木市代管的唐古拉山乡的雁石坪地区，也加重了青海地区草场的压力。

青藏高原地区生态环境的退化既有自然因素又有人为因素，如过度放牧等。生态环境日趋恶化，不仅使高原地区群众生产生活受到严重影响，促使人口分布状况的改变，而且也成为社会不稳定的潜在因素。生态移民不但超越了县乡、地区的范围，有的还突破了省（区）的界限，造成了迁入人口与本地人口的纠纷、民族矛盾和边界矛盾的升级，群体械斗事件常有发生。

（三）青藏高原为水之源头，人口、资源与环境需协调发展

喜马拉雅—青藏高原地区是地球上海拔最高的地理单元，也是亚洲重要的水源地，孕育了黄河、长江、恒河、湄公河、印度河、萨尔温江和伊洛瓦底江等七条亚洲的重要河流，为世界 1/3 的人口提供了生活与生产用水，被誉为"亚洲水塔"。青藏高原地区也是我国众多江河的发源地和上游区域，高原地区的雪山和冰川融水为我国人民的生产生活和经济发展提供了最重要的生态环境。青藏高原地区人口、资源与环境的协调发展，能够改善高原地区的生态环境，高原地区的可持续发展对于我国整体的生态环境具有重要的屏障作用。

随着我国经济的快速发展和城镇化的加速发展，水资源短缺的问题越来越严重。由于自然因素和人文因素的影响黄河出现经常性断流，而长江水患不断，水环境严重恶化，影响流域的经济发展。在我国西北地区每年因干旱造成的经济损失难以估量，特别是 2010 年以来西南地区也开始持续干旱，范围不断扩大。面对如此严峻的现实，我国水利科技界的专家比较一致地认为，西藏的水资源将是解决我国水资源短缺的希望所在。②

但是近年来我国青藏高原水土流失和水污染不断加剧，生态环境逐年恶化，土地沙漠化严重。究其原因，除了受青藏高原特殊的气候、地质成

---

① 杨虎德：《青海藏区社会稳定研究》，云南教育出版社，2010。
② 安七一：《中国西部概览：西藏》，民族出版社，2000。

因等自然因素的影响，人类社会的人为因素也加剧了青藏高原生态环境的日趋恶化的。受人类社会的频繁开发及未能合理保护环境等多种因素的影响，从青藏高原内部来看，其水土流失现象较为严重。以西藏自治区为例，截至 2008 年，全区水土流失面积达 103 万平方公里，占全区国土面积的 86.2%。[①] 水土流失会使可耕作土层减薄，降低土壤肥力，不仅耕地面积减少，耕地质量也变差。从对全国乃至整个生态系统的影响来看，由于西藏经济发达地区工业化的快速发展以及人口的过度集居，人口和产业集聚使得西藏城镇环境容量渐趋饱和[②]，拉萨市、日喀则市、八一镇等重要城镇未经处理的工业废水和生活污水排放对高原地区水资源已构成一定的污染。此外，在全球气候变化和人为活动的影响下，西藏高原土地沙漠化广为发展，成为我国土地沙漠化的重要区域之一[③]，这对于我国水资源的可持续利用影响显著。高原地区自然环境的变化无不影响着我国人口、资源与环境的可持续发展，加强对高原地区西藏人口分布和城镇空间格局的研究显得意义深远。

（四）生态环境退化影响西藏城镇化的进程

城镇化是一个国家发展和区域发展问题，是经济结构、社会结构和生产方式、生活方式的根本性转变，涉及城乡社会结构的全面调整和资源环境对它的支撑等众多方面，必然是长期的积累和长期发展的渐进式过程。[④] 改革开放以来，在我国快速城镇化的进程中也出现了耕地、水资源过度消耗和生态环境受到严重污染等问题，而脆弱或退化的生态环境则会阻碍或限制城镇化的快速发展，良好的生态环境能够为城镇化提供重要的支撑；而城镇化的快速发展和空间失序则会导致对自然界的干预越来越强，从而不可避免地对生态环境产生影响，同时生态环境又反过来影响城镇化的进一步发展，两者具有十分密切的关联性。

自西藏自治区和平解放以来，随着 1954 年川藏、青藏公路的通车以及拉萨至日喀则、江孜等公路的建成，西藏自治区对城镇进行了小型的基本

---

① 邵青伟：《西藏自治区水资源综合利用》，《山西建筑》2008 年第 10 期。
② 樊杰、王海：《西藏人口发展的空间解析与可持续城镇化探讨》，《地理科学》2005 年第 4 期。
③ 李森、杨萍、董玉祥：《西藏土地沙漠化及其防治》，科学出版社，2010。
④ 陆大道、姚士谋：《中国区域发展报告——城镇化进程及空间扩张》，商务印书馆，2006。

建设，在公路沿线扩建了一批原有的居民村落，从而出现了一批新型小城镇。之后随着民主改革的进行，西藏自治区开始了有计划的城镇建设。国家陆续投入巨资大规模建设和改造了拉萨、日喀则、昌都等老城镇，在"三线"建设时期新建了八一镇、扎木镇，为巩固国防新建了狮泉河镇，经过几十年的发展逐步形成了 7 个地（市）和 72 个县①，第六次人口普查数据显示，这 72 个县已逐步形成了数万人规模不等的城镇，西藏城镇化建设已初具规模。随着不断增大的小城镇建设，西藏的城镇化发展迅速，至2005 年西藏城镇体系已初步形成。

改革开放以来，西藏经济社会的快速发展和旅游业的迅速崛起带动了西藏交通、能源、通讯等基础设施的发展，城镇化建设进入了一个崭新的时期。第六次全国人口普查显示，西藏自治区常住人口数量为 300.22 万，其中汉族 24.5 万。人口分布最多的地区是日喀则市、昌都市和拉萨市，这三个区域人口总量占西藏全区人口总量的 63% 以上。十年间西藏常住人口增长 38.6 万，人口增长率达到 14.75%，其中净迁入人口为 7 万多，占人口增长总数的比重为 18%。从全国范围对比来看，西藏常住人口增长速度属于高增长地区，位于北京（41.9%）、上海（37.5%）、天津（29.3%）、广东（20.7%）和浙江（16.4%）之后。此外截至 2011 年，西藏自治区共有 1 个地级市（拉萨市），1 个县级市（日喀则市）和 140 个建制镇。②全区总人口数量已经达到 303.30 万，其中城镇人口 68.88 万，占全区总人口的 22.71%；乡村人口 234.42 万，占全区总人口比重的 77.29%。改革开放前，西藏自治区城镇化水平基本维持在 10% 以下；改革开放后，西藏城镇化水平经历了起伏变化，在 1981～1986 年，城镇化水平在 10% 左右徘徊，在 1987 年之后西藏的城镇化水平呈现出快速直线增长趋势，特别是1996～2011 年西藏城镇化水平出现持续稳定增长，由 1996 年的 17.9% 增加至 2011 年的 22.71%，年均增长 0.32 个百分点（见图 1-2）。

已有的研究表明，在城镇化的快速发展过程中，由于自然因素和人为因素的共同作用，高原的生态环境遭到不同程度的影响和破坏，且日趋严重，部分地区生态系统已处于退化、崩溃的边缘，对青藏高原和长江、黄

---

① 杜莉：《西藏发展县域经济与农牧民增收问题的研究》，西藏人民出版社，2006。
② 数据来源：《2012 年西藏统计年鉴》。

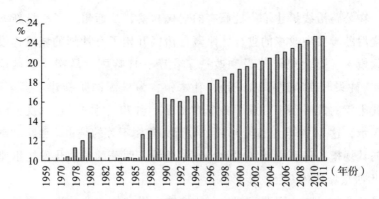

图 1－2　1959～2011 年西藏自治区城镇化水平变动

数据来源:《西藏统计年鉴》(2008 年和 2012 年)。

河上游的生态环境造成了较大危害。其主要表现是湖泊萎缩、冰川后退、水资源减少、水土流失日趋严重、草地退化与土地沙化加剧、草原鼠害猖獗,生物多样性种类和数量锐减,毁灭性雪灾和其他自然灾害频繁,生态移民数量逐年增加等①,例如西藏自治区的仲巴县就曾因自然环境恶劣、土地沙漠化和过度放牧而三迁县城。

以草地退化这一现象为例,人为因素被认为在一定程度上加速了草场的自然退化过程。② 人口数量的过快增长在草场退化过程中贡献率的定量研究比较困难,但在不同区域和不同环境条件下其影响程度却不尽相同。资料显示进入 21 世纪,西藏自治区人口数量就由 1990 年的 221.47 万增加到 2011 年的 303.30 万。与此同时,西藏自治区草地退化范围扩大到 7 个市(区),2000 年以来西藏草场退化面积每年以 5%～10% 的速度扩大。究其原因是由于人口数量增多,超载放牧、过度樵采等人为因素作用,这是草场退化发生的主因。西藏自治区 8206.7 万公顷的天然草地,实际载畜能力为 2896.36 万羊单位(包括农副产品)③,2011 年实际载畜 3900 万羊单位,超载 34.65%。超载主要是因为人口和牲畜数量发展过快,这不仅增加了对局部草地的压力,也使草地退化、沙化和鼠害现象越来越

① 马松江:《三江源地区生态保护与建设投资项目实施效果分析——以格尔木市唐古拉山镇为例》,《草业科学》2010 年第 9 期。

② 王绍令、赵林、李述训:《青藏高原沙漠化与冻土相互作用的研究》,《中国沙漠》2002 年第 1 期。

③ 邵伟、蔡晓布:《西藏高原草地退化及其成因分析》,《中国水土保持科学》2008 年第 1 期。

严重。

人口数量的增长，引起过度放牧和草地退化，这必然会导致人口与资源环境的冲突加剧。在西藏自治区，天然草地长期严重超载，尤其在冷季超载率高达141.84%，部分地区竟高达239.4%。①从西藏草地退化和草地长期超载可以看出，生态环境的逐步退化将影响西藏地区的人口承载力，制约未来西藏人口的增长，对西藏的经济增长和城镇化的进程都具有一定的影响。走可持续发展道路，有效利用自然资源，建立具有高原特色的生态城镇体系，对西藏的长足发展具有特别的意义。

二 研究对象及选题意义

西藏是青藏高原的主体部分，其所处的高原地区生态环境异常脆弱，一旦破坏，则极难恢复原貌。因此，研究西藏的人口空间分布，以及人口、资源环境和经济的关系就显得特别重要。根据上述对高原地区的自然和社会属性以及高原地区人口、资源环境可持续发展重要性的分析，本书选择研究西藏高原地区的人口分布变动和城镇空间格局，即以西藏高原地区人口现象作为研究对象。由于华东师范大学人口研究所的胡焕庸和张善余在人口地理方面的研究在全国范围内开展得较早，华东师范大学人口研究所具有良好的传统和基础条件，同时国家社会科学基金特别委托重大项目对本研究也进行了资助和支持，这些因素都为本书对西藏人口分布变动及城镇空间格局的研究提供了良好基础和便利条件。

1. 人口分布空间格局优化有利于保护地区生态环境，促进西藏地区可持续发展。

走可持续发展道路，简而言之，主要是实现人口与自然、经济社会的协调发展，其中人口是关键因素。长期以来，人们过多地偏重研究人口数量增长与可持续发展之间的关系，特别是人口增长与经济可持续发展的关系，却忽略了人口分布空间结构对可持续发展的重要作用。实际上，对于西藏地区的可持续发展研究来说，研究其人口分布空间结构意义更为明

① 李森、董玉祥、董光荣：《青藏高原沙漠化问题与可持续发展》，中国藏学出版社，2001。

9

显。在人们通常的印象中，西藏地区地广人稀，这主要是相对其土地面积而言，其人口密度不高，2010 年西藏全区人口密度仅为每平方公里 2.5 人左右。由于西藏地区海拔高、气候寒冷、空气稀薄等基本生存条件的限制，西藏地区人口生存的空间有限，通常西藏人口大多集聚于海拔相对较低、面积较为狭小和自然条件相对优越的东南部的河谷地区，这里人口密度相对较高，比如 2010 年拉萨市区域人口密度每平方公里已高达 521 人。西藏的人口分布空间格局受高原自然环境的严重制约，具有其一定的必然性和合理性。但是随着西藏人口数量的快速增长，继之无休止地向大自然索取，必然会导致生态环境的超载，其结果必然使环境无法承受过多的人口增长压力，日益膨胀的人口对生活消费需求增大，从而演变成生态逐步退化的严重现实。大量事实表明，西藏所处的高原地区承受着远比平原地区更沉重的人口压力以及经济低水平发展的尴尬，因此只有通过走新型城镇化道路，构建合理的城镇体系，优化西藏人口分布的空间格局，才能促进西藏人口与资源环境的可持续发展。

2. 人口分布空间格局优化有利于促进我国水资源的安全、改善西藏人口的贫困状况。

水资源是工农业生产、经济发展与环境改善的宝贵自然资源和重要的经济资源，是生态与环境的控制性要素之一。受经济发展方式转变、人口增加和全球气候变化等影响，我国干旱缺水、洪涝灾害、水污染和水土流失等问题十分突出。西藏高原不仅为当地人口提供直接的生命支持，而且为我国东部湿润地区和西北干旱、半干旱地区提供了大量的淡水资源，其生态环境的改善对于保障我国水资源安全具有重要的战略意义。联合国粮农组织《2002 年世界粮食不安全状况》报告指出，在很多地方，由于高原山区的人口压力、快速的滥伐林木以及土壤侵蚀和退化，传统的谋生方式已经难以为继。在出现上述情况的地方，因对日益匮乏的土地、水和森林资源的控制而引起的冲突经常发生，容易造成高原地区出现贫困问题。高原地区城镇快速发展提供了许多就业机会，促成了人口从山地向城镇和低地流动，从而改善了高原地区人口分布空间格局，有利于解决人口贫困问题。西藏也是我国藏族人口聚居的主要区域，改善这些地区人口的贫困状况，有利于社会稳定和民族团结，这些区域的稳定对于拓展我国在西亚、南亚和东南亚的国际影响力和战略空间都具有重要的意义。

3. 人口分布空间格局优化有利于改善西藏基础设施条件、提高居民生活水平。

一般而言，西藏高原山区适于人类居住的地区在某种程度上仅是那些坡度比较稳定的地区，其居住条件、交通路线、水资源也相对安全。改善山区环境不仅有利于人口的生理健康，而且也有利于山区社会经济的发展，提高环境的承载力。大量事实表明，无论是发达国家还是发展中国家，高原地区人口的贫困化以及经济的低水平发展状况普遍要高于平原地区，如美国的阿巴拉契亚山区、南美洲的安第斯山以及欧亚大陆的帕米尔高原和高加索高原等。高原地区严酷的气候，贫瘠的土地，不利于大规模的农业生产，受自然因素的影响农产品产量波动较大，农业以及畜牧业所提供的食物十分有限，再加上人口的快速增长，难以满足人们生存发展的需要，导致了人口贫困化。当人口空间分布趋于合理，交通条件改善，人们不再仅仅依靠恶劣的生态环境生存时，将会从根本上改变人们的贫困状况，改善居民的生活水平。

4. 人口分布空间格局优化有利于高原地区社会的转变。

我国高原地区人口数量快速增长，加剧了高原地区人口的贫困化，同时也加重了资源环境的压力，但是如果人口空间结构和城镇体系结构合理的话，也可以加快人口分布的优化，反而有利于高原地区的可持续发展。西南地区近些年来持续干旱，需要我们更深刻地思考人口与可持续发展的问题。加强我国生态源的保护，促使西藏人口空间结构布局的更加合理，加快城镇化建设，从而跳出世界环境与发展委员会在《我们共同的未来》中提到的那种"为了维持生计，穷人不得不过度开发环境资源，促使环境贫困化，而这结果又转而使他们自己更加贫困，使他们的生计日益艰难，朝不保夕"的循环过程①，最终实现人口的规模优化和可持续发展。不过高原地区的传统文化根深蒂固，常常会左右高原地区有关土地使用、水、森林资源管理和城镇建设的工作，随着许多人向外流动和城镇化的加速发展，使有关土地所有权和公共资源使用的问题更加难以解决。虽然在人口从乡村流向城镇的过程中会伴随着一些问题，特别是在城镇化的快速发展时期更是如此，但人口从山地向城镇和低地的迁移流动，有利于减缓高原

---

① 世界环境与发展委员会：《我们共同的未来》，王之佳、柯金良等译，吉林人民出版社，1997。

山区的人口压力和生态压力，优化高原地区人口分布空间格局，从而有利于构建合理的城镇体系，促使西藏由山地乡村社会向平原城镇社会转变。

综上所述，重视高原地区人口问题，不仅要关注其人口规模、提高人口素质，还应包括人口分布空间格局优化。加强对高原地区人口分布的研究，对促进高原地区人口与资源环境协调发展，改善高原地区生态环境，提高群众的收入水平和生活质量，降低贫困人口数量，构建合理的城镇体系等都具有重大的现实意义。

三 研究问题及研究内容

（一）研究问题

本书以西藏高原地区人口现象为研究对象，从水平和垂直两个层面考察改革开放以来在城镇化快速发展的背景下，我国高原地区人口的空间分布特征，以及影响人口空间分布的自然、社会、经济、政治和历史因素，并深入探讨高原地区城镇化进程与人口空间分布的关系。本书研究的问题具体包括以下四点。

①改革开放以来，西藏高原人口在水平方向上空间分布有何特征，主要受哪些因素影响。

②从垂直方向来看，西藏高原人口空间分布有何特征，其主要影响因素有哪些。

③在高原这一特殊地域环境下，西藏高原城镇化进程如何，呈现哪些特征，与人口空间分布有何关系。

④面对高原地区自然属性和社会属性的复杂性，如何实现区域内人口分布格局优化；如何实现人口、资源环境与经济的可持续发展，构建合理的城镇体系。

归纳起来，本书研究的问题可以表述如下：近几十年来西藏高原人口空间分布有何新格局和新形势，人口空间分布变动的成因是什么，西藏高原城镇空间格局的特征是什么，如何优化西藏高原人口分布格局。

（二）研究内容与技术路线

本书研究主要分为以下四个部分。

第一部分是本书的研究基础，包括第一、二章。第一章简要介绍西藏高原地区生态环境现状、人口空间分布与人口、自然、经济社会协调发展关系的重要性。第二章梳理国内外关于西藏高原地区人口分布和人口与自然、经济社会可持续发展的理论研究和研究现状，总结国内外的研究进展，试图寻找国内关于高原地区人口分布研究中可能存在的空白地带或者相关研究中有待完善的地方。

第二部分主要分析西藏高原人口分布的历史、现状与特征，包括第三、四、五、六章。第三章回顾历史时期西藏高原人口起源、西藏高原人口分布状况和高原经济形态的转变对人口分布的影响。第四章主要利用第六次人口普查数据，分析近几十年西藏高原人口在水平方向上分布的总体状况，并结合第四次人口普查和第五次人口普查数据及其他社会、经济数据进行时空对比，分析并探析影响其变动的自然、社会、经济、政治和历史因素。第五章主要利用西藏地区的 ASTER GDEM 分辨率为 30 米的高程数据（数据来源于中国科学院计算机网络信息中心国际科学数据镜像网站），分析西藏高原人口在垂直方向上的变动特征，并探析其影响因素。第六章主要利用空间自相关和地理加权回归模型，探讨西藏人口分布的空间分布模式和人口分布影响因素的空间变异特征。

第三部分是关于西藏高原城镇化进程的研究，主要包括第七章的内容。首先通过夜间灯光数据来提取西藏高原城镇空间信息，分析西藏城镇用地扩展，进而研究西藏的城镇扩展状况。其次在分形理论的基础上，对西藏城镇体系的人口规模特征和西藏城镇体系的空间结构特征进行分析，探讨西藏城镇体系空间格局形成与演化机制，进而探讨人口再分布与区域内城镇化的相互作用，并对西藏空间格局的优化提出建议；在区域人口分布格局优化前提下，探索构建一条城镇化的可行途径，建立高原生态城市，从而促使西藏人口与资源环境和谐发展。

第四部分是关于西藏人口功能区划和本书的主要研究结论、政策启示。第八章在国家人口发展功能区的基础上，通过分析西藏的植被指数的变化、最热月平均温度的变化和 2004～2009 年西藏土地利用的变化，利用西藏植被指数、土地利用状况、最热月平均温度和西藏夜间灯光数据，构建西藏人口发展功能区指数，进而将西藏人口功能区分为人口限制区、人口疏散区、人口稳定区、人口集聚区，为西藏人口分布格局的优化提供参考，通过建立跨地区生态补偿的机制保障人口功能区的实施，进而达到人口分布的良好状态。该部分在总结归纳西藏高原人口空间分布特征的基础上，思考高原地区人口分布格局优化的途径。第九章主要是本书的研究结论、研究不足和研究展望。

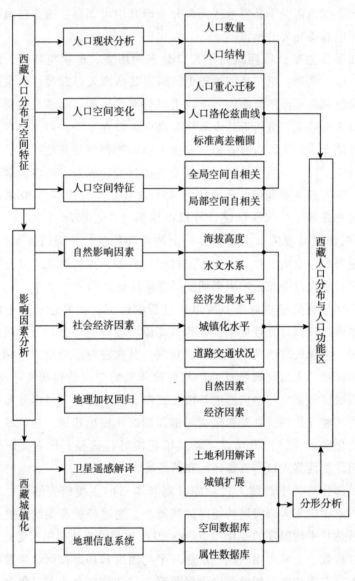

图1-3　本书研究技术路线

四　研究方法、手段及数据来源

（一）研究方法与手段

1. 研究方法

第一，文献梳理。通过对文献的综合、对比分析，深入了解人口分布与再分布、区域人口流动及其与社会经济协同发展的相关理论、观点及国内外最新进展，以此作为本研究的理论基础。

第二，横向和纵向对比分析法。利用第六次人口普查数据，分析西藏高原区域内部人口空间分布的特征和差异。利用多次全国人口普查的历史数据，进行纵向的对比分析，以发现人口空间分布变动的特征和规律。

第三，空间分析法。利用 ARCGIS、GEODA 等软件对人口区域分布、人口分布空间模式等进行空间分析，了解其空间聚集特征。

第四，统计分析方法。采用全国第六次人口普查数据，运用数据交叉、频数、相关性、拟合趋势等分析方法，研究西藏高原人口分布特点。

2. 研究手段

主要采用 Excel、SPSS、ARCGIS 和 GEODA 等数据分析工具。

（二）数据来源

本书所用的资料来源主要包括：1982 年、1990 年、2000 年人口普查的数据及 2005 年 1% 人口抽样的调查数据，2010 年人口普查数据；1983 年以来历年的《西藏统计年鉴》，以及公开发表的散见于书籍、期刊与杂志中的相关资料、数据；西藏的 ASTER GDEM 高程数据、2000 年和 2010 年西藏的植被指数 NDVI 数据。2000 年和 2010 年西藏最热月夜晚和白天温度等数据来自中国科学院计算机网络信息中心国际科学数据镜像网站（http://www.gscloud.cn）；2004 年和 2009 年西藏土地利用数据来自欧洲空间局网站；夜间灯光数据 DMSP/OLS 来自美国国家海洋和大气管理局网站。

五 研究特色

本书通过人口地理学中人口分布的相关理论，结合 ARCGIS 空间分析和分形分析，对西藏的人口分布空间特征和城镇体系进行研究，根据西藏高原的特征，构建出西藏人口发展功能区，本研究的主要创新之处有以下三点。

第一，本书系统地对西藏人口的历史变迁、人口空间分布变迁进行了梳理。西藏特殊的地理环境和气候条件对西藏人口的发展和空间分布影响显著，西藏大部分地区都处于高原地区，牧草面积广大，畜牧业在西藏的经济中一直占据重要的地位，并在此基础上形成了西藏独特的文化。通过对西藏地理环境变迁和人口空间分布变迁的研究，本书提出西藏经济形态的转变对西藏人口分布具有重要的影响，西藏的经济形态历经狩猎采集经济、畜牧业经济、农业经济和工业经济的转变，随着西藏经济形态的转变，人口分布也随之发生相应变化，特别是畜牧经济向农业经济转变过程对西藏的人口分布具有重要的影响，这种转变加剧了西藏人口分布的不平衡状况，并影响至今。

第二，本书通过分形理论对西藏城镇人口规模和空间格局进行了分析。目前关于西藏城镇体系方面的研究较少，本书在分形理论的基础上对西藏的城镇体系进行了分析，研究视角较为独特。未来 30 年将是西藏城镇化的快速发展时期，大量的人口将集聚于城镇，人口变动对西藏人口分布影响巨大，同时西藏的城镇面积受到地形的严重制约，只有通过构建合理的城镇体系，加大小城镇建设，利用分形理论来衡量和指导西藏城镇体系建设，才能促进西藏人口分布格局优化。

第三，本书对西藏的人口发展功能区进行了研究。国家人口和计划生育委员会发展规划司撰写的《人口发展功能区研究》一书收录了全国各个省级人口发展功能区的研究报告，但缺少西藏人口发展功能区划。本书在国家人口和计划生育委员会发展规划司的人口发展功能区研究方法基础上，构建了西藏人口发展功能区划指数，对西藏的人口发展功能区进行了定位，将西藏划分为人口限制区、人口疏散区、人口稳定区、人口集聚区，在人口功能区划的基础上，提出了西藏人口分布格局优化的途径。

第二章　人口分布研究的理论基础

人口地理学是研究在一定历史条件下人口发展过程在空间的表现形式，包括人口数量、人口质量、人口结构、人口迁移、人口容量和人口城市化等人口现象在地理空间的状态和差异性的学科。人口分布是人口地理研究中最为重要的内容之一，人口分布的空间变化特征一直都是人口地理学的研究重点。许多地理学家对人口分布和人口分布的影响因素进行了研究和归纳，总体来说人口分布的主要影响因素既包括自然环境中地形、气候、河流、土壤、矿藏等因素，又包括历史、社会和政治经济因素。随着空间技术和地理信息系统的发展，人口分布的研究又有了新的手段和方法，可以从新的视角对人口空间分布进行研究。

一　人口分布研究的理论基础

（一）人口分布的概念

人口分布状况是人类在适应和改造自然、发展生产、繁衍子孙后代的过程中逐渐形成的。从一开始，它就不是一种纯自然的现象，而是社会经济现象，这同动植物的地理分布是有本质区别的。人口分布是人口发展过程的空间表现形式，它受到自然的和社会经济的多种因素的共同影响，并且在不同时期和不同地区有其不同的特点。① 有的学者提出，人口分布也称人口地域分布，是指一定时点上人口在地理空间中的分布状态。人口分布有广义和狭义之分，广义的人口分布是指人口现象在空间上的表现形

---

① 张善余：《中国人口地理》，科学出版社，2003，第 256 ~ 278 页。

式，或者说人口现象在时间与空间上的差异性，狭义的人口分布是指人口数量的空间分布。①

人口分布有静态和动态之分。人口静态分布是指人口在某一时点上或某一历史断面上相对静止的人口空间表现形式；人口动态分布则是人口在特定空间中不断积聚、扩散的长过程。② 前者反映区域人口分布的时段特征及差异；后者反映区域人口分布的历史发展演变的过程、规律及差异性。

人口分布也有水平分布和垂直分布之分。在人口地理的发展过程中，在相当长的历史时期人们只关注区域人口的水平分布，人口垂直分布方面的研究历来相对薄弱，直到 20 世纪 50 年代才开始关注世界人口的垂直分布规律，找到了人口分布具有低海拔的趋向性这一基本规律。人口垂直分布特点也是人口分布研究中的一个重要方面，它与人口水平分布研究相互联系而又各具特色。

总体来说，人口分布就是研究人类的发展过程中人口在空间上的表现形式，它既有时间性又有空间性。从时间性上来看，人口的发展离不开一定的历史条件，随着人类物质生产方式的改变，尤其是生产力发展水平和生产布局的改变，相应的人口分布会发生改变，从时点上来说人口分布是静态的，从时段上来说人口分布是动态变化的。从空间性上来看，自然环境为人类的发展提供了基本的生存空间，随着人类改造自然能力的增强，人口在水平方向和垂直方向的分布状况都会发生变化。因此，人口分布总是一定历史时期的空间现象，而人口发展的历史过程又总是在一定的地理空间发展变化。

传统上研究人口分布的方法和指标有人口密度、人口分布重心、人口洛伦茨曲线、人口集中指数和人口再分布指数等，随着空间技术和地理信息系统的发展，涌现出空间自相关、夜间灯光数据、遥感土地利用数据、地理加权回归、分形和多智能体模拟等新的方法和手段，可以更准确地研究人口分布及其影响因素。

———————————

① 梅林：《人口地理学》，哈尔滨地图出版社，2005。

② 祝卓：《人口地理学》，中国人民大学出版社，1991。

（二）人口分布的影响因素

人口地理学开始于西方国家，是随着近代地理学的发展而发展的。17世纪中叶，地理学家瓦伦纽斯（B. Varenius）在《普通地理学》中描述了人口的人文特征，这被认为是近代西方人口地理分析的开端。[①] 随着人口地理学的发展，人们开始关注人口分布与地形、气候等自然环境之间的关系，逐渐认识到人口分布受到众多因素的影响。1882～1891 年拉采尔（F. Ratzel）出版的两卷《人类地理学》被认为是人口地理学最早的经典之作，书中从自然因素中的海拔、地貌、气候和植被等方面对人口分布的影响进行了全面的阐述，还对人类扩散过程中的历史进行了考察。[②] 在此基础上，布拉什（P. V. Blache）十分重视人口分布的宏观研究，第一次系统研究了全球人口问题，同时也关注自然环境，特别是水热条件对人口分布的影响，也强调了人文因素在人口分布影响方面的非确定性。埃尔斯沃斯·亨廷顿（E. Huntington）也强调气候条件对人口分布的影响，认为人口大多分布在水热条件比较优越的地带，强调气候对文明的决定作用。[③] 在随后的时间里，吉尔曼（C. Gilman）研究了疾病与人口分布的联系问题。[④] 1950 年乔治（P. George）特别关注人口分布与经济、社会因素的密切联系。[⑤] 1952 年阿尔弗雷·索维在《人口通论》中主要研究了适度人口问题，在其中也对人口分布进行了研究，认为人口分布主要是一系列个人决定的结果，认为人类追求的经济目标、社会正义目标、环境卫生目标、城镇规模、军事目的和适应气候都对人口分布产生影响，关于人口分布的问题，无论从政治上或科学上来说，都还有大量的工作要做。[⑥] 到 1953 年人口地理学真正作为地理学的学科分支而受到重视，特别是 1965 年英国的人口地理学家约翰·克拉克（J. I. Clarke）在前人的研究基础上出版了

[①] 封志明、李鹏：《20 世纪人口地理学研究进展》，《地理科学进展》2011 年第 2 期。

[②] 吴玉麟、李玉江、王洪芬：《人口地理学》，山东人民出版社，2001。

[③] E. Huntington, "Climatic Change and Agricultural Exhaustion as Elements in the Fall of Rome," *The Quarterly Journal of Economics* 31（2）（1917）：173－208；E. Huntington, *Civilization and climate*, Yale University Press, 1922.

[④] 〔德〕W. 库尔斯、柴崇庆等：《人口地理学导论》，重庆出版社，1987。

[⑤] 封志明、李鹏：《20 世纪人口地理学研究进展》，《地理科学进展》2011 年第 2 期。

[⑥] 〔法〕索维：《人口通论（下册）》，商务印书馆，1982。

《人口地理学》，后来一直修订再版足见其重要性。克拉克在书中对人口分布的影响因素进行了详细全面的梳理和分析，将影响人口分布的因素归纳为十类：距离海岸线的远近、海拔、地形地貌、气候条件、土壤因素、生物因素、疾病与饥饿、矿产资源、经济活动、历史和社会因素。① 克拉克认为在这所有影响因素之中，任何一种影响因素都不能完全解释所有的人口分布现象。一个地区的人口分布状况是由其自然环境、历史条件、经济形态和社会形态等多种因素共同作用的结果，对一个地区人口分布不能只进行简单的分析，而是需要研究所有可能因素，将所有因素看作相互联系的整体，综合考虑其对人口分布的影响。

从人口地理的发展过程来看，西方学者开始是从自然环境方面考虑对人口分布的影响，认为地理环境决定了人口的过程，然后随着人文主义的兴起，又注重从人文因素方面考虑对人口分布的影响，并将自然因素和人文因素并列起来考虑人口分布的问题。与西方学者不同，苏联的一些人口地理研究者认为，"与其说人周围的自然环境是影响人口分布的决定因素，不如说人本身是影响人口分布的决定因素"，强调人口分布状况由社会生产方式所决定，注重从经济方面来考虑对人口分布的影响。具体来说就是将统一的生产地域组织与人口分布联系起来，人口分布受生产配置制约，而人口的地域分布又对生产配置起着一种逆向的、第二性的制约作用。② 苏联的这种人口分布受生产配置所制约的思想与其当时的政治制度和计划经济形态是相适应的。

在西方学者和苏联学者的研究基础上，我国人口地理学学者对我国的人口分布影响因素进行了研究。1982年胡焕庸和张善余将影响人口分布的因素进行了概括，2003年张善余对中国人口分布的特点和主要因素又进行了研究和系统的归纳总结，认为影响我国人口分布的主要因素包含以下几个方面：自然环境、社会经济因素，以及历史、社会、政治因素。从自然环境方面来讲主要包括地形、气候、水文、土壤、地质和矿藏资源等因素，从社会经济方面来讲主要包括生产力发展水平、产业结构和生产布局

---

① J. I. Clark, *Population Geography*, Pergamon Press Ltd, 1970.

② 〔苏联〕瓦·维·波克希舍夫斯基等：《人口地理学》，王钊贤、刘学忠等译，北京大学出版社，1987。

等方面，进而从历史、社会和政治因素方面对我国的人口分布进行了研究，对影响我国人口分布的因素进行了综合分析，最后认为人口分布受到自然和社会经济多种因素的共同影响，一个区域人口分布下限规模受制于一些与人类生存和发展有关的最基础条件，上限规模则受到经济效益与生活质量的共同制约，其中自然因素也有不小的作用。

严格地说，目前还没有哪一种理论或者学说能够对人口空间分布状况做出系统的解释，无论是环境决定论、人文主义还是经济学理论。这些理论只是对世界不同地区人口分布状况和人口分布影响因素进行了归纳总结，提炼出一般性规律。其实人口分布本身就是各种影响因素的综合反映，人口分布与影响因素之间、影响因素自身之间都具有复杂交互作用，人口分布机制还需要进一步加强研究。

（三）人口梯度转移理论

人口分布变动的主要实现途径为人口迁移和流动，目前学界关于人口迁移流动的理论解释较为丰富和完备，从宏观层面的推拉理论、结构主义理论、托达罗模型等，到中观层面的社会网络理论、跨国主义理论，以及微观层面的新古典经济学迁移理论和迁移新经济学理论，不同的学科均对人口迁移流动做出了一定的合理解释。本书研究更关注在高原这一特殊地域环境下，西藏人口分布变动的特征，西藏如何实现从山地乡村社会到平原城镇社会的转变，重点关注对高原人口分布变动情况更具适用性的理论。

20 世纪 60 年代末，美国哈佛大学教授雷蒙德·弗农（Raymond Vernon）认为工业发展阶段包括创新、发展、成熟和衰退等四个阶段，从而提出了工业生产的产品生命周期理论。区域经济学家将这一理论引入区域经济学中，便产生了区域经济发展梯度转移理论。[1] 该理论认为区域的经济发展客观上存在着不平衡性，即区域间存在梯度差异性，高梯度地区需要不断发展和不断创新，然后通过产业和要素向低梯度地区和欠发达地区转移扩散，从而带动整个区域经济的发展，而这种区域间梯度转移过程主

---

① 夏禹龙、刘吉、冯之浚等：《梯度理论和区域经济》，《科学学与科学技术管理》1983 年第 2 期。

要是通过多层次的城镇体系扩展而来的。

人口梯度转移理论是梯度转移理论在人口迁移流动方面的应用，该理论认为：受经济社会非均衡梯度发展的影响，人口从相对落后地区向比较富裕地区阶梯式迁移。具体表现为高山人口向低山转移，低山人口向平原转移，平原人口向大中城市转移的梯度发展模式。[①] 由于刘易斯二元经济模型和托达罗人口迁移模型在解释人口迁移流动方面存在着一定的缺陷，人口在向城镇转移过程中不单单要考虑劳动无限供给、城镇充分就业、预期收入和迁移成本等，还应考虑转移过程中面临着就业和生活等多方面的难题。其实人口梯度转移过程是按照一定的产业梯度（由低级向高级：劳动密集型—资本技术密集型）和区位梯度（农村—小城镇—中小城市—大城市—城乡一体化），有步骤、有重点地逐步转移。[②] 这种有步骤、有重点的转移能够解决农村人口向城镇转移过程中的就业和生活难题，加快对城镇的适应性，使其尽快融入城镇生活。人口梯度转移理论特别强调农村劳动力的区位转移和产业转移，这对于落后地区，特别是高原和山地区域，在转移农村剩余劳动力，减轻高原山区人口压力和生态压力，摆脱贫困境地，实现人口再分布和人口空间格局优化方面具有重要的政策指导意义。

在我国快速城镇化的背景下，人口的梯度转移也是通过多层次的城镇体系逐步转移的。一般情况下，人口梯度转移主要是通过由农村到城镇，再由城镇到城市这样一种模式体现的，城镇是人口从农村转移至城市的过渡区域。然而在高原山地环境下，人口梯度转移具有特殊性，不同于一般情况下我国的农村人口梯度转移模式。高原山区人口转移不能完全走以小城镇作为过渡区的农村人口梯度转移模式，而应该走农村到农村再到城市的转移模式，即以生产和生活条件较好的丘陵河谷农村地区为过渡区域，引导农民由条件差的高原山地向过渡区，再由过渡区到城市的梯度转移模式。[③] 在高原山地地区，由于自然条件存在着垂直差异，经济形态也多种多样，因此在高原山地区域进行人口梯度转移时，要结合山区实际的自

---

① 张方笠、杨致恒：《我国人口布局和劳动就业》，《财经科学》1982 年第 2 期。

② 张林山：《城镇化和我国农村剩余劳动力梯度转移模式》，《北京科技大学学报》（社会科学版）2006 年第 3 期。

③ 李旭东：《喀斯特高原山区人口空间结构及其对可持续发展的影响》，华东师范大学博士学位论文，2007。

然、经济状况，因地制宜地制定相应的政策，从而达到人口空间格局优化，实现人口合理再分布。

二 人口分布的国内外研究进展

（一）人口分布的国外研究进展

国外对于人口分布的研究主要出现在二战后，尤其是 20 世纪五六十年代有了突飞猛进的发展，主要集中在人口的水平分布、人口的垂直分布以及利用各种手段来描述和估计人口分布状况这三个方面。从 20 世纪 50 年代开始，由于受到计量地理学的影响，一些地理学家利用数理统计方法从理论上推导出人口的空间分布规律和水平分布特征，这些研究大多集中于对城市人口分布的研究。Clark 对 20 多个城市的人口密度空间分布进行研究，归纳出负指数城市人口密度模型，称之为 Clark 定律；与 Clark 模型类似的还有 Sherratt 模型等，该类模型后被发展为"负指数模型"。Newling 等用二次曲线代替了 Clark 模型的一次变量，提出所谓二次指数模型。这些模型对研究城市人口分布规律都具有重要意义。与人口水平分布特征相比，对人口垂直分布现象的研究比较薄弱，1957 年波兰地理学家 Staszewski 发表《世界人口的垂直分布》一文，对人口垂直分布的研究具有开拓意义，揭示了人口密度随海拔增加而减少的普遍规律。[1] 此后 20 世纪 80 年代，苏联著名人口学家布鲁克的《世界人口》一书提供了不同海拔人口的比重，世界人口大部分都分布于较低的海拔高程带，从而揭示了人口分布具有低海拔趋向性。[2]

此外，对人口空间分布进行分析和估算的手段也随着社会的发展和科技的进步日新月异。20 世纪 80 年代以来，人们利用卫星数据和高程数据建立各种模型，从而可以更为精确地描述人口分布情况。Paul B. Slater 利用全球 2000 多个地区的人口密度、经度和纬度数据，进行了样条函数的平

---

[1] J. Staszewski, *Vertical Distribution of World Population*, State Scientific Pvblishing House, 1957, p. 130.

[2] 张善余：《人口垂直分布规律和中国山区人口合理再分布研究》，华东师范大学出版社，1996。

滑处理，结果显示全球 80% 的区域单靠纬度变化就可以预测。[1] Michel Meybeck 建立了一种新的山体形态分类方法，对大陆水资源和人口分布状况进行了研究，按照新的分类方法西藏属于高原地区，而山区占了全球 25% 的面积、32% 的径流量和 26% 的全球人口，水资源对人口分布的影响要大于地形对人口分布的影响。[2] Guiying Li 利用遥感数据估算了美国一个州的人口密度和人口数量，估算结果达到了很高的精度。[3] Guiying Li 分析如何利用遥感卫星图像提高人口分布图的精度，结果表明在小的地理单元内分区密度图比等值区域图可以更精确地表达人口分布。[4] M. D. Su 构建多层多级密度（MLMCD）框架来分析现实的空间人口分布格局，结果显示多层多等级密度模型用来表现人口分布是有效而且简便的。[5] Derek Azar 利用遥感图像精确估计了海地普查区域的人口分布情况。[6] Andrea E. Gaughan 利用高分辨率数据对东南亚 2010～2015 年的人口分布进行了分析。[7] G. Q. Chi 利用总体框架来解释人口分布变化，这个总体框架包括五个推定的影响因素，即人口学特征、社会经济条件、交通通达性、自然舒适度和土地利用状况。[8] Y. Fang 分析了自然因素对中国人口分布的影响，中国不

① P. B. Slater, "World Population Distribution: Smoothed Representations," *Applied Mathematics and Computation*, 1993, 53 (2): 207 – 223.

② M. Meybeck, P. Green, C. Vörösmarty, "A New Typology for Mountains and Other Relief Classes: an Application to Global Continental Water Resources and Population Distribution," *Mountain Research and Development*, 2001, 21 (1): 34 – 45.

③ G. Li, Q. Weng, "Using Landsat ETM + Imagery to Measure Population Density in Indianapolis, Indiana," USA. *Photogrammetric Engineering and Remote Sensing*, 2005, 71 (8): 947.

④ G. Li, Q. Weng, "Fine-scale Population Estimation: How Landsat ETM + Imagery Can Improve Population Distribution Mapping," *Canadian Journal of Remote Sensing*, 2010, 36 (3): 155 – 165.

⑤ M. D. Su, M. C. Lin, H. I. Hsieh et al., "Multi-layer Multi-class Dasymetric Mapping to Estimate Population Distribution," *Science of the Total Environment*, 2010, 408 (20): 4807 – 4816.

⑥ D. Azar, J. Graesser, R. Engstrom et al., "Spatial Refinement of Census Population Distribution Using Remotely Sensed Estimates of Impervious Surfaces in Haiti," *International Journal of Remote Sensing*, 2010, 31 (21): 5635 – 5655.

⑦ A. E. Gaughan, F. R. Stevens, C. Linard et al., "High Resolution Population Distribution Maps for Southeast Asia in 2010 and 2015," *PLoS one*, 2013, 8 (2): e55882.

⑧ G. Q. Chi, S. J. Ventura, "An Integrated Framework of Population Change: Influential Factors, Spatial Dynamics, and Temporal Variation," *Growth and Change*, 2011, 42 (4): 549 – 570.

同的自然环境导致了中国人口空间分布的异质性，东部地区要避免由于人口增长引起的生态环境退化，中西部地区要提高人口承载力，减轻东部地区人口压力①，Yuna Mao 利用土地利用估算了中国 2000 年的人口分布。② Diaz-padilla 利用干旱指数分析了墨西哥高原的人口分布情况，研究表明墨西哥 63% 的国土面积存在不同程度的干旱，墨西哥 41% 的人口生存在这些干旱地区。③ Catherine Linard 利用非洲高分辨率人口分布数据集分析了农村到人口中心区的可达性，认为城镇和乡村存在着巨大的不公平，乡村和城镇之间在公共服务通达性方面存在着巨大的差异，大量的农村人口被隔离于公共服务之外。④

国外学者也关注道路交通状况对人口分布和城镇发展的影响，Qiu 和 Woller 使用 TIGER GIS 中的公路数据和遥感影像土地利用数据对城市人口的发展模型做了对比研究⑤；Mojica 认为铁路发展是经济发展更广泛的指标，他利用历史地理信息系统（HGIS）分析法国、西班牙和葡萄牙的铁路系统对城市增长和人口分布的影响，从而揭示了铁路与城市发展和人口分布的相互关系。⑥ 2012 年，有学者进一步利用历史地理信息系统分析了欧洲 1830～2010 年铁路对沿线城镇和对人口分布的影响。⑦

---

① Y. Fang, Z. Y. Ouyang, H. Zheng et al., "Natural Forming Causes of China Population Distribution," Ying yong sheng tai xue bao = The journal of applied ecology/Zhongguo sheng tai xue xue hui, Zhongguo ke xue yuan Shenyang ying yong sheng tai yan jiu suo zhu ban, 2012, 23 (12): 3488.

② Y. Mao, A. Ye, J. Xu, "Using Land Use Data to Estimate the Population Distribution of China in 2000," *GIScience & Remote Sensing*, 2012, 49 (6): 822 – 853.

③ G. Diaz-Padilla, I. Sanchez-Cohen, R. A. Guajardo-Panes et al., "Mapping of the Aridity Index and Its Population Distribution in Mexico," *REVISTA CHAPINGO SERIE CIENCIAS FORESTALES Y DEL AMBIENTE*, 2011, 17: 267 – 275.

④ C. Linard, M. Gilbert, R. W. Snow et al., "Population Distribution, Settlement Patterns and Accessibility Across Africa in 2010," *PLoS One*, 2012, 7 (2): e31743.

⑤ F. Qiu, K. L. Woller, R. Briggs, "Modeling Urban Population Growth from Remotely Sensed Imagery and TIGER GIS Road Data," *Photogrammetric Engineering and Remote Sensing*, 2003, 69 (9): 1031 – 1042.

⑥ L. Mojica, J. Martí-Henneberg, "Railways and Population Distribution: France, Spain, and Portugal, 1870 – 2000," *Journal of Interdisciplinary History*, 2011, 42 (1): 15 – 28.

⑦ M. Morillas-Torné, "Creation of a Geo-Spatial Database to Analyse Railways in Europe (1830 – 2010). A Historical GIS Approach," *Journal of Geographic Information System*, 2012, 4 (2): 176 – 187.

也有学者利用各种模型对人口分布进行研究，M. L. Hbid 利用城市动力学对日本宫田和山口人口分布的演变进行了数学分析，认为该模型是一阶非线性常微分方程的复杂系统，能够广泛地应用于对系统的定性研究。[①] Liao 设计了 GP（遗传规划）、GA（遗传算法）和 GIS 相结合的方法，以 GIS 确定自然因素和经济因素的权重，遗传算法自动建构和优化人口数据格网分布模型，这种方法与逐步回归分析模型和重力模型相比，数据拟合精度更高。[②] Lioyd 利用空间自相关分析了北爱尔兰在社区背景和其他背景特征下的人口空间集中度，并利用了地理加权回归对人口分布状况进行了分析。[③] Siljander 利用遥感技术和广义线性模型预测了肯尼亚的人口分布，特别是广大农村地区，这个人口模型与山地的次级区域高度相关。[④]

随着全球气候的变化，学者开始关注气候变化对人口分布的影响，特别是加强了对海拔较低的地区和海拔较高地区的研究。Hoozemans 等，分析了在全球气候变化的背景下，未来海平面上升对区域和全球所带来的影响。世界上 21% 的人口生活在 30 公里以内的海岸地带，这些区域人口增长是全球平均水平的两倍，气候变化将对这些人口分布产生影响。[⑤] Charles J. Vörösmarty 从全球气候变化和人口增长方面来分析全球水资源的脆弱性，人口增长对全球水的供应有直接的影响。[⑥] Carr 分析了加纳中心

① J. El Ghordaf, M. L. Hbid, "Mathematical Analysis of the Evolution of a Model of Regional Population Distribution," *Mathematical Models and Methods in Applied Sciences*, 2006, 16 (03): 347 – 374.

② Y. Liao, J. Wang, B. Meng et al., "Integration of GP and GA for Mapping Population Distribution," *International Journal of Geographical Information Science*, 2010, 24 (1): 47 – 67.

③ C. D. Lloyd, "Exploring Population Spatial Concentrations in Northern Ireland by Community Background and Other Characteristics: an Application of Geographically Weighted Spatial Statistics," *International Journal of Geographical Information Science*, 2010, 24 (8): 1193 – 1221.

④ M. Siljander, B. Clark, P. Pellikka, "A Predictive Modelling Technique for Human Population Distribution and Abundance Estimation Using Remote-sensing and Geospatial Data in a Rural Mountainous Area in Kenya," *International Journal of Remote Sensing*, 2011, 32 (21): 5997 – 6023.

⑤ F. M. Hoozemans, M. J. Stive, L. Bijlsma, "A Global Vulnerability Assessment: Vulnerability of Coastal Areas to Sea Level Rise," *American Society of Civil Engineers*, 1993; R. J. Nicholls, F. M. Hoozemans, M. Marchand, "Increasing Flood Risk and Wetland Losses Due to Global Sea-level Rise: Regional and Global Analyses," *Global Environmental Change*, 1999, 9: S69 – S87.

⑥ C. J. Vörösmarty, P. Green, J. Salisbury et al., "Global Water Resources: Vulnerability from Climate Change and Population Growth," *Science*, 2000, 289 (5477): 284.

区域由于环境改变而引起的人口迁移，环境对迁移者的决策形成具有重要影响力，环境的改变与当地政治和经济有紧密联系。[①] Gordon Mcgranahan认为沿海低地人口快速增长，气候变化容易对沿海低地居民点造成风险，而中国的快速城市化推动人口向沿海迁移，如何减少气候变化对沿海低地居民点的风险，需要考虑各方面的因素。[②] Graeme Hugo分析了全球人口增长变化与迁移和全球气候变化的交互作用，人口增长和气候变化热点区域在空间上重叠，这些区域存在一种很复杂的机制影响了人口迁移流动。[③]

随着科技的发展和新技术的出现，人们利用新的手段来研究人口分布和人口的流动，Kwok Hung Lau探讨了用白天人口分布状况来规划城市车辆路线，提出一种基于GIS的随机地理编码算法，并利用居民出行调查数据，形成了空间更细化、时间更详细的城市白天人口分布的格局。[④] Yang利用Google Earth高分辨率影像研究太湖周围的农村人口分布，通过影像质地分析和相关程序成功地提取了太湖周围地区农村人口的空间分布。[⑤] John R. Palmer利用新的方法来研究人口的流动性，新方法主要通过移动电话收集和分析空间上的人口数据，这个实验性的研究表明移动电话在研究一些重要社会现象方面具有巨大的潜力，要超过人口普查和人口调查。[⑥]

对于高原地区的研究，国外学者研究认为人类活动与高原地区生态环境两者之间有相互影响的关系。Thomas Tanner研究了安第斯山环境的变化对阿根廷西北地区人口生活方式的影响，研究结果表明由于经济、政策、社会、文化以及山地自然环境的影响，高原地区人口的生活类型不断变化

① E. R. Carr, "Placing the Environment in Migration: Environment, Economy, and Power in Ghana's Central Region," *Environment and Planning*, 2005, 37 (5): 925 – 946.

② G. Mcgranahan, D. Balk, B. Anderson, "The Rising Tide: Assessing the Risks of Climate Change and Human Settlements in Low Elevation Coastal Zones," *Environment and Urbanization*, 2007, 19 (1): 17 – 37.

③ G. Hugo, "Future Demographic Change and Its Interactions with Migration and Climate Change," *Global Environmental Change*, 2011, 21: S21 – S33.

④ K. H. Lau, "A GIS-based Stochastic Approach to Generating Daytime Population Distributions for Vehicle Route Planning," *Transactions in GIS*, 2009, 13 (5 – 6): 481 – 502.

⑤ X. Yang, G. Jiang, X. Luo et al., "Preliminary Mapping of High-resolution Rural Population Distribution Based on Imagery from Google Earth: A Case Study in the Lake Tai Basin, Eastern China," *Applied Geography*, 2012, 32 (2): 221 – 227.

⑥ J. R. Palmer, T. J. Espenshade, F. Bartumeus et al., "New Approaches to Human Mobility: Using Mobile Phones for Demographic Research," *Demography*, 2012: 1 – 24.

并呈现多样化的特征，并提出应制定合理政策来利用资源以实现经济的正常运转。① Yiannis 依据生态—经济理论，对世界高原地区环境的生态动力机制进行了研究，并以尼泊尔和瑞典两国的高原地区生态环境状况进行对比，得出以瑞典为特征的阿尔卑斯山区生态环境的破坏主要是由于经济与技术发展，比如旅游业的发展严重威胁着山区农业，因为农业是保证山区生态环境稳定的先决条件，而以尼泊尔为特征的喜马拉雅山地的破坏则来自于经济的贫困与人口的增长。② 生态环境的稳定或不稳定，一方面取决于如何协调好区域人口、财富以及有效性技术的关系；另一方面在于高原地区生态环境的再生能力以及同其他地区相互作用的能力。

此外，如果说人口增长是引起高原地区生态环境退化最直接的原因，那么人口空间分布的不平衡则是其深层次的原因。Ngoufo 在喀麦隆西部巴波托斯山区分析了"人口密度增加—人地矛盾尖锐—土地过载—山地环境退化"的过程。③ Ryutaro 研究了巴布亚新几内亚山区农业可持续发展的问题，比较了高海拔与低海拔地区的环境与土地生产能力，得出高海拔地区因不易受到疟疾等疾病的侵害以及具有较高的土地生产能力，相对低海拔地区来说，高海拔地区是人口分布较密集的地区。随着人口的增加，加剧了高海拔地区土地的承载力，从而影响该地的农业生产，有学者提出如何协调高海拔地区与低海拔地区的人口密度，以达到农业的可持续发展一些具体措施。④

国外学者对于西藏方面的研究主要集中在人口区域变化和人口地理方面。Karl E. Ryavec 和 Howard Veregin 从人口密度方面研究了西藏雅鲁藏布江流域牧场生态类型的微观区域格局，利用土地覆盖类型 GIS 数据集，能够深刻揭示当地人口和牧场生态类型交互影响的重要性。⑤ Ryavec 分析了

① T. Tanner, "Peopling Mountain Environments: Changing Andean Livelihoods in North-west Argentina1," *The Geographical Journal*, 2003, 169 (3): 205 – 214.

② Yiannis Karmo, Kolias, "Mountains of the World Mountain Ecosystem Dynamics," *International Financial Corporation*, 1990.

③ R. Ngoufo, "The Bamboutos Mountains: Environment and Rural Land Use in West Cameroon," *Mountain Research and Development*, 1992: 349 – 356.

④ R. Ohtsuka, "Changing Food and Nutrition of the Gidra in Lowland Papua New Guinea," 1993.

⑤ K. E. Ryavec, H. Veregin, "Population and Rangelands in Central Tibet: A GIS-based Approach," *The Geographical Journal*, 1998, 44 (1): 61 – 72.

1940～1982 年西藏东部区域动态变化过程中的人口变化。[1] Childs 研究表明在南亚和西藏的藏族人生育率转变经历了一个相同的过程,虽然他们的政治、经济和社会条件不同,但 1980～1990 年妇女的总和生育率都存在一个下降过程。[2] Fischer 认为西藏在人口转变和城市化过程中,我国藏族绝大多数分布在偏远地区,而汉族和回族迁移到了西藏的中心城镇,排斥了人口处于自然增长中的西藏农村人口进入城镇,这加剧了对西藏农民的城市排斥和经济排斥。[3] 这主要是西藏广大农牧民受教育程度不足,在西藏城镇化发展过程中,农牧民面临着被社会经济发展边缘化的现象,但这种现象是城镇化早期难以避免的现象,随着国家大力帮扶和西藏城镇化的进一步发展,这种现象有望克服并消失。

(二) 人口分布的国内研究历程

1. 人口分布的国内研究进展

中国人口分布研究开始于 20 世纪 20 年代,著名地理学家竺可桢发表了我国第一篇人口地理学论文《论江浙两省人口之密度》,得出江浙两省的人口密度居世界首位;1932 年翁文灏先生在《独立评论》上发表《中国人口分布与土地利用》一文,探讨了土地利用与人口分布之间的互相依存关系[4],并在《如何开发西北》一文中冷静地思考了向西北移民的问题,认为西北许多地方自然条件恶劣,极端不适宜人类生存。[5]

此后,胡焕庸先生在 1934～1936 年连续发表了多篇有关人口分布的论文,《江宁县之耕地与人口密度》《安徽省之人口密度与农产区域》《中国人口之分布》《句容县之人口分布》,其中 1935 年发表的《中国人口之分布》一文提出了著名的"瑷珲—腾冲"一线,首次揭示了我国人口分布规律。

---

[1] K. E. Ryavec, "Research Note: Regional Dynamics of Tibetan Population Change in Eastern Tibet, ca. 1940 – 1982," *Population & Environment*, 1999, 20 (3): 247 – 257.

[2] G. Childs, M. C. Goldstein, B. Jiao et al., "Tibetan Fertility Transitions in China and South Asia," *Population and Development Review*, 2005, 31 (2): 337 – 349.

[3] A. M. Fischer, "Population Invasion versus Urban Exclusion in the Tibetan Areas of Western China," *Population and Development Review*, 2008, 34 (4): 631 – 662.

[4] 邬沧萍:《人口学学科体系研究》,中国人民大学出版社,2006。

[5] 李学通:《翁文灏与民国时期的西部开发》,载《中国历史上的西部开发——2005 年国际学术研讨会论文集》,商务印书馆,2007。

20世纪50年代，胡焕庸先生又先后发表《中国各省区面积人口指示图》《江苏南通专区的人口密度》《常熟的农业人口和人口分布》《宜兴县的人口密度》《江苏省的人口密度与农业区域》等文章，这些文章主要是利用人口密度来研究各个区域人口分布的特点。

20世纪80年代，改革开放以来我国的人口学和人口研究重新活跃了起来，归纳起来有以下几个方面：全国和区域人口分布研究、城市人口分布研究、人口分布的研究方法和人口分布的理论研究等。胡焕庸、张善余把影响人口分布的主要因素概括为自然环境、生产力发展水平，生产布局特点，历史、社会和政治三大类。① 满颖之、隋干城对人口分布与生产力分布的辩证关系做了研究。② 胡焕庸、张善余在《中国人口地理》一书中指出我国当时人口分布特点是与农业生产布局高度一致，我国的人口迁移和再分布过程不能脱离这一现实。③ 在这本书中张善余教授还首次对我国人口垂直分布做了系统和深入的探讨，并计算了全国不同海拔高程带的人口密度，以及各省、市、区不同海拔高程带占总人口的比重，填补了我国人口地理学研究的一项空白，并在此基础上于1996年撰写《人口垂直分布规律和中国山区人口合理再分布研究》一书对我国的人口垂直分布规律做了详细的、系统的论述。④ 原新关注新疆的人口垂直分布现象。⑤ 童玉芬尝试用耗散结构理论来解释人口空间分布的合理性。⑥ 祝卓首次提出了科学技术进步对人口分布的重要意义。⑦ 孟向京、贾绍凤对我国省级人口分布影响因素进行了定量的分析，认为自然因素、经济因素、教育因素与人口密度相关性依次降低。⑧ 王桂新从区域经济学角度对人口分布与经济发

① 胡焕庸、张善余：《世界人口分布》，华东师范大学出版社，1982。
② 满颖之、隋干城：《关于人口地理分布规律的探讨》，《人口与城市地理研究》1983年第4期。
③ 胡焕庸、张善余：《中国人口地理》，华东师范大学出版社，1984。
④ 张善余：《人口垂直分布规律和中国山区人口合理再分布研究》，华东师范大学出版社，1996。
⑤ 原新、林丽：《论新疆人口东西分布不均与经济的关系》，《西北人口》1987年第2期；原新：《新疆人口垂直分布规律初探》，《西北人口》1986年第1期。
⑥ 童玉芬：《耗散结构理论与人口的空间分布》，《西北人口》1988年第4期。
⑦ 祝卓：《人口地理学》，中国人民大学出版社，1991。
⑧ 孟向京、贾绍凤：《中国省级人口分布影响因素的定量分析》，《地理研究》1993年第3期。

展的关系进行了深入而细致的研究。^① 陈彦光研究了城市人口分布的分形测度，间接证明了区域人口空间分布的多分形猜想。^② 可以说 20 世纪八九十年代的研究成果为我国人口分布方面的研究奠定了良好的基础，对人口分布的相关理论做了系统的归纳总结和提升，无论是人口垂直分布研究、城市人口分布研究、人口分布影响因素研究，还是人口分布研究方法的创新都得到了快速发展，这也是我国人口分布相关研究的一个特别重要的时期。

进入 21 世纪以来，我国人口分布研究主要集中在人口分布与资源环境的相关关系、人口城市化与人口流动、民族人口分布、历史人口分布、人口再生产和人口结构的空间特征等方面，并且研究方法也有很大的突破，开始借鉴经济学、系统学、空间信息技术等定量研究方法与技术，空间技术和定量分析成为重要的分析手段，人口分布相关研究取得一大批成果。例如刘燕华、王强利用 GIS 技术通过分析中国人口分布现状与水资源、海拔、地表起伏指数及社会经济因素之间的关系，建立了综合的适宜人口分布模型。^③ 高向东、江取珍对大城市人口分布变动和郊区化进行了研究。^④ 董春等通过建立地理因子库、经济因子库，对地理因子、经济因子与人口空间分布的相关性进行研究。^⑤ 任强、沃夫冈通过相关分析来研究人口密度与人口增长率、生育率之间的关系，发现人口密度与生育率之间存在显著的相关关系。^⑥ 刘纪远等通过基于格点生成方法的人口密度空间分布模拟模型，模拟了中国人口密度的空间分布规律。^⑦ 田永中等通过对分县、分城乡、分区建模，建立了基于土地利用的中国 1 千米栅格人口模型。^⑧ 王桂新认为人口是城市发展的动力和活力，是经济发展所必要的投入要

① 王桂新：《中国人口分布与区域经济发展》，华东师范大学出版社，1997。

② 陈彦光、单纬东：《区域城市人口分布的分形测度》，《地域研究与开发》1999 年第 1 期。

③ 刘燕华、王强：《中国适宜人口分布研究——从人口的相对分布看各省区可持续性》，《中国人口·资源与环境》2001 年第 1 期。

④ 高向东、江取珍：《对上海城市人口分布变动与郊区化的探讨》，《城市规划》2002 年第 1 期。

⑤ 董春、刘纪平、赵荣等：《地理因子与空间人口分布的相关性研究》，《遥感信息》2002 年第 1 期。

⑥ 任强、沃夫冈：《人口密度和生育率：一项探索性分析》，《中国人口科学》2003 年第 5 期。

⑦ 刘纪远、岳天祥、王英安等：《中国人口密度数字模拟》，《地理学报》2003 年第 1 期。

⑧ 田永中、陈述彭、岳天祥等：《基于土地利用的中国人口密度模拟》，《地理学报》2004 年第 2 期。

素,反之,城市化水平又在很大程度上影响着人口的分布和流动。① 葛美玲、封志明利用 GIS 研究了 2000 年我国的人口分布状况,认为半个世纪以来我国人口分布的基本格局并未发生大的变化。② 张车伟、蔡翼飞从我国城镇化格局变动来研究人口合理分布,认为我国城市人口规模越大,城市人口扩张速度越快,人口在不同规模城市间分布逐渐趋于合理。③ 需特别指出,新世纪以来,GIS 空间分析方法应用于人口分布的研究很多,同时随着我国城镇化进程的加速发展,国内学者对城市人口分布问题也进行了较多的研究,但是对于乡村人口分布问题研究较少,相对于中国农村人口众多、分布地域广阔来说,现有的研究仍很薄弱,同时高原地区人口分布的研究也相对较少。

2. 西藏人口分布的国内研究进展

与国外相比,我国的高原地区人口与环境研究起步较晚,相关科研工作相对滞后,但由于人们对这项工作的重视程度越来越高,目前学界关于高原地区人口与环境的研究也如雨后春笋般涌现。在西藏高原这一特殊地域环境下,西藏自治区人口空间分布与区域环境的关系十分密切。国内对于西藏人口分布相关的研究,在研究方法上主要利用 GIS 空间分析和统计学、地理学的相关模型。廖顺宝、孙九林以土地利用、海拔、主要道路、河流数据作为青藏高原人口分布的主要影响因子,定量(人口密度)、定位(居民点密度)地分析了人口分布与这些环境因子之间的关系以及人口密度与居民点密度的关系④,研究结果显示,在西藏高原地区人口的分布明显受海拔、土地利用、主要公路以及河流等环境因素的影响,这与其他地区的人口分布特点具有相似性。但同时,由于其独特的气候条件和自然地理环境,西藏高原的人口分布又具有特殊性,主要表现在以下三个方面。(1)人口的分布并不完全遵循随海拔增加而减少、随海拔降低而增加的规律。在西藏,人口密度和居民点密度的峰值出现在海拔 4000 米左右

① 王桂新:《中国人口迁移与城市化研究》,中国人口出版社,2006。
② 葛美玲、封志明:《基于 GIS 的中国 2000 年人口之分布格局研究》,《人口研究》2008 年第 1 期。
③ 张车伟、蔡翼飞:《中国城镇化格局变动与人口合理分布》,《中国人口科学》2012 年第 6 期。
④ 廖顺宝、孙九林:《青藏高原人口分布与环境关系的定量研究》,《中国人口·资源与环境》2003 年第 3 期。

的高原面地带,从高原面往上或往下,人口分布均呈逐步减少的趋势。(2) 青藏高原的人口主要分布在数量有限的居民点。因此,整个区域人口的点状分布的特征比较明显。(3) 正是由于有限的居民点集中了区域的绝大部分人口,具有空间地理坐标的居民点可以视作人口分布的重要指示因子。廖顺宝、李泽辉通过 12 个土地利用类型指数与人口密度的多元回归建模分析,并利用该模型计算出了西藏自治区 1km×1km 的栅格人口数据,发现西藏人口分布与土地利用具有密切关系。[①] 由于传统的人口密度分布计算方法等值区域法存在一些缺陷,刘艳、马劲松采用核密度估计方法,生成了人口密度从分布中心(城镇)向农村逐渐降低的连续密度分布曲面,并计算了西藏自治区人口密度分布。[②] 罗磊、彭骏通过空间自相关分析方法,对近 50 年来高原北部有代表性的 5 处荒漠化地区的降水、风速等气候因子,在年内的时间分配格局及变化趋势进行了研究。这些定量分析手段与方法对精确了解西藏人口数量和分布状况具有重要意义。[③]

国内研究者在研究西藏人口分布的同时还对西藏人口承载力和人口资源环境关系进行了相关研究,为西藏人口分布的研究开拓了思路。如曾加芹利用相对资源承载力理论及计算方法,以全国为参照物,选取人口、耕地面积和 GDP 等指标对西藏 20 多年来的相对资源人口承载力进行了时空模拟与分析,并探讨了缓解西藏人地关系矛盾的对策。[④] 扎央、罗绒战堆从西藏人口现状和耕地资源的承载力的实际出发,认为西藏畜牧业发展面临严重挑战并对此提出了具体建议。[⑤] 陈华、索朗仁青根据对西藏人口、资源与环境现状的分析找出存在的问题,揭示人口与资源及环境之间的相互关系及发展趋势,从而使人们对西藏目前的人口与资源及环境以及三者与可持续发展关系有一个较客观、理性的认识,并提出相应的对策和具体措施,以求人口资源与环境之间的协调与可持续发展。[⑥] 徐霞、辜世贤等

---

① 廖顺宝、李泽辉:《基于人口分布与土地利用关系的人口数据空间化研究》,《自然资源学报》2003 年第 6 期。

② 刘艳、马劲松:《核密度估计法在西藏人口空间分布研究中的应用》,《西藏科技》2007 年第 4 期。

③ 罗磊、彭骏:《青藏高原北部荒漠化加剧的气候因素分析》,《高原气象》2004 年第 1 期。

④ 曾加芹:《1985~2005 年西藏资源人口承载力探析》,《西南农业学报》2007 年第 4 期。

⑤ 扎央、罗绒战堆:《西藏的人口与土地资源的承载能力》,《人口与经济》2002 年第 2 期。

⑥ 陈华、索朗仁青:《西藏人口、资源、环境与可持续发展》,《人口研究》2002 年第 1 期。

综合分析了西藏山南地区贡嘎、乃东、琼结与扎囊四个县的自然和社会人文环境的区域特征，通过分析土地生产潜力和现实生产力水平，用粮食—经济人口承载力指数来评价和预测其人口承载力。[①] 成升魁、沈镭对我国青藏高原人口、资源、环境与发展的互动关系进行了探讨，认为可持续发展模式是青藏高原现实和未来的必然选择，从定量分析着手，提出人口增长较快、素质不高是高原可持续发展所面临的基础性障碍，人口与资源、经济匹配不当，承载力相对不足，构成了高原持续发展的巨大负担，不合理开发利用资源，严重威胁着脆弱环境和生态系统，是高原可持续发展的潜伏危机。最后提出适度控制人口、合理开发利用资源，优化经济结构、保护生态环境是实现高原可持续发展的根本措施。[②]

研究西藏人口分布必须考虑西藏人口迁移，目前国内不少学者对西藏流动人口及迁移人口状况进行了研究。1996～1997 年西藏大学人口研究所曾经两次开展"拉萨市流动人口"专题调查研究，对拉萨市城关区的流入人口做了大规模的问卷调研，通过讨论拉萨市流动人口的特征和存在的问题，提出相应的政策建议。且增伦珠博士就"青藏铁路沿线对西藏经济社会影响评估"等课题以及人口流动与经济社会发展问题开展了政策性的评估建议。[③] 马戎从西藏经济形态的角度研究西藏流动人口。[④] 李含琳认为青藏铁路的开通使西藏的流动人口迅速增加，对于西藏人口分布和城市化有积极影响。[⑤]

近年来，随着西藏经济的快速发展，国内学者对西藏人口分布变动与城市化进行了研究。樊杰、王海对西藏城镇的"职能—规模—空间"结构变动的综合特征进行了解析并进一步探讨了人口发展，城镇化同资源环境、社会经济的冲突，提出可持续的城镇化是西藏人口发展和城镇化进程

---

① 徐霞、辜世贤、刘宝元等：《西藏山南地区自然环境与土地人口承载力研究——以乃东县、琼结县、扎囊县与贡嘎县为例》，《水土保持研究》2007 年第 1 期。

② 成升魁、沈镭：《青藏高原人口、资源、环境与发展互动关系探讨》，《自然资源学报》2000 年第 4 期。

③ 周炜：《"青藏铁路对当地传统文化影响与评估"座谈会综述》，《中国藏学》2004 年第 4 期。

④ 马戎：《西藏的经济形态及其对区域间人口迁移的影响》，《西北民族研究》1993 年第 1 期。

⑤ 李含琳：《青藏铁路对西藏人口发展的影响和对策研究》，《重庆工商大学学报（西部论坛）》2007 年第 1 期。

中需要努力实现的目标。① 李含琳认为西藏进入了城镇化的快速发展阶段，西藏已形成了以拉萨市为中心，地区所在的城镇为次中心，县城及较大建制镇为三级中心的城镇层次系统。②

随着科学技术的快速发展和交通的快捷便利，铁路对人口集中也有很大的引力。这是由于铁路建设会以直接或者间接的方式带动铁路沿线的产业开发，从而影响区域内的人口分布。以西藏高原为例，21 世纪以来，随着青藏铁路的开通和运营，西藏地区的人口流动和人口城镇化水平大大提高，这将有利于人口在地理空间上的科学分布，促进人口适度集中。③ 西藏大部分地区都是人类无法生存或者生存条件非常艰苦的地区，实际上，西藏自 20 世纪 80 年代以来只是在部分河谷地区对小部分非常艰苦的牧民实施了搬迁和新居建设工程。李含琳认为，从长远看，解决西藏的人口分布问题要充分考虑铁路开通所引起的产业开发因素，这才是促进人口科学分布的关键。④

总之，从目前国内学者对西藏人口分布研究现状上可以发现，很多是从单一的角度来研究西藏人口分布，对西藏的城镇体系研究不多。本书将在前辈或同仁研究的基础上，综合运用定量和定性分析的手段，从多个视角来研究西藏人口分布。

（三）人口分布的相关研究方法

1. 空间自相关

空间自相关分析最初起源于生物计量学研究⑤，但 21 世纪以来，随着计量统计方法在地理学的发展，空间自相关统计方法开始逐渐被学者较多地运用于地理学领域。经过广大地理学家的努力，特别是 Cliff 和 Ord 的有

---

① 樊杰、王海：《西藏人口发展的空间解析与可持续城镇化探讨》，《地理科学》2005 年第 4 期。

② 李含琳：《西藏城镇化发展的新思路》，《重庆工商大学学报（西部论丛）》2006 年第 5 期。

③ 文余源：《青藏铁路工程的地区发展效应分析》，《青海社会科学》2008 年第 2 期。

④ 李含琳：《青藏铁路对西藏人口发展的影响和对策研究》，《重庆工商大学学报（西部论坛）》2007 年第 1 期。

⑤ P. A. P. Moran, "The Interpretation of Statistical Maps," *Journal of the Royal Statistical Society. Series B* (*Methodological*), 1948, 10（2）: 243 – 251; P. A. P. Moran, "Notes on Continuous Stochastic Phenomena," *Biometrika*, 1950: 17 – 23; R. C. Geary, "The Contiguity Ratio and Statistical Mapping," *The Incorporated Statistician*, 1954, 5（3）: 115 – 146.

关工作[1]，空间自相关分析逐渐发展成为地理空间分析的重要主题之一，在人口地理学中主要用来研究某一特定区域内人口空间分布的模式和动态规律。空间统计分析方法能够扩展和加强 GIS 的空间分析功能，从而更深入地探索、分析、处理和解释人口分布的空间模式与空间关联，为进一步研究空间模式的发生尺度和塑造该模式的空间过程奠定基础。[2]

在国外，Lioyd 利用空间自相关分析了北爱尔兰在社区背景和其他背景下的人口空间集中度。[3] 国内学者利用空间自相关分析方法对上海、浙江、山西、沈阳以及长江流域城市人口分布格局及动态变化做了深入研究。[4] 也有学者利用空间自相关分析方法的优势，将其运用于对西藏自治区人口空间分布的研究，如武江民等将空间统计分析与 GIS 相结合对西藏人口分布进行了深入探讨，研究表明西藏自治区人口空间分布呈现"西北—东南"模式，存在显著的空间集聚现象，四种类型的空间关联在空间分布上具有明显的规律性。[5] 唐伟运等用局部空间自相关，结合 GIS 技术对西藏自治区 1990~2008 年人口分布空间格局的演变进行了分析，结果显示各县市（区）人口总量和密度均有明显增长，人口分布总体上呈现不断集中的态势。[6] 综上所述，空间自相关的分析方法在人口分布方面的应用已经十分成熟。

[1] A. D. Cliff, J. K. Ord, "The Problem of Spatial Autocorrelation," *University*, 1968; A. D. Cliff, K. Ord, "Spatial Autocorrelation: A Review of Existing and New Measures with Applications," *Economic Geography*, 1970, 46: 269–292; A. D. Cliff, J. K. Ord, "Spatial Processes: Models & Applications," *Pion London*, 1981.

[2] 刘峰、马金辉、宋艳华等：《基于空间统计分析与 GIS 的人口空间分布模式研究——以甘肃省天水市为例》，《地理与地理信息科学》2005 年第 6 期。

[3] C. D. Lioyd, *Local Models for Spatial Analysis*, CRC Press, 2010.

[4] 杜国明、张树文、张有全：《城市人口分布的空间自相关分析——以沈阳市为例》，《地理研究》2007 年第 2 期；邓祖涛、陆玉麒：《长江流域城市人口分布及空间相关性研究》，《人口与经济》2007 年第 4 期；李同升、王霞：《陕西省非农人口分布的空间自相关特征分析》，《西北大学学报（自然科学版）》2007 年第 6 期；徐丽华、岳文泽：《上海市人口分布格局动态变化的空间统计研究》，《长江流域资源与环境》2009 年第 3 期；杨剑、蒲英霞、秦贤宏等：《浙江省人口分布的空间格局及其时空演变》，《中国人口·资源与环境》2010 年第 3 期。

[5] 武江民、党国锋、鱼腾飞：《西藏自治区人口空间分布模式研究》，《甘肃联合大学学报（自然科学版）》2010 年第 2 期。

[6] 唐伟、钟祥浩、周伟：《西藏"一江两河"地区人口空间分布的动态演变》，《中国人口·资源与环境》2011 年第 3 期。

2. 夜间灯光数据

夜间灯光数据（DMSP/OLS）以其独特的光电放大特性与对夜间灯光的获取能力，成为人类活动检测的良好数据源，其优势主要有两点：首先，夜间灯光数据不依赖于高空间分辨率，并且数据量非常小，在数据处理时更为简便；其次，夜间灯光数据能反映综合性信息，它涵盖了交通道路、居民住地、城市、经济等密切相关的信息，同时在使用夜间灯光数据时无须单独考虑这些因素。

目前，夜间灯光数据主要用于城市边界提取、城镇扩展研究、人口密度模拟、灾害、能源、经济等领域，早在 2003 年 Henderson 等就利用夜间灯光数据，采用一定的阈值，分别提取了旧金山、北京、拉萨等几个发展水平不同的城市边界，并以 Landsat TM 图像中提取的城市边界为标准做精度评价。[①] 在估计城市化水平方面，以陈晋[②]、卓莉[③]等人的研究较为典型，他们首次应用夜间灯光数据，构造了灯光指数用于估算城市化水平。Townsend 利用夜间灯火数据研究澳大利亚的电力消费与人口分布。[④] 曹丽琴等做了基于夜间灯光数据的城市人口估算。[⑤] 夜间灯光数据应用广泛，也为人口分布的研究提供了新的视角。

三　人口分布国内外相关研究评析

作为一个生态脆弱的高原地区，西藏的人口压力和生态压力非常之重。西藏地区人口分布的特点及其影响因素与高原地区的自然环境和经济

---

① M. Henderson, E. T. Yeh, P. Gong et al., "Validation of Urban Boundaries Derived from Global Night-time Satellite Imagery," *International Journal of Remote Sensing*, 2003, 24 (3): 595 – 609.

② 陈晋、卓莉、史培军等：《基于 DMSP/OLS 数据的中国城市化过程研究——反映区域城市化水平的灯光指数的构建》，《遥感学报》2003 年第 3 期。

③ 卓莉、史培军、陈晋：《20 世纪 90 年代中国城市时空变化特征——基于灯光指数 CNLI 方法的探讨》，《地理学报》2003 年第 6 期。

④ A. C. Townsend, D. A. Bruce, "The Use of Night-time Lights Satellite Imagery as a Measure of Australia's Regional Electricity Consumption and Population Distribution," *International Journal of Remote Sensing*, 2010, 31 (16): 4459 – 4480.

⑤ 曹丽琴、李平湘、张良培：《基于 DMSP/OLS 夜间灯光数据的城市人口估算》，《遥感信息》2009 年第 1 期。

发展条件密切相关，对西藏人口分布进行研究时必须充分考虑其高原特点和传统文化特点。近年来西藏人口规模逐年增长，人口与资源环境关系日益紧张。从区位看，西藏区位优势不强，主要表现在交通不便，基础设施建设耗资巨大；人口分布不合理，在山高坡陡的山区还生活着一定数量的人口，这些山区生存和发展的条件差，承受着巨大的人口压力和生态压力，人口极易陷入贫困状态。鉴于高原地区的特殊环境和人口特点，对人口分布、人口与资源环境关系的研究也就显得更加迫切。

国内外人口学、地理学等学科的学者对人口分布及其影响因素进行了大量的研究，取得了一定的研究成果，不仅对人口分布的影响因素和人口分布规律进行了系统梳理和分析，还通过利用各种计量统计和地图显示工具深化了对人口分布各方面内容的研究。但我国对高原地区人口分布研究起步较晚、研究较少，已有的研究中较多关注对人口分布的描述，而在对影响人口分布的主要因素的研究中，仅考虑影响人口分布的一般因素，却未结合高原地区的历史、政治、文化等地区特色综合分析。此外，从目前国内学者对西藏人口研究现状上可以发现，大多集中于人口地理、区域研究、人口转变和人口承载力方面，对西藏人口分布历史变化特点和规律等方面研究相对薄弱。

虽然国内对高原地区的研究多注重于山区的可持续发展、山区的贫困问题、空间模式和区域人口承载力方面，但仍存在以下两点问题：一是对高原地区缺乏系统全面的分析，以往研究多集中在某个方面，对全局性问题把握不够；二是资源环境以及气候条件对我国高原地区人口流动和分布的影响如何，或是否存在影响、如何影响人口分布、主要影响因素是什么等问题存在困惑。在理论方面，传统的影响人口再分布的人口迁移理论对于解释高原地区人口分布变动特征和规律是否有效？人口梯度转移理论指出的人口从相对落后地区向比较富裕地区阶梯式迁移，从高山人口向低山转移，低山人口向平原转移，那么对于高原地区来说，这是否具有可行性？这些问题都有待研究者们进一步深入探讨。

第三章 西藏人口历史变迁

西藏自治区地理环境特殊,地形复杂多变,河谷平原狭小且分散,再加上独特的人文环境,造就了西藏特殊的历史。西藏在旧石器时代就有人类居住,在随后的发展过程中,西藏地理环境的变迁促成了经济形态的变迁,从而对西藏人口数量变化和人口分布变化产生了影响。在吐蕃王朝建立之前,畜牧经济在西藏处于主导地位,在畜牧经济的主要分布区域西藏的西北部则分布着相当数量的人口,随着西藏经济形态的转变,东南部农业经济兴起,再加上农业经济比畜牧经济承载的人口数量多,西藏东南部的人口数量逐渐超过西北部,最终由以农业经济为主的雅砻部落统一了西藏,建立了吐蕃王朝。随后在一些农业比较发达和宗教比较兴盛的地方逐渐形成了城镇,特别是山南地区、拉萨地区和日喀则地区的城镇密集,这种人口的分布格局一直延续至今。不同的历史时期,西藏的主导经济形态不同,经济形态的转变进而影响了西藏人口的历史变迁。

一 西藏史前人口的历史变迁

(一) 西藏史前人类遗址

1. 青藏高原的隆升

青藏高原地理环境独特,大气中含氧量低,自然条件相对恶劣,是人类比较难适应的地区。现代地质学表明,青藏高原地区在 2.8 亿年前还是一片辽阔的海洋;2.4 亿年前由于板块运动昆仑山脉和可可西里地区隆升为陆地;约 2.1 亿年前,北羌塘地区、喀喇昆仑山、唐古拉山、横断山脉脱离了海侵;到了距今 8000 万年前,冈底斯山、念青唐古拉山地区经过一次强烈的构造运动急剧上升,藏北地区和部分藏南地区也脱离海洋成为陆地。孢粉记录这个时期气候湿润、物种丰富，高原的地貌格局基本形成。与青藏高原海陆变迁的漫长地质历史相比，青藏高原整体强烈抬升的时间要短得多，它成为世界上海拔最高、面积最大、年代最新高原的历史主要发生在最近 300 万年。新的研究结果表明，在距今 240 万年前，高原的平均海拔只上升到 2000 米，2000 米的高度也逐渐改变了全球气候原有格局，主要是诱发了东亚季风和南亚季风，丰富的降水使我国长江中下游地区免于成为和同纬度地区一样的荒漠带，成为人类适宜居住的地区。西北地区由于高原的隆升，西风得以加强，气候逐渐干旱，黄土高原也逐渐形成，黄土高原最终成为我国古文化的摇篮，汉藏民族的发源之地；而印度则同样免于干旱的命运，成为人类文明的发源地之一；距今 110 万 ~ 70 万年前，青藏高原上升到了 3500 米的高度，喜马拉雅山、冈底斯山和昆仑山等主要山地出现大面积冰川，成为亚洲的水塔，储备了大量的水资源；距今 15 万年前后接近到现在的高度，成为名副其实的"第三极"，它也成为亚洲许多大河包括黄河、长江、澜沧江（湄公河）、怒江（萨尔温江）、雅鲁藏布江（布拉马普特拉河）、印度河、恒河的发源地，滋养了全球近一半的人口。

青藏高原经历了四次显著的阶段性隆升和三次夷平。青藏高原四次隆升分别发生在约 45 ~ 40MaBP 的中始新世、33 ~ 30MaBP 的渐新世、23 ~ 22MaBP 的中新世早期和 8 ~ 7MaBP，夷平面形成于前三次隆升的末期。第四次 8 ~ 7MaBP 隆升具有强烈的整体性，而伴随的变形相对较弱，隆升开始较缓慢，以后明显加速，并呈现显著的阶段性，主要阶段发生在 3.6MaBP、2.6MaBP、1.8MaBP、1.1 ~ 0.8MaBP 和 0.15MaBP，其中发生在上新世 3.6MaBP 和更新世 1.8 ~ 0.8MaBP 的构造隆升最为重要，前者导致了高原快速隆升，后者伴随着新生代以来高原第二次最强烈的变形。① 距今 800 万年前第四次隆升时高原面海拔在 1000 米左右，气候炎热湿润，正是灵长类乐意生活的海拔和气候条件，地球上的类人猿大多生活在海拔 1000 ~ 3000 米的热带与亚热带气候区，比如东南亚的中南半岛、马来西亚、苏门答腊岛和非洲埃塞俄比亚高原、东非高原等地方。在巴基斯坦、尼泊尔和我国云南地区考古发现了距今 800 万年前的森林古猿和腊玛古猿，

---

① 郑度：《青藏高原形成环境与发展》，河北科学技术出版社，2003，第 48 页。

这也验证了青藏高原地区曾经是类人猿生活的乐园。当时高原上还生活着三趾马、犀牛、小古长颈鹿、羚羊等，孢粉记录也显示植被属于热带稀树草原植被类型和亚热带山地森林草原植被类型，气候类型与现在非洲高原的类型极为相似。

由于东非大裂谷下陷的断裂运动大幅度错动时期从上新世开始一直延续至第四纪，持续的下沉运动造成了环境和气候的改变，大裂谷底部从第三纪时期的茂密森林变成了一片广阔的大草原。"人类非洲起源说"认为东非大裂谷环境的改变和地理的隔离迫使类人猿从树上生活逐渐转变为地上生活，大裂谷为人类的进化提供了一个平台，最终成为人类起源的摇篮。在东非大裂谷考古发现了数量众多的早期猿人化石和一些旧石器时期人类文化遗存，这也验证了东非大裂谷是人类文明最古老文化的发源地之一，近年来一系列 DNA 研究也为人类非洲起源说提供了有力的支持。但是人类非洲起源说缺乏 10 万年前至 20 万年前现代人化石支持，非洲直立人向现代人类转变时期的样本又极其稀少，这是人类非洲起源说面临的最大缺陷。1997 年，美国科学家在埃塞俄比亚发现了大约 16 万年前的 3 块人类头骨化石，与分子生物学预测结果比较吻合，到 2005 年澳大利亚学者又重新认定 1967 年在埃塞俄比亚发现的两个人类头骨化石距今已有 19.5 万年历史，这些研究成果弥补了人类非洲起源说的缺陷，也为现代人起源于非洲提供了新的证据。但同时人类非洲起源说也面临着考古发现的挑战，2001 年，澳大利亚国立大学的艾伦·索恩等人对澳大利亚蒙戈湖附近出土的距今 6 万年前的人类化石中提取的线粒体 DNA 进行分析后发现，它与世界其他地区被认为是源自非洲的早期现代人的古老 DNA 在遗传上没有联系，并据此认为澳大利亚出现的早期现代人独立于非洲古人类之外。[①] 科学家在利比亚撒哈拉沙漠发现了早期灵长类动物 4 个物种的化石，这些物种可能生活在 3900 万年前，但它们与同期或者更早在非洲生活的物种都不相同，这表明它们是在其他地方进化后才到达非洲的。在利比亚发现的新类人猿化石显示，人类的"摇篮"可能在亚洲。[②] 考古学家在以色列发现

---

① 《我们来自埃塞俄比亚？》，《南方周末》，http://www.southcn.com/weekend/culture/2003062 60191.htm。

② 《利比亚发现新类人猿化石 人类摇篮或在亚洲》，凤凰网，http://news.ifeng.com/history/ kaogu/detail_2010_11/09/3050293_0.shtml。

了 8 颗约 40 万年历史的人类牙齿，比起先前所发现的最早智人骨骸还早了
20 万年。这些牙齿不但可能成为智人存在的最早证据，甚或证实人类是源
自中东，而非外界普遍认为的非洲地区。①"人类非洲起源说"普遍认为，
距今 10 万年前，人类从非洲走向欧、亚等地，取代了当地土著人后繁衍形
成现在的人。2007 年，许昌出土的头盖骨化石距今 8 万~10 万年，对于研
究东亚古人类演化和中国人现代起源具有重要价值，同年在广西智人洞发
现的现代智人下腭骨化石距今大约已有 10 万年（或 11 万年）的历史②，
这些都对人类起源非洲说提出了挑战。在整个亚洲发现的古老化石为构建
人类多起源奠定了基础，在东非大裂谷大幅度下沉的同一时期也是青藏高
原逐步隆升的阶段，青藏高原隆升引起了一系列动植物变迁和气候变化。
在过去几百万年的时间里，全球气候为冰川时代的气候波动所主导，冰川
气候的不稳定性和冰川间冰期的周期循环，创造了不稳定的生态环境，陆
地上的生物都必须适应气候和植被的周期性变化，同时这种变化的刺激也
加快了生物的进化步伐。青藏高原地质时代剧烈的变迁，造成了环境的巨
大变迁，环境压力迫使生物对这种变迁做出反应，青藏高原为生物的变化
提供了这样的场所。

　　冰川时期气候不稳定，冰期和间冰期周期性循环，造成了寒冷期和洪
水期交替出现。当冰川期来临时，气候异常寒冷，绝大多数生物都无法在
低温中生活，高原地区垂直地带生态系统为生物生命的延续提供了强有力
的保障，陆生生物可以迁徙到高原的低海拔地区进行繁衍。当间冰期来临
时，温度逐渐升高，冰川融化导致了大量洪水从高山而出，平原上的动植
物遭到毁灭性打击，而高原上的生物则受影响较小。在冰川和洪水交替的
周期循环下，只有那些具备一定海拔和适宜温度的高原才能生存一定数量
的生物。青藏高原恰恰具备这样的条件：低海拔、垂直的生态系统和宽广
的高原面、利于灵长类动物集聚的宽阔地形。距今 400 万~700 万年前，
正是人猿相揖别之际，青藏高原为这种转变提供了优越的条件和生物基

---

① 《以发现 40 万年前智人牙齿 人类或起源中东》，凤凰网，http://tech. ifeng. com/discovery/
special/renleiqiyuan/content - 1/detail_2010_12/29/3757291_0. shtml。

② W. Liu, C. Z. Jin, Y. Q. Zhang et al. , "Human Remains from Zhirendong, South China, and
Modern Human Emergence in East Asia," *Proceedings of the National Academy of Sciences*, 2010,
107（45）: 19201 - 19206.

础。相比之下，非洲高原也有适宜的海拔和气候条件，但高原上有大断裂带，两侧是断壁悬崖，不利于灵长类动物的群居生活和迁移流动，同时高原面比较狭小，承载的生物量有限，在从猿到人的过程中，不能提供足够数量的用于演化的类人猿来面对各种地质灾害和气候变迁，当大的自然灾害来临时，类人猿用于躲避灾害迁移流动的空间也比较小，在漫长的地质年代，类人猿在非洲高原这样的环境下存活的概率比较小，因此可以说青藏高原为人类进化提供了一个相对优越的生态环境。

青藏高原在距今 100 万年前的再次隆升对人类的进化具有决定意义，这次隆升高度达到了 3000 米左右，大部分区域变成了广袤的草原，取代了以森林植被为主导的分布格局。随着森林减退草原出现，食草动物大量繁殖，如牛、羊、马等，由于生态环境和动植物资源的改变，迫使人类采取新的觅食方式和生活方式，最终使人类走向空旷的地面，从而迈出了从猿到人的第一步。一个完整的周期，从温暖的间冰期到较长的冰川时期再回到间冰期，在 280 万年前可持续大约 4 万年。从那时起直到大约 100 万年前，这个周期可持续大约 7 万年，而在最近的 100 万年里，一些重要的循环周期持续大约 1 万年。[①] 这时候冰期和间冰期的循环间隔逐步减短，也为人类进化创造了条件。

环境的巨大改变迫使人类由能人向直立人进化，直立人在适应气候和植被的周期性变化中，逐步扩大了脑容量，学会了以更复杂的方式使用工具，从而有机会获得更丰富的食物，群居生活和知识累积，使直立人能够大大扩展其居住范围和活动范围，直立人开始能够离开高原，并能在青藏高原附近一些丘陵地带生存下来，并向远处迁移。随着高原的隆升，河流切割的加剧，在高原上形成的河谷地带成为很好的生物扩散通道，这些通道成为冰川期和洪水期生物躲避自然灾害的主要迁徙路线。从青藏高原地形上看，主要有以下三条迁移通道。第一条路线是沿着雅鲁藏布江大峡谷到达横断山脉，一部分沿着中南半岛至印度尼西亚、澳大利亚，另一部分从我国云南开始主要沿着珠江流域和长江流域迁徙流动。第二条路线是沿着叶尔羌河等河流到达塔里木盆地，这时的塔里木

---

① 〔美〕克里斯蒂安：《时间地图：大历史导论》，晏可佳译，上海社会科学院出版社，2007，第 146 页。

盆地是河湖众多，植物繁盛，气候湿润的绿洲，人类从塔里木盆地逐步沿着青藏高原边缘迁移至湟水谷地、渭水流域，在这里一部分人类进入黄河流域，一部分沿着汾河谷地、太行山、大兴安岭、外兴安岭，通过白令海峡进入美洲和拉丁美洲。第三条路线是沿着印度河流域，进入伊朗高原，一部分进入土耳其和高加索地区，然后进入欧洲，另一部分进入两河流域，然后沿着尼罗河流域，最后进入东非大裂谷。这些古老的生物扩散通道拓展了人类生存的范围，同时不同地域环境的变化产生了不同的旧石器文化，当洪水来临时，人类再次集聚高原地区，不同文化的交流加快了人类智力的增长。

　　距今15万年前青藏高原再次隆升，海拔接近现代的高度，青藏高原的环境又一次面临巨大的改变，藏西北气候趋于寒冷干旱，大量的湖泊开始退缩，草原退化，随着末次冰期的来临，高原已经不能承载太多的人口，气候条件和环境条件也越来越不适应人类在此居住。而此时的人类已经进入智人时代，狩猎和采集是人类的主要生活方式，人类在共同的生活中产生了共同的古老文化，包括对太阳的崇拜、图腾、创世神话和原始宗教等，古老文化又催生人类掌握了更复杂的技术，人类对大自然的适应能力更强。人类面临青藏高原环境的巨大改变，开始沿着原来早已存在的扩散通道离开青藏高原，仅有少部分人迁往高原的东南部。人类在向各地迁徙的同时，也逐步开始有了种族上的差别，可以肯定的是在距今约1万年，即最后一次冰河期的末期，各种族在全球的分布已经和现在的大致一样。①在距今1万年前，青藏高原抬升的速度更快，平均每年上升7厘米左右，青藏高原的自然环境更加不适合人类居住，特别是青藏高原的西北部，而这时全球的气候经历过冰期之后，进入了全新世的大暖期，气候开始转暖，草原逐步退缩，森林逐渐向较高纬度和较高山地迁移，全球的自然地理环境发生了明显的改变，适应人类生活的区域范围不断扩大。虽然青藏高原的自然环境已经不适合人类居住，但是人类从青藏高原的草原带迁移到丘陵和平原地带以后找到了更适合人类居住的生存环境，人类主要迁移到新的草原带：北非—西亚—中亚—蒙古高原草原带。

---

① 〔美〕斯塔夫里阿诺斯：《全球通史：从史前到21世纪》，吴象婴等译，北京大学出版社，2006，第18页。

2. 西藏史前人类遗址

经过我国考古学家多年的努力，我国的古人类化石已经呈现出一个近乎完整的人类进化系统，从 800 万年前的禄丰古猿、200 万～240 万年前安徽繁昌人、200 万年前早期直立人巫山人、190 万年前建始人、170 万年前的元谋人、115 万年前的蓝田人、80 万年前的郧县人、50 万年前的北京人和南召人、35 万年前的南京汤山人、25 万年前的安徽和县人、10 万～20 万年前辽宁营口金牛山人、陕西大荔人、湖北长阳人、安徽巢县人、山西许家窑人和丁村人、广东曲江马坝人、北京周口店新洞、辽宁喀左鸽子洞、贵州桐梓岩灰洞等早期智人，到 8 万～10 万年前河南许昌市灵井人、1 万～5 万年前的北京山顶洞人、广西柳江人和麒麟山人、四川资阳人、山西朔城峙峪人、陕西延安黄龙人、贵州穿洞人、云南丽江人等晚期智人，大约在 1 万年前我国开始进入新石器时代，开始了农耕和畜牧生活，完整的古人类化石序列昭示了现代中国人是独立进化发展的。①

西藏地区作为青藏高原的主体，在远古时期就已经有人类在此区域内居住生活，古人类见证了年轻高原气候和环境的变迁，还有因为这种变迁所做出的种种适应。古遗址是研究人类早期活动的直接证据之一，考古发掘能够重构古人类生活的历史。西藏和平解放后，西藏考古逐渐发展起来，开始了系统研究，考古学家已经从青藏高原上发掘出了许多石器时代的考古资料，这为重构西藏古人类的历史奠定了基础。1964 年，中国科学院西藏科学考察队在日喀则地区定日县的苏热地点采集到属于旧石器中晚期的打制石器标本 40 件，这是西藏和平解放后首次发现旧石器遗存。随后在申扎县的多格则、珠洛勒，日土县的扎布，班戈县的各听，普兰县的霍尔地区等也发现了旧石器遗存。近年新发现的旧石器遗址有吉隆县的哈东淌、却得淌，阿里地区的热角、夏达错和扎那曲加等一批打制石器地点。② 但是西藏地区的旧石器时代遗址没有明确的地层关系，所获得的

---

① 黄万波：《"东亚型"人类的起源之谜》，《百科知识》2008 年第 1 期；张银运：《中国早期智人牙齿化石》，《人类学学报》1986 年第 2 期；吴新智：《从中国晚期智人颅牙特征看中国现代人起源》，《人类学学报》1998 年第 4 期。

② 石硕：《从人类起源的新观点看西藏的旧石器时代文化遗存》，《中国藏学》2008 年第 1 期；霍巍：《近十年西藏考古的发现与研究》，《文物》2000 年第 3 期；童恩正：《西藏考古综述》，《文物》1985 年第 9 期。

标本仅限于一些地面的采集。这些旧石器标本的获得，以及对它们进行的研究，仍然不失为西藏旧石器考古的重要线索。[①] 同时在青藏高原青海地区的小柴旦湖、霍霍西里和最近在海南藏族自治州共和县发现一处旧石器时代晚期遗址，特别是小柴旦湖旧石器时代遗址有明确地层关系，因此能够利用现有的科技手段对遗址的年代做出较为准确的判断。根据碳14测定、原生物孢粉分析和地层对比研究，这批石器年代距今大约在3万年前后，这些实物资料进一步论证了早在距今3万年前后，古人类就已经在青藏高原生活了。从旧石器遗址的空间分布来看，古人类主要活动于西藏南部的定日、吉隆，西部的阿里地区，北部的申扎高海拔地区[②]，这些地区以冈底斯山脉为中心，其海拔在4000米以上，气候寒冷干燥，降水量极少，有些地方还是人类无法生存的"无人区"。可以说冈底斯山脉是西藏古文化的发源地，生活在冈底斯山脉的古人类在此创造了原始苯教，开创了西藏文化的先河。

由于年代久远和历史文献的缺失，对于西藏远古文明的构建存在一定的困难，同时关于藏族起源问题也众说纷纭。一直以来关于藏族起源问题存在着西羌说、鲜卑说、猕猴与罗刹女后裔说（本地起源说）、印度释迦王后裔说（印度种源论）、三苗说、马来半岛说、伊朗血统说、缅甸说、蒙古人说、土著与氐羌融合说等。[③] 古人类学家推测青藏高原地区及其周围地区可能是世界人类发祥地，在西藏高原周围的印巴交界处西瓦立克山区和我国云南禄丰石灰坝地区发现了腊玛古猿化石，而大多数学者认为人类是从距今800万年上新世时期的腊玛古猿分化产生的，腊玛古猿化石在非洲的肯尼亚、欧洲的希腊和匈牙利、亚洲的巴基斯坦波特瓦高原和土耳其都有发现，但在青藏高原周围发现的地点最多也最为完整。我国著名的古人类学家贾兰坡就认为，谈到人类的起源地就不能忽略青藏高原，因为那里也是同样有希望的地方。研究北京人化石的德国人类学家魏敦瑞推测，人类从中央高原地带向四处迁徙，一支迁到德国，以海德堡人为代

① 侯石柱：《西藏考古大纲》，西藏人民出版社，1991。

② M. Aldenderfer, Z. Yinong, "The Prehistory of the Tibetan Plateau to the Seventh Century AD: Perspectives and Research from China and the West since 1950," *Journal of World Prehistory*, 2004, 18（1）: 1 - 55.

③ 格勒：《论藏族文化的起源形成与周围民族的关系》，中山大学出版社，1988，第43~44页。

表；一支迁到中国，以北京人为代表；一支迁到爪哇，以爪哇人为代表。北京人和爪哇人的迁徙路线，可能途经云南，一支向北到达周口店，一支向南到达爪哇的垂尼尔村。① 我国古人类学家黄万波也认为青藏高原东部大峡谷是"东亚型"人类起源的摇篮。② 德国人类学家阿玛顿·格列本也认为中新世晚期喜马拉雅山隆起阻止了印度洋水汽的进入，蒙藏地区森林逐渐消失，干旱迫使人类远祖森林古猿到达地面生活，以适应这种极速的环境改变，大量古猿因为不能适应这种环境改变而消亡了，少量存活下来的古猿逐渐演变为现代人类的祖先——直立人，随后这些直立人迁徙到世界各地，而在从古猿到直立人的关键时期，世界其他地区都没有相应的地理和气候条件。③

随着分子生物学的发展，人们可以通过 Y 染色体和线粒体 DNA 来研究人类的遗传特性，Y 染色体遵循严格的父系遗传，遗传谱系异常清晰，很容易构建人群的历史，而线粒体 DNA 遵循严格的母系遗传，利用线粒体 DNA 突变和世界范围内线粒体单倍群分布，能够构建人群母系祖先的迁移路线和迁移时间，父系遗传物质和母系遗传物质的解译为解决人类起源、进化、迁移等问题提供了新的思考角度。赵勉通过对藏族母系遗传组成的研究，发现了一个特殊的单倍型类群 M16，它从欧亚大陆人群线粒体 DN（mtDNA）的祖先单倍型 M 中直接衍生出来，年龄非常古老（＞2.1 万年），并且其分布基本局限于藏族群体中，表明 M16 可能代表了青藏高原上旧石器时期的居民在现代藏族人中留下的遗传印记；与珞巴族相比，门巴族显示出同藏族群体更近的遗传关系，三个民族群体的遗传学研究都表明，至少在母系方面，青藏高原上的群体基本没有受到来自南亚基因流的影响，也就是说喜马拉雅山脉在南亚到东亚人群的基因交流中起着阻隔作用。④ 覃振东等对藏族做了最大规模的采样，研究也同样发现了 M16 这个古老的基因，高原上林芝、山南、拉萨、阿里和日喀则的藏族群

① 贾兰坡、张兴永：《我国西南地区在考古学和古人类研究中的重要地位》，《云南社会科学》1984 年第 3 期。
② 黄万波：《论"东亚型"人类的起源与演化》，《重庆三峡学院学报》2008 年第 4 期。
③ A. W. Grabau, "Tibet and the Origin of Man," *Geografiska Annaler*, 1935, 17: 317–325.
④ M. Zhao, Q. P. Kong, H. W. Wang et al., "Mitochondrial Genome Evidence Reveals Successful Late Paleolithic Settlement on the Tibetan Plateau," *Proceedings of the National Academy of Sciences*, 2009, 106（50）: 21230–21235.

体紧密地聚在一起，明显区别于高原上其他的藏族地区，西藏山南地区的民族与藏族完全不同，是从云南西北地区迁移进西藏的，并没有通过青藏高原迁移，而且基因的多样性非常低，门巴族和珞巴族具有很高的遗传多样性，这两个群体曾发生过人群扩张，北方汉族与藏族群体在母系遗传方面比较接近。A10 在高原南部（特别是山南地区）该单倍型的频率和多样性都远远高于其他地区，藏族人群有多种来源。① 对于父系 Y 染色体中高原人群的单倍体 D－M174 产生于距今 6 万年前，其在高原人群中具有较高的频率（41.31%），同时这个基因在日本也有较高频率（35.08%），在时间上早于北方人群在高原的迁移。② 现代研究也表明青藏高原在旧石器时代就有古人类居住。

（二）汉藏之间的历史联系

随着人口的不断增加，在青藏高原周围地区开始产生了最古老的文明，人类开始进入新石器时代。原始农业的出现和发展无疑是人类发展进程中的一件大事，随着农业的出现和生产工具的改善，人类改造自然环境的能力也逐步加强。人类最早的农业起源地同样出现于草原地带，位于当今西亚的以色列、巴勒斯坦、黎巴嫩、叙利亚、土耳其的安纳托利亚和伊朗的扎格洛斯山山前地区，这就是考古学家布莱德伍德提出的所谓农业起源新月形地带。这个区域地处欧亚非的交界处，成为连接欧洲、北非、中亚和印度河流域的中心地带，人类的各种信息在此交流，知识的累积速度加快。伴随着人口的快速增长，原来的狩猎采集方式已经无法满足生存，人类迫切需要一种新的生产方式改变这种状况，人口增长、环境变化、知识累积和社会组织等因素促进了农业的诞生，人类已种植小麦、大麦、扁豆和豌豆等，开始饲养绵羊和山羊等。这些文明成果随后开始向四周传播，从两河流域、尼罗河流域、欧洲东南部、印度河流域到中亚的广大地

---

① Z. Qin, Y. Yang, L. Kang et al., "A Mitochondrial Revelation of Early Human Migrations to the Tibetan Plateau Before and After the Last Glacial Maximum," *American Journal of Physical Anthropology*, 2010, 143（4）: 555－569.

② H. Shi, H. Zhong, Y. Peng et al., "Y Chromosome Evidence of Earliest Modern Human Settlement in East Asia and Multiple Origins of Tibetan and Japanese Populations," *BMC Biology*, 2008, 6（1）: 45.

区都受到农业革命的影响。人口的增加导致了农业革命，而农业革命反过来又导致了更大规模的人口增长。在农业人口快速增长并迁徙到世界各地的过程中，食物采集者的人口总量被远远地落在了后面，而其活动区域也被排挤出了大多数土地肥沃的地区。[①]

相同的发展进程也发生在人类文明发源地之一的华夏文明地域，在距今1万年前，随着高原的快速隆升，塔里木盆地的气候越发干旱，原来适宜人类生存的大草原逐渐变成了沙漠地区，居住在这里的人类向四周迁移，其中一支顺着高原的边缘地带来到了黄土高原，人口的大量迁入和人口的增长加快了黄土高原地区的农业革命的进程。而这时的黄土高原在全新世大部分时间内是以草原或森林草原（或疏林草原）植被为主，在全新世中期约 $7.6 \sim 5.8 kaBP$ 有近1700年时间发育有森林植被，整个气候环境在全新世存在着多次干湿交替现象。[②] 总之这一时期黄土高原环境和气候条件，对于华夏先民从食物采集者向食物生产者转变具有重要意义，黄土高原湿润与半湿润的气候条件算不上优越，却是促使先民向农业转变的必要条件；草原与森林的交汇，为黄土高原包容各种文明创造了条件；高原处于我国第二阶梯，海拔高程较高，对于躲避温暖期洪水的威胁，保持华夏文明的连续性至关重要。高原的这些条件促使农业在这个区域快速发展，农业范围的拓展也使得华夏文明核心区域的范围逐步扩大，黄河流域新石器时代的农业文明逐步发展和形成。同时长江流域的农业也逐步发展，西亚是小麦和大麦的农业起源地，而我国是小米和大米的农业起源地，黄河流域主要种植粟、黍，长江流域主要种植水稻。从目前考古挖掘的新石器时代遗址空间分布来看，黄河流域的文化遗存比较多且密集，长江流域的文化遗存相对较少且分散，而在当时的技术条件下，北方粟的产量按单位计算要高于南方水稻[③]，应该说黄河流域承载的人口要比长江流域的人口多，在新石器时代黄河流域文明占据着主导地位。

早期人类的历史存在着惊人的一致性，随着人类在整个世界范围迁

① 〔美〕斯塔夫里阿诺斯：《全球通史：从史前到21世纪》，吴象婴等译，第18页。

② 唐领余、李春海、安成邦等：《黄土高原西部4万多年以来植被与环境变化的孢粉记录》，《古生物学报》2007年第1期。

③ 王恩涌：《中国的文明为什么没有中断（二）》，《中学地理教学参考》2002年第1期。

移流动，地理环境的变化隔断了古代人类之间的联系，各个古老文明在适应环境的过程中产生了不同的文明。大约5000年前随着游牧文明的出现，打破了各个古老文明独立发展的轨迹，古老文明之间又开始出现了联系和交流，古老农耕文明之间通过游牧民族开始了互相交流。距今4000年前，西亚的小麦开始传入中原地区，大体沿着中亚—新疆—河西走廊—陕西—中原这一途径自西向东逐渐传入。小麦的产量是小米的数倍，小麦的传入为华夏文明的发展奠定了物质基础，同时也加快了人口在黄河流域的集聚。黄土高原处于游牧文化和农耕文化的交接地带，这一地带也逐步成为各类文化的交汇之处，周围游牧文化、农耕文化以及长江流域文化共同影响，逐渐形成了独具特色的华夏文明，其中气候的变化对华夏文明的发展也有影响。① 公元前2070年夏朝的建立开启了华夏文明辉煌的历史，夏朝是在良渚文化、龙山文化、仰韶文化、齐家文化等基础上建立的，与周围各个文化都产生了深刻的联系，并通过逐渐融合而形成②，而这时的华夏民族真正开始作为华夏民族而存在。从这里可以看出华夏文明一开始就具有多元性和包容性，这也是华夏文明一直没有中断的原因之一。而黄土高原在华夏文明形成过程中发挥了至关重要的作用。在此后很长一段时期，黄土高原都是华夏文明吸收外来文化的前哨站，来自西亚北非一带的大麦、小麦、羊、马、冶铸青铜、冶铁技术等在这里与本土文化交融，这些文化丰富了华夏文化，也为人口的大量增加提供了条件，这也就是黄河流域在很长时期内成为我国政治、文化和经济中心的原因之一。

在整个全新世，华夏先民向青藏高原的迁移主要受气候突变的影响和人口过快增长的压力。整个全新世是个大暖期，但全新世气候并不稳定，也存在着多次短暂的气候事件，根据研究资料推断出8.12kaBP，5.5kaBP，

---

① 王绍武：《夏朝立国前后的气候突变与中华文明的诞生》，《气候变化研究进展》2005年第1卷第1期；吴文祥、刘东生：《4000aB.P.前后东亚季风变迁与中原周围地区新石器文化的衰落》，《第四纪研究》2004年第3期。

② 龙西江：《再论藏汉民族的共同渊源——青藏高原古藏人之古象雄（古支那）、西女国中的"嘉"（夏）部落与中原夏王朝的亲属渊源关系（上）》，《西藏研究》2004年第1期；龙西江：《再论藏汉民族的共同渊源——青藏高原古藏人之古象雄（古支那）、西女国中的"嘉（夏）"部落与中原夏王朝的亲属渊源关系（下）》，《西藏研究》2004年第1期；黄懿陆：《〈山海经〉考古：夏朝起源与先越文化研究》，民族出版社，2007。

4kaBP 和 2.8kaBP 等气候事件。① 这些事件导致了气候寒冷而干旱,对人类文明和人类的迁徙流动产生了重要的影响。其中在全新世的 7.2～6kaBP 为稳定的暖湿阶段,即大暖期的鼎盛阶段,青藏高原当时变暖程度高于国内其他地区,此期之末出现全新世最高海面。② 青藏高原在最末次盛冰期存在的冰川开始大量融化,气候温暖湿润,容易降水,高原周围的平原地区肯定遭受洪水的威胁,从印度、北非、西亚到华夏大地,史前的人类都有关于大洪水的记忆,洪水的频繁威胁促使人类向更高的海拔迁移。黄河中下游地区的华夏先民们为了躲避洪水的威胁,带着仰韶文化等成果进入黄土高原的甘肃青海地区,产生了马家窑文化等,然后一部分从甘肃青海等地逐步地向青藏高原迁徙,这些迁徙都是因为环境演变引起的。③ 迁徙的主要路线是沿着黄河上游,进入藏彝走廊北部地区的昌都一带。目前在藏彝走廊发现的新石器时代遗址中,普遍和大量存在着来自黄河上游甘青地区的文化因素、典型器物及遗迹。④ 从目前西藏地区的新石器遗址分布来看,大多分布在东南部昌都卡若遗址和小恩达遗址、察雅县江钦遗址、拉萨曲贡遗址、贡嘎县昌果沟遗址、琼结县邦嘎遗址、林芝的星云和居木遗址等,而藏西北主要是细石器及部分岩画和巨石遗址为代表的狩猎游牧型文化。而在卡若遗址、昌果沟遗址等都发现了农作物粟的炭化粒,从西藏高原新石器时代农作物遗存时空分布来看,粟是西藏高原长期、大规模种植过的一种历史作物。⑤ 这也从侧面说明了一部分华夏先民迁移到了西藏,把以粟为代表的农业文明带到了西藏,并从昌都逐步扩散到雅鲁藏布江流域。

随后在新石器时代中晚期以大麦、小麦为代表的西亚农业文明从西藏

---

① 唐领余、李春海、安成邦等:《黄土高原西部 4 万多年以来植被与环境变化的孢粉记录》,《古生物学报》2007 年第 1 期。

② 施雅风、孔昭宸、王苏民等:《中国全新世大暖期的气候波动与重要事件》,《中国科学(B 辑 化学 生命科学 地学)》1992 年第 12 期。

③ 侯光良、许长军、樊启顺:《史前人类向青藏高原东北缘的三次扩张与环境演变》,《地理学报》2010 年第 1 期。

④ 石硕:《从新石器时代文化看黄河上游地区人群向藏彝走廊的迁徙》,《西南民族大学学报(人文社科版)》2008 年第 10 期。

⑤ 石硕:《西藏新石器时代人群面貌及其与周边文化的联系》,《藏学学刊》2011 年第 8 期;傅大雄、阮仁武、戴秀梅等:《西藏昌果古青稞、古小麦、古粟的研究》,《作物学报》2000 年第 4 期。

的阿里地区传入雅鲁藏布江流域，此后青稞以其对高原生态环境的适应性逐渐取代了粟，最终演变为西藏高原以青稞为主要农作物的高原农业文明。这时高原的农业文明主要分布于西藏的东南部，以细石文化为代表的游牧文明主要分布于西藏的西北部，因为西藏地区适宜放牧的区域比较广大，适宜农业的河谷地域相对狭小，生产工具的变革没有出现，农业的优越性还没有充分体现出来，所以这一时期西藏的文明还是以游牧文明为主导。以上分析可以看出，由于环境的改变和洪水的威胁，在青藏高原边缘地区产生的古老文明又开始向高原传播，为什么华夏文明对青藏高原影响深刻，而西亚文明的影响相对较弱呢？相较西亚的农业文明，华夏文明的发源地距离青藏高原较近，同时在当时的条件下，人类更容易通过东部的藏彝通道进入高原，高原东部的自然环境比西部优越，人类更容易在这里生存发展，并且能推动华夏的农业文明在高原扩散，后期随着西亚农业文明的传入，最终形成了高原独特的农业文明。

在旧石器时代，西藏西北部的自然环境比较优越，人类主要活动大多集聚于此，留下了许多岩画、洞穴、石器和巨石遗址等，遗址主要分布于冈底斯山脉周围，而到了新石器时代随着高原的进一步抬升，西北部的环境已经不能承载更多的人口，一些土著居民迁往东南部，念青唐古拉山周围成为人类生存的乐园。华夏农业文明最先从东部传入，在这里逐渐传播，大大增加了西藏的人口数量，加强了汉藏民族之间的联系。所以可以说，从空间分布上来看，在旧石器时代，西藏人口主要分布于西北部，而到新石器时代人口主要分布于东南部。食物采集生活方式可以养活的人口密度为每10平方公里1人，而早期农业方式在相同面积内可以养活50～100人。西藏自治区面积为120多万平方公里，按照狩猎采集生活方式的人口密度推算，最初西藏人口数量在12万左右，随着早期农业的出现，西藏人口数量在新石器时代开始进入快速增长时期。

二 古象雄时期人口变迁

西藏有文字记录的历史是在公元7世纪松赞干布之后，在吐蕃历史之前，象雄是吐蕃王朝崛起前青藏高原最大的文明古国，是以游牧文化为主导而形成的部落联盟。但是古象雄国的兴建和历史并没有相关的文献记载，留下了许多谜团。象雄文明是和苯教的历史联系在一起的，原始苯教是以西藏地方的原始自然崇拜为基础，考古学家在西藏地区发现了大量的岩画，岩画的主要内容是狩猎和畜牧业生产，岩画中还有神灵、舞者、巫师和太阳及其他具有特殊蕴涵的形象，表现了当时人们丰富的精神文化生活。西藏的岩画内容十分丰富，其核心是反映西藏高原原始牧民的日常生产生活及其精神文化活动，体现出当时牧业生产水平和生产手段的进步，它与青藏高原地区的原始宗教和苯教有一定的联系。西藏的岩画主要是用坚硬的石器或金属工具刻凿而成，而考古学家推测铜石并用的时代可能开始于公元前1000年到公元6世纪。[①] 20世纪90年代在拉萨曲贡遗址发现了青铜器则把西藏的青铜时代大大提前了，距今大约4000年（相当于夏朝），西藏高原就已经进入了青铜时代，在青铜器早期形成了以曲贡遗址为代表的农牧兼营经济类型，在青铜器晚期形成了以加日塘为代表的游牧和狩猎兼营的游牧经济类型，通过驯化马和牦牛，西藏高原专业化的游牧社会至少在青铜器时代晚期便已经出现。[②] 西藏适宜农耕的土地比较少，仅占西藏土地总面积的0.5%左右，因此西藏高原很长一段时期都是以游牧方式为主，西藏游牧社会的产生为苯教的产生和传播提供了某种社会基础。

关于辛饶弥沃何时创立苯教，一直以来就有争论，现在大多数学者都认为辛饶生活的年代在公元前5世纪前后[③]，与影响世界的圣人如释迦牟尼、老子、孔子、苏格拉底等年代相近。这一时期也是世界上伟大思想家大量产生的时代，辛饶诞生于这个时代具有一定的社会基础。当时波斯第一帝国已经崛起，上古西藏与伊朗高原地域接近，容易受到波斯文明的影响。现在一般认为辛饶创立的雍仲苯教是在西藏原始苯教基础上创立的，创立过程受到波斯拜火教二元论的深远影响。[④] 雍仲苯教的创立，改变了藏族的很多原始信仰，使得雍仲苯教所代表的文化在开始时便具有较高的

---

① 陈庆英、高淑芬：《西藏通史》，中州古籍出版社，2003。

② 汤惠生：《西藏青铜时代的社会经济类型及相关问题》，《清华大学学报》（哲学社会科学版）2012年第1期。

③ 霍巍：《论古代象雄与象雄文明》，《西藏研究》1997年第3期；才让太：《古老象雄文明》，《西藏研究》1985年第2期；袁莎：《西藏古格王国探秘》，宗教文化出版社，2009，第41页。

④ 张云：《上古西藏与波斯文明》，中国藏学出版社，2005，第100页；才让太：《再探古老的象雄文明》，《中国藏学》2005年第1期。

水平，随着雍仲苯教的传播和影响，象雄在政治、文化和生活的各个方面都融合了苯教的文化，从而开始了文明程度较高的象雄历史，最终发展成为部落联盟国家。

关于象雄王国的确切地理位置一直以来就存在争论，一些学者从人口迁徙、藏文字渊源和苯教起源等角度论证象雄在西藏的北面和东北面①，一些学者倾向于西藏阿里地区是象雄文明的发源地，以冈底斯山脉为中心。② 近年来在阿里地区象泉河流域噶尔县门土乡考古发掘出一处大型遗址被认为极有可能是象雄的都城——穹窿银城③，内部发现了密集的居住遗址，考古挖掘支持了象雄发源于阿里的说法。阿里地区作为象雄文明的发源地有许多优越的条件。阿里地区被称为千山之宗、万水之源，是雅鲁藏布江、印度河、恒河的发源地，这些天然的通道为加强阿里与外部文明的联系创造了条件。札达盆地相对比较封闭，有利于进行防御保护自身的安全和部族的延续，象雄正是在这样的条件下，从一个小邦逐渐发展起来，顺着雅鲁藏布江可以直达西藏的东南和尼泊尔，向南可以联通印度，顺着象泉河西北方向可以到达中亚、西亚，往东北可以直达昌都。阿里地区处于古时麝香之路上，也是东西方联系的枢纽之一，这些因素加大了阿里与外界的政治、经济、文化联系，正是优越的地理位置和便利的交通条件，使其成为西藏地区早期的文明中心。

根据苯教文献的传统说法，象雄由三个部分组成，即里象雄、中象雄和外象雄。据著名苯教学者朵桑坦贝见参所著《世界地理概说》记载："里象雄应该是冈底斯山西面三个月路程之外的波斯、巴达先和巴拉一带。

① 张琨、玉文华：《论象雄》，《西藏研究》1982 年第 1 期；晏春元：《从藏文字的渊源探讨象雄为嘉绒藏区》，《西藏研究》1990 年第 3 期；晏春元：《本波教起源地象雄为嘉绒藏区浅析（下）》，《西藏研究》1989 年第 4 期；晏春元：《本波教起源地象雄为嘉绒藏区浅析（上）》，《西藏研究》1989 年第 3 期。

② 才让太：《冈底斯神山崇拜及其周边的古代文化》，《中国藏学》1996 年第 1 期；古格·次仁加布：《略论十世纪中叶象雄王国的衰亡》，《中国藏学》2012 年第 2 期；张亚莎：《古象雄的"鸟图腾"与西藏的"鸟葬"》，《中国藏学》2007 年第 3 期。

③ 霍巍、李永宪：《西藏阿里象泉河流域考古调查取得重大进展》，《中国文物报》2004 年10 月 15 日；顿珠拉杰：《西藏西北部地区象雄文化遗迹考察报告》，《西藏研究》2003 年第 3 期；霍巍、李永宪：《揭开古老象雄文明的神秘面纱——象泉河流域的考古调查》，《中国西藏》2005 年第 1 期；郝欣、张春海：《阿里考古新发现有望填补象雄文明研究空白》，《中国社会科学报》2012 年 10 月 17 日。

在这块土地上有大小 32 个部族，如今已被外族占领（似指克什米尔地
区）。中象雄在冈底斯山西步行一天的路程之外，这里有象雄国的都
城——穹窿银城堡，曾为象雄 18 国王统治。因为这块土地东南和吐蕃接
壤，有时也受吐蕃的管辖。外象雄是以穹保六峰山为中心的一块土地，也
叫松巴静雪，包括 39 个部族和北嘉 25 族（安多地区）。"才让太认为吐蕃
崛起以前的象雄，疆域包括南边的拉达克、克什米尔，西部的巴基斯坦东
段巴尔提斯坦，北至那曲高原甚至包括今青海省玉树的一部分，东达以丁
青为中心的包括今天那曲和昌都一带的辽阔的区域，几乎包括整个藏区。

　　国内有研究者认为象雄部落联盟成员还应包括尼泊尔等地，[①] 而尼泊
尔木斯唐地区也是藏族的一个集聚区，这也从侧面说明了西藏的一些文化
和文明在历史上曾经影响了这些地区。象雄主要是以游牧文化为基础建立
起来的，而马和金属武器的拥有为象雄军事的扩张奠定了基础。据《象雄
年续》中说，象雄有一支 99 万人的军队，《藏族人口史考略》一文中说，
根据军队的比例，象雄人口应不低于 1000 万。[②] 结合文献和地理环境，可
以说象雄最强盛的时候，南面包括尼泊尔和印度部分区域，北面到达新疆
的和田，西面势力范围到达拉达克与伊朗高原，东面到达川西高原等地，
面积可能达 400 万平方公里。

　　地域如此广阔的象雄，人口数量到底有多少？先以蒙古高原做一些
对比。从地理上看，蒙古高原纬度位置靠北，而西藏纬度位置靠南，海
拔高程高，从纬度地带分异规律和垂直地带分异规律来看，两者的地理
环境具有一定的相似性，而两者都是以游牧文化为基础发展起来的。在公
元 12 世纪蒙古各部落统一前的人口为 116 万左右，当时各部落分布在东起
大兴安岭，西至阿尔泰山，北接贝加尔湖，南达阴山，共 300 余万平方公
里的范围内，每平方公里人口密度为 0.45 人，总的平均 6 口人出 1 个兵是
比较符合实际的。[③] 蒙古国在 1921 年建国时人口数量为 64.9 万，面积为
156.65 万平方公里，人口密度为每平方公里 0.41 人；到 2000 年总人口数

---

　① 常霞青：《麝香之路上的西藏宗教文化》，浙江人民出版社，1988。
　② 杨雄：《废墟深处的古象雄王国》，《中国商报》2003 年 11 月 18 日。
　③ 沈斌华、王龙耿：《蒙古族历史人口初探（11 世纪—17 世纪中叶）》，《内蒙古大学学报》
　　（哲学社会科学版）1996 年第 5 期。

量仅为 237. 35 万，平均人口密度为每平方公里 1. 52 人。[①] 到 2010 年蒙古人口普查时为 275. 5 万，平均人口密度为每平方公里 1. 76 人，从上面可以看出以游牧业为主的民族，人口增长缓慢，人口密度比较低。那么作为以游牧业为主的象雄，以当时的生产条件，人口密度为每平方公里 0. 5 人则是合适的，那么象雄的人口为 200 万左右。《藏族人口史考略》一文说象雄人口应不低于 1000 万，若以 1000 万人口计算，那么象雄的人口密度应该在 2. 5 人左右，而我国 1953 年青藏高原的人口数量为 512 万，人口密度为 2 人左右，1964 年人口数量也仅仅为 598 万，人口密度仅仅为 2. 4 人[②]；2012 年尼泊尔喜马拉雅山区的玛囊县（Manang）藏族人口密度也仅仅为 2. 4 人每平方公里，在远古时期的象雄人口密度不可能达到这么高。如果象雄的军队人数为 99 万，按照 6 个人出 1 个兵的话，象雄的人口应为 594 万。综上所述，象雄的人口应该在 200 万 ~ 600 万。随着自然环境的改变，游牧经济难以抵御重大的自然灾害，人口开始向西藏的东部迁移，这时西藏高原上苏毗、吐蕃部落开始崛起，象雄开始逐步衰落，到汉朝时象雄被称为羊同，中象雄也被分割成为大羊同和小羊同，若以羊同"胜兵八、九万"记，总人口也降至 30 万 ~ 50 万。至公元 4 世纪，西藏高原范围内逐渐形成了三个势力较大的部落联盟：象雄、苏毗和吐蕃，其中象雄和苏毗以游牧经济为基础，而吐蕃则以农业经济为基础。[③] 至唐朝的时候，象雄先于吐蕃与唐朝建立联系，但这也摆脱不了最后被吐蕃吞并的命运，至公元 10 世纪中叶，末代国王被杀，五氏族纷纷投降，并最终被吐蕃王室后裔取代。[④] 象雄留下了太多的文明之谜，却把苯教文化深深地根植于西藏高原。

三 吐蕃至元明清时西藏人口变迁

公元 6 世纪前后，西藏的文明中心开始逐渐发生转移，从最初以象雄

① 李晓缋：《蒙古国人口发展面临的问题及人口政策》，《人口学刊》2009 年第 1 期。
② 张镱锂、张玮、摆万奇等：《青藏高原统计数据分析——以人口为例》，《地理科学进展》2005 年第 1 期。
③ 石硕：《关于唐以前西藏文明若干问题的探讨（上）》，《西藏艺术研究》1992 年第 4 期；石硕：《关于唐以前西藏文明若干问题的探讨（下）》，《西藏艺术研究》1993 年第 1 期。
④ 古格·次仁加布：《略论十世纪中叶象雄王国的衰亡》，《中国藏学》2012 年第 2 期。

为中心的阿里地区逐步转移至苏毗部落的那曲和昌都地区，最后转移到山南地区以雅砻部落为中心的雅砻河谷地带。伴随文明中心转移的是苯教文化的传播和经济模式的转化，农业经济逐步取代游牧经济占据主导地位，这也是西藏人口变迁的重要时期。雅砻部落所处的山南地区泽当，位于雅鲁藏布江中游与雅砻河谷的交汇之处，优越的自然环境极适宜农业生产，这也决定了雅砻部落是以农业为主畜牧业为辅的农耕社会。昌果沟遗址的发现表明山南地区很早就已经开始了农业生产，人们认为教会雅砻部落从事农业的藏王聂赤赞普是从波密来的，这说明山南地区的农业应该是从昌都一带传播过来的。由于当时生产工具低下，主要是一些石器工具和青铜工具，相对于地域广阔实力雄厚的游牧经济，农业经济则显得十分微弱，因此人口数量的增长和社会生产力的发展都比较缓慢，真正使农业经济发挥出巨大优势的则是铁制生产工具的出现。西藏是什么时候进入铁器时代的呢？最近考古学家在堆龙德庆县嘎冲村遗址进行调查勘探时，首次在这个距今约 3000 ~ 3400 年的遗址中发现了藏族先民早期冶铁的铁块，遗址的发现表明了这一时期的藏族先民从青铜器时代逐步迈入铁器时代。[①] 西方学者认为西亚是冶铁技术的发源地，在公元前 800 ~ 前 500 年传播到印度和中国，最近研究表明印度东 Vindhyas 人在公元前 2000 年已经掌握铁的冶炼、制作和使用技术，我国早期铁器年代可确切追溯到公元前 9 世纪。[②]从上面分析可以看出西藏进入铁器时代的年代还是比较早的，根据文献记载，西藏雅砻部落利用成熟冶铁技术始于从波密归来的藏王布岱工杰，在公元 1 世纪前后就已"烧木为炭，炼矿石而成金银铜铁，钻木为孔做成犁及牛轭、开掘土地，引溪水灌溉，犁地耦耕，垦草原平滩为耕地"。金属冶炼、犁耕农业和水利灌溉的出现，标志着农业生产已达到较高发展水平。[③] 至公元 6 世纪，铁器已广泛用于农业和手工业工具，廉价铁器工具的广泛应用，农民可以大量地砍伐茂密的森林，从而大大拓展了农业的范围，不仅使农业面积大大增加，也推动了农业文明在雅鲁藏布江流域传

① 尕玛多吉：《藏族进入铁器时代重要物证发现》，《甘肃日报》。
② 陈建立、毛瑞林、王辉等：《甘肃临潭磨沟寺洼文化墓葬出土铁器与中国冶铁技术起源》，《文物》2012 年第 8 期。
③ 石硕：《关于唐以前西藏文明若干问题的探讨（下）》，《西藏艺术研究》1993 年第 1 期；吴健礼：《漫话古代中原地方与青藏高原铁文化的联系》，《西藏日报》。

播。农业生产率的增长和农业规模效应的形成，意味着雅砻部落能够提供足够的剩余粮食用来发展经济，农业的增长和经济的发展为雅砻部落人口的快速增长提供了基础，雅砻部落也逐步发展壮大起来，成为西藏高原一个新的政治、经济、文化中心，最终在 7 世纪初松赞干布时期，吐蕃征服了苏毗和象雄，完成了高原的统一大业。

在吐蕃王朝崛起的过程中，其人口数量是怎么变化的？国内有研究者推算在松赞干布父亲朗日松赞时，从日喀则到泽当一段雅鲁藏布江沿岸河谷，以及从林周、墨竹工卡以南的拉萨河河谷地带，约有人口 20 万。在兼并了苏毗、澜沧江和怒江流域的东女国、大羊同后，吐蕃人口已经达到了100 万左右。随后又兼并了金沙江流域党项等羌人，吐蕃人口增至 140万～150 万。唐贞观七年（633），松赞迁都逻些（拉萨），正式建立吐蕃王朝。接着又兼并了青海吐谷浑部、廓尔喀（尼泊尔）以及后来 8 世纪初占领勃律国（今克什米尔一带）的数万羌血人口，吐蕃完成对高原的统一时人口数量已达 290 万～300 万。随着吐蕃疆域扩大，人口数量也急剧增加，吐蕃战时可动员兵数达四五十万，这些与文献典籍记载都比较接近，这一时期的人口数量是比较可信的。① 也有研究者推定吐蕃时期藏族家庭户平均人口在 4 人左右，依据吐蕃王朝统一青藏高原如 - 东岱二级管理模式，推定总人口数量在 350 万。②

总之，吐蕃在统一青藏高原之后，是一个人口数量在 300 万左右的强盛王朝，在统一的文化、语言等方面的同化下，这些人口构成了藏族人口的基础，使藏族真正作为一个民族而存在。吐蕃在 7 世纪中叶崛起，在随后的近 200 多年里，开始了对外扩张，南面兼并云南地区的南诏，北面与突厥争夺中亚，西面战于大食、波斯，东面入侵唐朝，这时的疆域十分辽阔，疆域面积达到近 600 万平方公里，人口数量也达到 1000 万左右，这1000 万人口包括唐朝安西四镇、河西陇右等近 100 万人口，南诏四五百万人口，突厥、回纥和藏南等地的门巴、珞巴近百万人口数。

9 世纪中叶以后，吐蕃王朝开始衰落，陷入长达近 400 年的混乱，疆域不断缩小，连年的内战也使人口数量遭受一定的损失。到 13 世纪，西藏

① 王克：《藏族人口史考略》，《西藏研究》1985 年第 2 期。
② 朱悦梅：《吐蕃王朝人口研究》，《中国藏学》2012 年第 1 期。

地区划归中国版图，在元朝的管辖之下社会趋于稳定，将统辖的藏族地区划为三个宣慰使司都元帅府。随后忽必烈对西藏境内的卫、藏地区进行了三次"抽样调查"，总计户数为3.9万户，人数在23.4万。按现今行政区区划观察加上未调查的萨迦地区、阿里地区、昌都地区、门珞地区等，合计西藏人口当在100万左右。到了清代雍正、乾隆年间对西藏进行了比较详细的户口清查，西藏境内共有22.21万户，以每户4~5人算，百姓人口在88万~100万，再加上喇嘛人口31.6万，当时的人口数量在130万左右。① 由于当时清廷按人口征收租税，因此清代户口清查的准确性是可信的。而到了1953年全国第一次人口普查时，西藏人口估计值为127.4万，到1964年全国第二次人口普查时，西藏估计人口为125.1万。

从上面的分析可以看出，按照现在的行政区划，雅砻部落在兼并了苏毗、羊同、东女国后人口数量在100万左右，疆域与现在行政区划基本相同。在元朝的时候西藏人口也在100万左右，到了清朝人口超过了100万，在没有进行民主改革前西藏人口也在100万左右。为什么在长达1000多年的历史发展中，人口数量一直在100万左右徘徊，自然增长率这么缓慢，这与我国中原地区人口数量在几千年的时间里一直在5000万~6000万徘徊有着相似的情况。这其中有许多原因有待深入研究，其中一个很重要的原因就是其所处的自然环境和经济形态，同时特殊环境催生出来的生产方式和其所代表的经济类型对人口的增长有重要的影响。

小　结

西藏在距今三四万年前开始逐步进入新、旧石器时代，新、旧石器时代文化也受到周围文明的影响，由于中华内地文明在地理方面的便利性，内地文明对西藏的石器时代文化的影响更为深刻，并且保留了下来，藏汉同源存在着深刻的历史背景。在石器时代，西藏的经济形态主要是以采集狩猎为主，这种生产方式承载的人口大约为每10平方公里1人，如按照现在的行政区划西藏的原始人口数量为12万左右，这时西藏人口分布的特点

---

① 王克：《藏族人口史考略》，《西藏研究》1985年第2期；张天路：《西藏人口的变迁》，中国藏学出版社，1989，第8页。

是稀疏、分散和漂泊流动。

到了青铜时代晚期，金属工具普遍使用、牦牛和马已经驯化，西藏游牧社会便开始出现，象雄开始逐步崛起，苯教文化开始传播，以象雄为代表的游牧经济在每10平方公里可以承载的人口为5~7人，人口数量已经开始大大增加，人口数量大概在200万~600万。由于西藏的西北部草原面积广阔，游牧经济占主导地位，东南部森林密布，农业经济还比较微弱，因此西藏西北部的人口数量要多于东南部，这时人口主要分布于西北部。

到公元7世纪中叶，以雅砻部落为代表的农耕文明开始崛起，吐蕃王朝大大拓展了自己的领域，最后统一了西藏，藏族开始真正作为一个民族而存在。这一时期西藏存在着多种类型的经济形态，西北部主要是以游牧经济为主，东南部主要以农业经济为主，西藏经济主要是以农业和游牧混合的经济形态为主要方式，而这种混合经济形态承载的人口每10平方公里为10~12人。从历史上看，西藏的人口历史变迁也经历较大的起伏变化，以现在的行政区划为标准，西藏的人口长期在100万~130万徘徊，自然增长率很低，这与高原环境下产生的这种经济模式有很大的关系。总之，在西藏高寒的自然环境下，西藏的人口历史变迁具有深刻的地理背景，人口的增长是比较缓慢的。

通过对西藏地理环境变迁和人口空间分布变迁的研究，笔者认为西藏经济形态的转变对西藏人口分布具有重要的影响，西藏的经济形态经历了从狩猎采集经济到畜牧业经济再到农业经济的转变。随着西藏经济形态的转变，人口分布也随之发生变化，特别是游牧经济向农业经济转变过程对西藏的人口分布具有重要的影响，这种转变加剧了西藏人口分布的不平衡状况，并奠定了西藏人口分布的基本格局。

第四章　西藏人口水平分布

西藏地处高原，其人口数量和分布受地理环境的影响深刻。在这一因素的制约下，西藏人口长期以来增长缓慢。西藏的面积占全国总面积的1/8，但其人口数量和人口密度却是全国最低的地区，1982年西藏人口数量为189.2万，人口密度仅为每平方公里1.6人，全国平均人口密度为每平方公里107人；到2010年第六次人口普查时西藏人口数量为300.2万，人口密度为每平方公里2.5人，而全国人口密度为每平方公里141人。西藏地区人口数量少，水平分布也极度不平衡，东南部人口多而西北部人口少，地区之间存在着较大的差异。本章将深入分析西藏人口水平分布的时期变化。

一　西藏人口分布现状

（一）西藏和平解放后人口数量变化

1. 1951～1964年人口停滞阶段

1951年，西藏和平解放时没有确切的人口数量统计，到了1952年人口数量估计为115万，1953年全国第一次人口普查时，通过当时西藏地方政府组织调查，西藏地区和昌都地区人口数量估计约为127.4万；到1964年全国第二次人口普查时，估计西藏人口数量为125.1万。在这十多年里，西藏的人口处于停滞状态，人口几乎没有增长，这主要是因为西藏还没有进行民主改革，封建农奴制度没有改变，建立在农奴制度上的生产方式还比较落后。这一时期西藏经济发展比较缓慢，人民的生活水平仍比较低，医疗卫生条件还没有根本改变，人口的死亡率较高，再加上宗教等因素的影响，其中最主要的影响因素是政治的不稳定，1959年西藏发生武装叛乱，有9万多藏民流往国外，除四川、青海籍的藏民，仅西藏地区流往国外者约有7.4万。[①] 1962年，国家经济困难时期，曾经支援西藏经济建设的工程技术人员、医疗人员和精简下来的行政人员返回内地，这也造成了西藏人口增长的低谷。总之，西藏在民主改革前后，西藏的人口增长十分缓慢，甚至出现了停滞状态，人口的这种状况与西藏当时的政治、经济、文化等都有密切的联系。

2. 1965～1982年快速增长阶段

1965年西藏人口数量为134.6万，到第三次人口普查时西藏人口数量已经达到了189.2万，相比1952年人口增加了74万，人口增长了64.35%，即使相较1964年人口也增长了51.24%。造成这一时期人口快速增长的原因是人口自然增长和迁移增长的叠加。民主改革后，特别是1965年西藏自治区正式成立后，西藏开始了大规模的经济建设，农牧民分到了土地和牲畜，经济稳定增长，生活条件得到了根本改变，特别是西藏全区实行了免费的医疗，短期内改变了封建农奴制度下严重缺医少药，生活、卫生条件差的状况，死亡率大幅下降，出生率和自然增长率提高很快。1970年以后自然增长率一直保持在15‰左右的水平，一直都高于全国的平均水平，西藏人口预期寿命也有所提高，各种积极的因素造成了人口自然增长率很高。随着西藏经济社会的发展，内地加大了对西藏的援助，大量的援藏干部、工程技术人员和家属等纷纷进藏工作，许多大中专生也响应国家号召来到了条件相当艰苦的西藏。这一时期人口的迁移数量达到了一个高峰，不过人口的迁移数量还是大大少于人口的自然增长量。总之这一时期西藏人口的增长是自然增长和迁移增长相互叠加、相互影响的结果。

3. 1983～1990年为稳定增长阶段

1983年西藏人口数量为193.1万，至1990年全国第四次人口普查时西藏人口为219.6万，年末总人口已经达到了221.5万。改革开放后，全国的工作中心都开始转到经济建设，国家也加大了对西藏的财政补助，西藏的经济社会发展也进入了一个全新的时期，经济快速发展，农牧民人均收入提高很快，这都为人口的增长提供了条件。由于80年代初中央政策的

---

① 张天路：《西藏人口的变迁》，中国藏学出版社，1989，第8～9页。

改变，大约有 3 万多名援藏干部、职工及家属调往内地，造成了 80 年代前期人口增长的低谷，但是人口自然增长高峰的到来带动了人口的稳定增长，再加上 80 年代后期迁移人口的增长逐步提高，共同构成了这一时期人口的稳定增长局面。

4. 1991 年至今为增长减缓阶段

2010 年第六次全国人口普查西藏人口数量为 300.2 万，在近 60 年的时间里，西藏人口增加了 200 多万，民主改革后，西藏人口获得了长足发展。随着人口的大量增长，人口与自然环境的矛盾日益突出，在 20 世纪 90 年代政府对占西藏总人口 89% 的农牧民提出了"一对夫妇有间隔地生育三胎"的倡议，再加上西藏人口城镇化的发展，人口大量地集中于城镇，随着生活和文化素质的提高，人们的生育意愿自然降低。这一时期西藏开始经历人口再生产模式的转变，由最初的高出生率、高死亡率和低自然增长率，转到高出生率、低死亡率和高自然增长率，后又朝着低出生、低死亡、低增长的模式转化。虽然西藏人口的自然增长率由 15‰ 下降到 10‰ 左右，但自然增长率还是大于全国的平均水平，每 10 年增长的人口数量也在 40 万左右，西藏人口增长虽然开始放缓，但是人口数量持续增长对环境造成的压力还不能忽视。

（二）西藏人口分布现状

西藏和平解放后 60 多年，一共进行了六次人口普查。因为西藏一些地区交通不便等原因，其中 1953 年、1964 年的两次人口普查不具备直接调查登记的客观条件，都是采用间接调查对西藏人口进行估算，到 1982 年第三次人口普查时，西藏地区才普遍进行直接调查登记，不过一些偏远地区如墨脱等还是通过间接调查，但间接调查人数仅为 28601 人，所以 1982 年西藏人口普查数据的准确程度很高。

本章主要以 1982 年、1990 年、2000 年和 2010 年四次准确的人口普查数据为基础来分析西藏地区人口分布的集中状况。由于经济社会的发展，西藏地区的行政区划有一些调整，人口数量和区域面积都以当时的行政区划为标准。通过分析可知，西藏地区不同县之间，人口密度差异很大。以 2010 年人口普查数据为例，人口密度最低的县，每 10 平方公里仅为 1 人，人口密度最高的城关区人口密度达到了每平方公里 500 多人，人口密度相差悬殊。其中西藏地区大部分县每平方公里人口密度都在 1～10 人之间，人口密度的上升幅度都不大，人口密度上升幅度最大的为拉萨城关区，从 1982 年的每平方公里 198 人上升至 506 人。

西藏地区人口分布状况既受自然因素的制约，同时也受社会经济发展的影响，总体来说，西藏人口分布是不均衡的，人口集中程度较高。依据西藏四次人口普查数据计算出西藏各个县市的人口密度，可以看出西藏人口主要分布于雅鲁藏布江中游的拉萨河谷、日喀则的年楚河中下游平原、山南地区的雅砻河谷一带，这个区域是西藏人口最为集中的区域，也是西藏政治、经济、文化最为发达的地区，人口密度保持在每平方公里 10～35 人，这个等级密度的区域在 30 年来的西藏经济发展中没有发生大的改变，只有 1990 年林周县和 2010 年昌都县和日喀则的拉孜县人口密度加入了这个等级。在这个区域内拉萨市的城关区人口密度处于绝对领先地位，人口密度变化最大，从 1982 年每平方公里 198 人上升到 2010 年的 506 人，拉萨市成为加速西藏人口城镇化和带动西藏经济发展的增长极。其次人口分布最多的区域是雅鲁藏布江中上游段、拉萨河上游、昌都附近的澜沧江河谷和林芝附近的尼洋河河谷，这些地方的人口密度大部分在每平方公里 5 人左右浮动，这些区域是西藏未来人口的主要增长区域和人口城镇化快速发展的区域，也是未来西藏人口的主要承载区域。

人口分布最少的区域大部分位于阿里地区、那曲地区和雅鲁藏布江上游区域，这些区域也是西藏牧业经济占主导地位的区域，人口承载力低，自然条件相对比较恶劣，人口密度为每平方公里 1～2 人。值得注意的是，山南地区的错那县和林芝地区的墨脱县、察隅县人口密度其实并不低，只是因为边界问题，这部分人口没有统计上。根据印度 2011 年人口普查资料显示，这些区域的总人口数达到了 138 万，接近西藏地区总人口的一半。这些地区人口众多主要是因为处于迎风坡，自然条件相对优越。总体来看，西藏的人口地域分布状况呈现出东南部人口众多而西北部人口稀少的格局，两个区域之间相差悬殊，西北部主要是以牧业经济为主，东南部主要是以农业经济为主，不同的经济模式和自然条件形成了西藏这样的人口分布格局，这种人口分布格局呈现了典型的农业社会模式。

二 西藏人口分布集中与分散趋势

（一）西藏人口洛伦兹曲线

人口洛伦兹曲线是按照区域内各个部分人口密度高低顺序排列，按照人口密度分的每一等级，计算各地域的人口累积比重和土地面积累计比重，然后以人口的累积百分比为纵轴，以相应的土地面积累积百分比为横轴，其轨迹即为人口分布的洛伦兹曲线。人口洛伦兹曲线在横轴和纵轴上的取值在 0 至 1 范围内，正方形的对角线为绝对平均直线，而人口洛伦兹曲线是一条下凸的曲线。人口洛伦兹曲线表示人口在区域内分布的均匀程度，洛伦兹曲线越靠近对角线，表明人口在地域内分布越均匀；洛伦兹曲线下凸的程度越大，表明人口的分布越不平衡，人口在地域内集中程度越大。

从西藏人口洛伦兹曲线可以看出，1982 年、1990 年、2000 年和 2010 年西藏的人口洛伦兹曲线几乎重叠，在 30 多年的经济社会发展中，西藏人口分布集中程度几乎没有变化，这说明在高原地区人口分布受自然环境的影响最为深刻，自然环境对人口分布的影响是长期的。西藏的这种人口分布状况是由西藏特殊的自然环境所决定的，在西藏北部和西北部的高原地区，自然条件差、气候寒冷干燥、降水量少，不适于人类长期生存居住，特别是羌塘高原北部更被称作无人区。而在一些低海拔地区地形起伏度大、沟深林密、耕地资源少，土壤肥力容易分解流失，一些地方对人体健康威胁很大，同样也制约着这些地区人口的发展。而在一些海拔适中的区域，自然条件相对比较优越，人们开发的历史较早，经济相对比较发达，就成为人口的集聚区域，这些区域主要集中于雅鲁藏布江中游地区。从对西藏不同时期人口洛伦茨曲线对比分析可知，虽然西藏的经济社会获得了长足发展，但自然条件对西藏人口分布格局的制约性是巨大的，并且是长期的。

从西藏的人口洛伦兹曲线还可以看出，西藏的人口分布严重不均衡，人口的集中程度很高，其不均衡指数为 0.71，西藏地区总面积中 80% 的区域承载的人口还不到总人口的 30%，而面积仅占 10% 的区域集中了西藏总

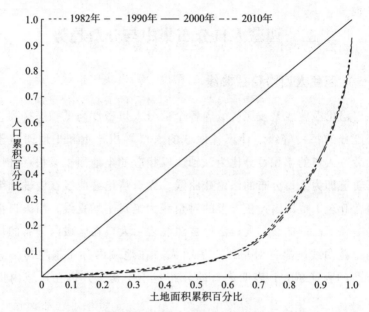

图 4 - 1　西藏不同时期人口普查的人口洛伦茨曲线

人口的 50% 以上，人口分布的不均衡性可见一斑，这种人口分布的不均衡性代表了西藏高原地区的典型特征。人口集中指数是用来测量人口分布集中程度的指标，当一个地区人口分布越均匀时人口集中指数就越接近于 0，当一个地区人口分布高度集中时，人口集中指数就越接近于 1[①]，人口集中指数值越大，表示人口在某些地域的集中程度就越大。从人口集中指数上看，西藏 1982 年人口集中指数为 0.548，1990 年人口集中指数为 0.564，2000 年人口集中指数为 0.556，2010 年人口集中指数为 0.550。西藏四个时期的人口集中指数变化不大，在 20 世纪八九十年代呈现出微弱的集中趋势，90 年代过后至今，又呈现出微弱的分散趋势，但是总体上，西藏地区的人口不均衡性是明显的，目前经济发展水平提高对西藏人口分布的格局影响不显著，总体人口分布格局没有发生太明显的变化。因此我们可以得出如下结论：西藏地区人口分布的不均衡性是明显的，人口的集中程度较高，人口的这种分布状况受到自然环境的严重制约，

[①]　李若建：《1840～1990 年中国大陆人口再分布概况》，《中山大学学报》（社会科学版）1992 年第 1 期。

具有长期性。

（二）西藏人口重心移动和藏族人口重心移动

度量人口分布状况除了使用人口密度、人口集中指数等指标，还可以使用人口重心。人口重心是假设每个空间单元的人口分布是均匀的，当每个空间单元的属性值是相等的，那么人口重心的计算结果就是该区域的几何中心位置。人口重心位置是由地理位置和人口数量共同决定的，因此每当区域人口分布状况发生变化时，人口重心就会有相应的移动，通过人口分布重心的历史移动轨迹，可以看出区域人口分布变化的总体趋势和人口再分布的方向。

西藏古代文明最初发祥于位于阿里地区的象雄文明，它是伴随着高原游牧经济发展而发展起来的。当时西藏西北部冈底斯山脉附近的自然条件还是比较优越的，而东南部森林密布还没有得到应有的开发，人口也主要集中于西北部，主要是以游牧生活为主。公元 7 世纪雅砻部落开始兴起，农业文明不断推广，一江两河流域逐渐成为人口集聚的中心地带，主要原因是以农业经济为主的一江两河流域承载的人口数量要远远大于以牧业经济为主的西北部，随着高原隆升引起西北部自然环境的逐步恶化，人口也逐步向自然环境优越的东南部迁移，一江两河流域也逐渐成为西藏的政治、经济、文化中心区域。所以从历史上看，西藏的人口重心大体是从西北部逐步向东南部转移，当然在这个过程之中也有曲折反复的过程，但人口重心转移的总体趋势是由西向东移动的。

新中国成立后，西藏胜利完成了民主改革，废除了相对落后的农奴制度。和平解放前，西藏基本没有现代化工业，由于国家的大力支持和投资，西藏基础工业逐步建立起来。工业的发展带动了西藏农业的发展，西藏开始由农牧业社会向工业化的社会迈进，人口和经济获得了快速的发展。新中国成立后西藏的人口重心主要在墨竹工卡县境内移动，基本移动方向是向西北方向和北面的那曲移动。1982～1990 年人口重心向西偏北移动，重心移动距离达到 10 公里，1990～2010 年人口重心明显开始向北移动，重心移动距离达 12 公里。西藏藏族人口重心的移动趋势与总人口的重心移动趋势相同，并且藏族人口重心的移动更为明显，藏族作为西藏的主体民族，其人口分布状况直接影响着总体的情况，而汉族人口减缓了其变化趋势。西藏人口重心两个时期变化趋势是不同的，前期主要是大量的汉族干部及家属和技术人员因为政策原因大量迁往内地，1981～1985 年，从西藏迁出人口共计 8 万多人，而拉萨和昌都地区是汉族人口主要的分布地区，这也是政策在人口重心移动方向上的反映；后期主要因为那曲人口出生率高和青藏铁路的建设，特别是青藏铁路建设带动铁路沿线的产业开发，那曲地区成为人口流动的主要迁移地。特别是 2006 年青藏铁路通车以来，青藏铁路成为人口迁移至西藏的主要通道，人口大量迁移至城镇和广大的牧区，加速了铁路沿线的人口城镇化进程，沿线的城镇体系将逐步建立，同时改善了人口的布局状况。① 人口的大量集中带动了人口重心向那曲地区转移，而那曲地区主要是牧区，人口承载力比较低，在铁路沿线人口快速城镇化过程中，要特别注重环境问题，以促进人口资源环境的可持续发展。从人口重心的变化过程中也可以看出，由于西藏人口数量少，国家的政策改变对其人口分布变化影响较大。

（三）西藏人口分布标准离差椭圆变化

人口重心是对人口分布的集中趋势进行度量，而人口分布离散趋势的度量方法主要是利用标准离差椭圆。标准离差椭圆是在标准差椭圆的基础上建立起来的，标准差椭圆不能够捕获到人口分布方向上的偏离，而标准离差椭圆能够准确表达人口分布方向上的偏离，反映区域内人口偏离人口重心的程度，因此标准离差椭圆在地形比较复杂的区域应用比较广泛。标准离差椭圆由人口重心、旋转角、椭圆的长轴和短轴来度量人口的分散趋势。人口重心是椭圆的中心，旋转角为人口分布的主要方向，长轴长代表人口分布在主要方向上偏离人口重心的程度，短轴长代表人口分布在次要方向上偏离人口重心的程度。②

首先，利用西藏 1982 年、1990 年、2000 年和 2010 年四次人口普查各县的常住人口数据，可采用人口标准离差椭圆来分析西藏地区近 30 年来人

---

① 李含琳：《青藏铁路对西藏人口发展的影响和对策研究》，《重庆工商大学学报（西部论坛）》2007 年第 1 期；朱玉福、周成平：《青藏铁路通车后西藏流动人口探析》，《西北人口》2009 年第 6 期。

② 俞路、张善余：《近年来北京市人口分布变动的空间特征分析》，《市场与人口分析》2005 年第 6 期。

口分布的离散趋势变化。通过以上的分析可知西藏的人口重心主要在拉萨市的墨竹工卡县内移动，西藏人口分布的核心区域变化不大，人口分布的主要区域—江两河区域、尼洋河流域和昌都一部分地区都处于一个标准差椭圆之内，这些地区一直以来都是西藏地区的政治、经济、文化中心，是西藏经济发展的核心区域，其人口分布状况决定了西藏人口分布的主要格局，特别是拉萨市是西藏城镇化发展的主要区域，吸引了大量的外来人口，也是西藏主要的建设地区，投资和政策都向拉萨倾斜，这些地区也是西藏今后经济发展的主要核心区域。

其次，四次人口标准离差椭圆的旋转角几乎没有发生太大的变化，西藏人口标准离差椭圆长轴与正东方向大约成 6°的夹角，平均 10 年变化 1°，其中 1990～2000 年旋转角度变化最大，人口再分布力度也最大。西藏人口分布呈偏"西北—东南"分布模式，但偏度较小，这个方向是西藏人口分布的主要方向。还可以看出，30 年来西藏人口标准离差椭圆的长轴有不断缩小的趋势，缩短距离达到 3000 米左右，短轴却不断地增长，增长距离高达 13895 米，增长明显，这也说明了西藏人口分布在主要方向上有收缩趋势，人口分布次要方向有不断增长的趋势，人口分布向均衡化方向发展。昌都地区收缩明显，而那曲地区扩展明显。昌都地区人口数量有所减少，对西藏人口分布拉动作用开始减弱，而那曲人口数量快速增长，对西藏人口分布拉动作用明显增强，主要原因如前文分析是青藏铁路的修建加快了铁路沿线的人口城镇化过程，同时那曲地区人口出生率较高也是造成人口分布变动的原因之一。西藏南部人口分布几乎没有什么变化，四个时期的人口标准离差椭圆线在南部几乎重合在一起。

三 西藏人口分布影响因素

（一）一般影响因素分析

影响中国人口分布的因素主要包括自然环境因素、社会经济因素和历史政治因素等，其中自然环境因素包括地形、气候、水文、土壤、地质和矿产资源，社会经济因素包括生产力发展水平、产业结构和生产布局，历史政治因素则包括文化、战争和政策等。① 西藏的人口主要分布在东南部，从自然环境来看，西藏东南部的自然环境相对比较优越，特别是雅鲁藏布江谷地，海拔在 2500～4200 米，属于高原温带季风半湿润半干旱气候，年降水量在 400～600 毫米，适合发展农业，也是西藏的主要农业生产区，适宜集聚大量的人口；而西藏西北部的高原湖盆区，海拔在 4200～4700 米，属于高原亚寒带半干旱干旱气候，年降水量在 300 毫米以下，草原分布广泛，也是西藏牧业的主要分布区，主要以牧业经济为主，相较农业经济区，这里的人口要相对稀少。海拔更高的羌塘高原北部，属于高原寒带干旱气候区，高寒缺氧，人烟则更为稀少。西藏自然环境的这种条件严重制约西藏的人口分布，造成西藏东南部人口稠密和西北部人口稀少，从东南到西北人口逐步减少的格局。

从社会经济来看，西藏的东南部河谷地带，农业生产条件优越，生产力比较发达，经济繁荣，这些都为工业和城市的发展提供了雄厚的基础。以 2010 年为例，阿里地区和那曲地区生产总值为 69.63 亿元，仅占西藏地区总产值的 14%，而拉萨市地区生产总值为 178.91 亿元，占整个西藏地区总产值的 35%，经济发达再加上自然条件优越，必然能够承载更多的人口，成为人口的主要集聚区。

从历史政治因素上看，西藏东南部的山南地区最早开始有农业，代表了当时先进的生产力，人口数量和城镇逐步发展，特别是公元 7 世纪吐蕃王朝兴起，拉萨成为西藏的政治、文化、经济和贸易中心。随着藏传佛教的广泛传播，许多重要的城镇和寺庙在藏东南部蓬勃兴起，昌都、日喀则、江孜、亚东等城镇也开始集聚了一定数量的人口，到 1982 年西藏城镇已经发展到 1 市 9 镇，大部分分布在西藏的东南部。所以从历史上看，西藏基本是以农牧业为主的自然经济，东南部是西藏的农业中心，占据着十分重要的地位，一直以来都是西藏的政治中心和宗教中心，增加了对人口的吸引力。

（二）不同的生育政策、自然增长率和迁移的影响

由于各个地区自然环境、历史经济状况不同，西藏不同地区人口数量

---

① 张善余：《中国人口地理》，科学出版社，2007，第 278 页。

在全区的比重也不尽相同，从30多年的西藏人口发展来看，拉萨市、那曲地区和阿里地区人口数量在全区的比重一直处于上升状态，昌都地区和山南地区人口数量比重在全区一直处于下降状态，日喀则地区人口在全区的比重是先上升然后又下降，不过总体处于下降状态，呈现出凸型；而林芝地区的人口比重是先下降然后上升，呈现出凹型。西藏人口分布的状况不仅与自然环境、社会经济和历史政治有关，还与西藏不同的生育政策、自然增长率和迁移有关。

表 4 – 1　西藏不同时期不同地区人口数量变化和比重变化

地区	土地面积（平方公里）	常住人口（人）				占全区人口比例（%）			
		三普	四普	五普	六普	三普	四普	五普	六普*
山南地区	105003	245447	280811	318106	328990	12.97	12.79	12.16	10.96
日喀则市	178764	465895	549157	634962	703292	24.62	25.01	24.27	23.43
昌都地区	98454	444611	500173	586152	657505	23.49	22.78	22.40	21.90
拉萨市	30143	313359	375985	474499	559423	16.56	17.12	18.14	18.63
那曲地区	395975	246681	293842	366710	462382	13.04	13.38	14.02	15.40
林芝地区	92503	126350	134422	158647	195109	6.68	6.12	6.06	6.50
阿里地区	300151	50050	61639	77253	95465	2.64	2.80	2.95	3.18
合计	1200993	1892393	2196029	2616329	3002166	100.00	100.00	100.00	100.00

* 指第三次到第六次人口普查。

西藏民主改革后，政府对藏族没有实行计划生育政策，对汉族则实行了严格的计划生育政策，一对夫妇只生一个孩子，在一些藏族人口比例大的地区人口则增长迅速。从1984年起，西藏自治区政府在藏族干部、职工和城镇居民中提倡、鼓励一对夫妇有间隔地生育两个孩子，但坚持自愿的原则。对农牧民没有实行计划生育，自愿选择生育数量。到20世纪90年代，政府对占西藏总人口80%的农牧民提出"一对夫妇有间隔地生育三胎"的倡议。在自然条件恶劣的农牧区生育还是自愿的，这样西藏农牧区出生的人口就多，城镇化率低的地区出生人口数量就比较突出。从自然增长率来看，拉萨市的自然增长率在七个地区里是最低的，年平均自然增长率为11‰，相比之下，拉萨的人口增长是比较缓慢的，但是拉萨的常住人口比重却一直处于上升状态，这主要是因为拉萨是西藏的政治、经济文化中心，大量的人口迁入，一部分来自内地，大部分则来自拉萨周围的地区，特别是日喀则、山南和昌都地区。那曲地区和阿里地区人口比重一直在上升，主要原因是那曲地区和阿里地区处于西藏的西北部，主要是以畜牧业为主，实行生育自愿原则，自然增长率是七个地区中最高的，再加上一些迁移人口，促使这两个地区人口比重上升。昌都、山南和日喀则地区的自然增长率也比较高，但人口比重一直处于下降状态，主要是因为拉萨市城镇化的快速发展，第三产业的比重逐年上升，提供了大量的就业机会，山南、日喀则和昌都因为地理之便，大量的人口迁移至拉萨。

总之，西藏的生育政策、自然增长率和人口迁移对西藏人口分布产生重要影响，特别是人口向城镇迁移产生了良好的社会经济效益，有利于协调人口关系，缓解人口压力，促进农业生产力的发展，也加快了农牧业剩余劳动力的转移。人口再分布就是人口分布的改变，由于迁移、生育、死亡方面的区域差异，使各个分地区人口占整个地区人口的比重发生变化。[①] 人口再分布幅度的变化可以用人口再分布指数来测量。从西藏三个时期的人口再分布系数来看，1982～1990 年人口再分布系数为 0.0146，1990～2000 年人口再分布系数为 0.0181，2000～2010 年人口再分布系数为 0.0254，西藏的人口再分布变化幅度是很大的，特别是 2000 年以后人口再分布系数增长了 0.007，主要原因是西藏特殊的自然环境，农牧业很长一段时期在经济上处于主导地位，大量的人口被禁锢在农牧业，人口再分布活力一直处于低位徘徊。20 世纪 80 年代，内地处于经济快速发展时期，西藏的经济和内地的差距也越来越大，中央加大了对西藏的扶持力度，第二、三产业迅速发展，西藏的城镇化发展速度也明显加快，经济发展的活力也带动了人口的迁移流动，大量的农牧业剩余人口进入城镇，加快了人口再分布的力度。特别是 2006 年青藏铁路通车以后，交通的大大改善，促进了内地和西藏人口和物流的流通，青藏铁路对西藏人口再分布的影响是巨大的。

（三）不同民族结构（藏汉人口比重）的影响

西藏地区居民以藏族为主体，此外还有门巴族、珞巴族、汉族、回族等民族人口在此居住和生活。根据 1982 年第三次人口普查资料，西藏地区

---

① 李若建：《1949～1987 年广东省的人口再分布》，《南方人口》1990 年第 2 期。

藏族人口占全区总人口的 94.41%，汉族占 4.85%，回族占 0.09%，门巴族占 0.33%，珞巴族占 0.11%，其他民族和未识别民族占总人口比例为0.21%；至 2010 年第六次人口普查时，藏族人口占全区总人口的 90.48%，汉族占 8.17%，回族占 0.42%，门巴族占 0.32%，珞巴族占 0.12%，其他民族和未识别民族占总人口比例为 0.49%。西藏的民族成分变化很大，1964 年全区有 18 个，1978 年有 20 个，1980 年有 22 个，1988 年有 23 个，1982 年有 31 个，1983 年有 22 个，1984 年有 22 个。[①] 到 2000 年第五次人口普查时，西藏全区民族成分达到了 43 个，2010 年则达到了 48 个。民族成分的增加扩大了西藏与内地的联系，也对西藏人口的分布产生了影响。从民族成分来看，藏族、门巴族、珞巴族和夏尔巴人世代都在高原上居住，藏族人口处于主体地位，分布比较广泛，而珞巴族主要分布在西藏的东南部，以米林、墨脱、察隅、隆子和朗县为主要的分布区，门巴族大部分人口主要集中在墨脱县，而夏尔巴人是山地民族，主要分布在喜马拉雅山脉附近，而迁移至西藏人口数量较多的少数民族主要是来自新疆、青海、甘肃、云南的柯尔克孜族、哈萨克族、回族、纳西族、土族和东乡族等，这些民族居住的区域在地理上与西藏接近，在历史上经济文化联系也比较频繁，这都为少数民族迁移至西藏提供了便利。

从西藏全区人口的民族构成来看，汉族人口数量在波动中逐渐上升，这种状况既有历史原因，又和西藏经济的快速发展有关。在唐朝时汉藏之间就建立了亲密的关系，经济、文化、人员交往都很密切，这种紧密的联系一直延续到近现代，汉族藏族之间人口的相互迁移流动具有深刻的历史渊源，特别是西藏民主改革后，人口的交流更加频繁，大量的汉族医疗、教育和技术人员支援西藏的经济建设，大量的藏族同胞到内地参观、学习或者工作。第六次人口普查数据显示，西藏迁移至祖国各地的人口数量达到 16.5 万，其中务工经商的数量最多。在藏族人口大量迁移流动至内地，内地的人口大量迁移流动至西藏，特别是青藏铁路的开通加快了这种人员的交流。以汉族人口为例，1982 年普查时在西藏的汉族常住人口为 9.17万，1990 年普查时降至 8.12 万，2000 年时为 15.86 万，随着青藏铁路建设和开通，2010 年西藏汉族人口则增至 24.53 万，因此汉族人口的分布状

---

① 刘瑞、王大犇、彭存宣等：《中国人口：西藏分册》，中国财政经济出版社，1988。

况对西藏人口的总体分布一直有一定的影响。在八九十年代汉族人口主要分布在拉萨、昌都地区和阿里地区，其中一半数量的汉族人口都集聚在拉萨地区，在地区政府所在地的城镇汉族人口也集聚了一定数量，其中阿里地区的狮泉河镇、林芝地区的八一镇、昌都地区的昌都县、山南地区的乃东县、那曲地区的那曲县和日喀则地区的日喀则市、吉隆县和亚东县等都集聚了所在地区的大部分汉族人口，而在广大乡村，特别是牧区汉族人口分布则比较少。到第五次、第六次人口普查时，各个地区汉族人口数量都有所增加，而拉萨地区汉族人口数量占到西藏汉族人口的一半左右，拉萨地区一直是汉族集聚的首选地，林芝地区的汉族人口数量增长最为迅速，从 1982 年的 1435 人增加到了 2010 年的 3.4 万人，日喀则地区和山南地区的汉族人口数量增速也比较快，而昌都地区和阿里地区汉族人口的比重有所下降。

值得注意的是，至 2010 年第六次人口普查，西藏西北部的广大地区汉族人口的比重有所上升，而在前几次人口普查时，这些地区汉族人口的比重不足 1%（1982 年普查数据中没有县级的汉族人口数，用数量代替比例），在西藏乡村的汉族人口数量已由 2000 年的 3.25 万增加至 2010 年的 4.65 万，增加了 43%，汉族人口大量的进入乡村有利于改善西藏人口的分布状况，带动西藏农业技术的发展，加快西藏农业现代化的进程。从汉族人口总体的分布格局来看，汉族人口也主要集中在东南部，在东南部地区则集中于城镇地区，而在广大的乡村地区，汉族人口则分布较少。近年来，汉族在西藏西北部的人口数量开始增加，特别是阿里地区日土县和札达县汉族人口比重上升较快，那曲地区的那曲县汉族人口比例上升也较快，这有利于改善西藏人口的分布格局。从城市、镇和乡村来看，汉族人口主要集聚于城市和乡镇，以 2010 年为例，汉族人口在拉萨市和日喀则市两个城市的人口数量为 9.91 万，在乡镇汉族人口数量为 9.97 万，而乡村汉族人口数量为 4.65 万。在 10 年间，城市、乡镇和乡村汉族人口分别增长了 2.93 万、4.34 万和 1.40 万，增长率为 41.96%、77.15% 和 43.06%。同一时期藏族人口在城市的数量为 16.58 万，镇的人口数量为 29.77 万，乡村人口为 225.29 万，在城市、镇和乡村的藏族人口数量分别增长了 2.42万、7 万和 19.5 万，增长率分别为 17.12%、30.81% 和 9.47%。西藏基本属于农业社会模式，藏族人口分布相对凝固化，汉族人口的分布对西藏人口分布产生了一定的影响，但没有根本改变西藏人口的分布格局。汉族人口东南集聚—城镇集聚的格局近年来有所变化，西北和乡村汉族人口数量有所上升，一定程度上改善了西藏人口的分布格局。由于藏族人口数量在城镇较少，要加快西藏城镇化的进程，以城镇化带动西藏人口分布格局优化。

（四）青藏铁路和旅游业对人口分布的影响

1978 年以前，西藏地区几乎没有旅游业，改革开放后西藏旅游业取得了长足发展。80 年代为西藏旅游业的起步阶段，西藏旅游局投入了大量的人力、物力，建设了大量的旅游基础设施，加强了西藏与国内外的联系，拓宽了西藏的旅游市场。90 年代以来西藏旅游业开始缓慢发展，旅游收入占国民生产总值比重逐步上升，至 1999 年西藏接待国内外游客达 44.8 万人次，直接和间接旅游从业人员在 4 万人次左右。到了 21 世纪，西藏的旅游产业开始快速发展，至 2004 年西藏接待国内外游客首次突破百万人次，达到 122 万人次，旅游收入为 12.3 亿元，在西藏经济中的地位也越来越重要，逐步成为西藏的支柱产业，特别是青藏铁路的修建更是大大加快了西藏旅游产业的发展。青藏铁路是实施西部大开发战略的标志性工程，铁路东起青海西宁西至拉萨，全长 1956 公里，是全球海拔最高和最长的高原铁路，2006 年 7 月份青藏铁路全线正式开通运营。青藏铁路的开通带动了人力和物流，大量的国内外游客涌入西藏。2012 年 11 月底西藏当年接待国内外游客首次突破千万人次大关，旅游总收入达 124 亿元。旅游人数的大幅度增加，必然带动旅游产业和旅游从业人员的增加，带动相关产业的发展，从而进一步影响西藏人口分布。青藏铁路的修通为人口的大量流入创造了条件，流动人口对西藏地区经济发展具有推动作用，也为西藏铁路沿线的城镇化进程创造了条件，改变了西藏城镇化格局。青藏铁路经过西藏的安多县、那曲县、当雄县、堆龙德庆县和拉萨市，铁路经过的地区大部分为人口密度较小的牧区，人口分布稀疏，铁路带动了人流，有利于改善牧区人口的分布状况，带动周围城镇的发展，城镇的快速发展又反过来促进铁路沿线经济的发展，这种双向促进作用对于改善沿线城镇化格局，拉动人口向西北集聚，合理改善人口的分布状况具有促进意义。同时青藏铁路能够带动西藏旅游业的发展，对西藏旅游产业空间格局、旅游产品、交通运输等都产生了影响。

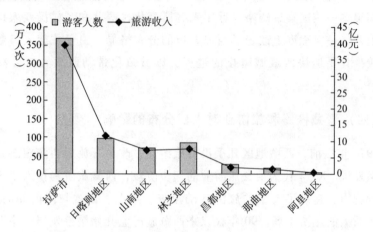

图 4 - 2 2010 年西藏各地区旅游接待人数及收入统计

资料来源:《西藏文化旅游业发展的空间布局及路径研究》,《经济地理》2012 年第
7 期。

现在的西藏旅游产业空间格局主要是依托航空口岸进入、干线公路疏
散自然形成的。目前主要是以拉萨为中心,以日喀则、泽当、林芝为支
撑,以几条骨干干线公路为依托的中心放射状结构,区域发展极不平衡,
偏远地区、边境边界地区旅游发展相当滞后,除樟木地区因为印度、尼泊
尔的香客原因有部分发展,昌都地区因为邻近云南、四川有一定发展外,
全区旅游产业的 90% 左右都集中在以拉萨为中心的"一江三河"地区,青
藏铁路经过的藏北那曲地区的旅游几近空白。[①] 从 2010 年西藏各地区旅游
接待人数及收入统计来看,拉萨市一直是西藏旅游的核心区域,不管是游
客人数还是旅游收入都遥遥领先于其他地区,超过其他六个地区的总和,
区域之间的差异比较明显。随着日后拉萨至日喀则、拉萨至林芝铁路的开
通,区域之间的差异会逐渐缩小,日喀则、山南、林芝地区和那曲地区的
游客人数和旅游收入随着交通设施和服务设施的改善会逐渐增加。目前西
藏旅游资源集中度高,不平衡发展空间态势明显,尚未形成整体开发效
应,必须优化旅游开发空间结构。将拉萨、日喀则、山南三大旅游区作为
核心区域,林芝、昌都、那曲和阿里四大旅游区作为边缘区域,构建"一

---

① 李立华、何毓成:《青藏铁路对西藏旅游的影响分析》,《山地学报》2006 年第 5 期。

带、四点"空间结构，强化区域发展定位和特色产品开发，实现核心、边缘区域梯度推进、联动发展，是合理利用文化旅游资源的有效途径。① 可以预计在今后相当长的一段时期内，拉萨、日喀则、山南的第三产业会随着旅游业的发展而逐步发展，从而吸引更多的流动人口在这个区域集聚，从而影响西藏人口的分布，而旅游业比较薄弱的昌都地区和阿里地区对人口的吸引力将进一步减弱。

青藏铁路开通加快铁路沿线的城镇化进程和城镇化格局，同时带动了西藏旅游业的迅猛发展，旅游业也逐步成为西藏经济的支柱产业，旅游从业人员逐步增加，带动了第三产业的迅猛发展。那些旅游资源丰富的地区逐步成为人口的集聚区，拉萨市、日喀则市和山南地区成为人口集聚的核心区域，而阿里和昌都地区对流动人口的吸引力较弱，西藏人口分布的这种格局在一定时期内不会有太大的变化。

（五）西藏人口集聚驱动力的影响

西藏地区城镇历史悠久，距今四五千年的昌都卡若文化遗址就有城市的雏形，这也是藏族先民最早修筑的城市。根据西藏历史上的文字记载和考古资料，从小邦时代到三大部落联盟时期，古象雄王国都城穹窿银城、苏毗王国的都城辗噶尔和吐蕃部落的泽当都发展到一定的规模，特别是公元 7 世纪松赞干布统一西藏，建立西藏历史上第一个统一的国家政权吐蕃王朝，西藏的城镇获得了快速的发展。文成公主入藏后，带去了大量的佛教典籍，佛教取代苯教成为吐蕃王朝的国教，西藏境内开始修建大量的寺庙，这些寺庙蓬勃兴起和大量人口的集聚，逐步发展形成城镇。当时城镇功能单一，仅仅是一定区域内政教活动和农副产品的交换中心，城镇基础设施差，基本没有什么公共设施。西藏地区城镇的兴衰主要受藏传佛教的兴衰制约，寺庙的修建与兴盛是城镇发展的原动力和诱导因素。② 到了公元 15 世纪，年楚河流域扎什伦布寺的修建，带动了僧侣信徒和商贾等人口集聚，形成了一些居民点和商业集市，后藏重镇日喀则逐步兴起，而昌都

---

① 唐柳、俞乔等：《西藏文化旅游业发展的空间布局及路径研究》，《经济地理》2012 年第 7 期。

② 傅小锋：《青藏高原城镇化及其动力机制分析》，《自然资源学报》2000 年第 4 期。

地区修建了强巴林寺，使昌都地区成为格鲁教派在藏东的宗教中心，居民点和商业集市围绕强巴林寺逐步形成，带动了昌都城镇的繁荣，昌都也日渐成为联系四川、青海、云南的重要城镇。因此宗教是西藏人口集聚的原始驱动力，宗教集聚的地方文化就相对发达，经济也逐步繁荣。经济文化的发展又进一步推动了人口的集聚，这些地方也逐步成为区域的政治、经济和文化中心，特别是拉萨成为前藏重要的城镇、日喀则成为辐射后藏的重要城镇、昌都成为藏东的中心，这些城镇构成了西藏原始的城镇格局。清末随着帝国主义的入侵，被迫开放了一些边境口岸，后藏一些地区在对外贸易的刺激下，从拉萨到边境口岸亚东这一条贸易线上，出现了一些城镇如亚东、帕里和江孜，这时主要是后藏日喀则的城镇获得了扩展。

西藏长期以来一直以农牧业经济为主，自然经济处于绝对的统治地位，西藏城镇一直处于缓慢发展的状态，城镇规模小、数量少，城镇化水平很低，没有形成一定的城镇体系，城镇发展地域差异明显，空间上主要集中于河谷地带和交通沿线的交汇处。西藏民主改革后，西藏城镇化开始快速发展，在国家投资的驱动下，在新藏公路、川藏公路和青藏公路沿线兴建了一些新城镇，例如八一镇、扎木镇、狮泉河镇、樟木镇、江达镇、当雄镇和羊八井镇等，西藏的城镇规模逐渐扩大，城镇数量由原来的十多个增加到 2010 年的 2 市 140 个镇，西藏的人口集聚发生了根本性的变化。因此藏传佛教和文化对人口集聚的影响力是基础性的，无论是吐蕃政权时期、萨迦政权时期、帕竹政权还是格鲁政权时期这种影响都存在，即使到了近现代，这种影响仍是巨大的，大量的人口都会从偏远的农牧区去寺庙集中的城镇朝拜，引起人口的大量集聚和商业的繁荣。

民主改革后，废除了落后的农奴制，国家为了缩小西藏与内地的差距，加大了国家投资，加速了西藏城镇化的发展。内地人口集聚的原始驱动力是农业发展，农业发展为城镇提供了大量的剩余粮食和原始基础，城镇和乡村之间的推力和拉力，使得人口快速集聚，城镇化得以快速发展。随着工业化进程的加快和第三产业的兴起，内地人口更是大量聚居于城镇，从而影响了内地人口的分布，这也是西藏人口集聚和内地人口集聚在驱动力方面存在的最大区别。

小　结

　　西藏人口地域分布呈现出东南部人口众多而西北部人口分布稀少状况，地域之间差异明显，人口分布极不均衡，西藏 10% 左右的土地面积集聚了西藏 50% 的人口，人口分布的不均衡性可见一斑。由于西藏农牧业在经济中的比重较大，自然经济还处于统治地位，人口分布处于相对凝固化状态，人口分布的这种格局同时还受西藏特殊的自然环境、历史政治、人口迁移和不同民族比重等多种因素的影响。人口集中指数在不同时期的变化能够较多反映人口分布与社会经济发展之间的相互联系。从 1982 年、1990 年、2000 年、2010 年西藏各个县相对于土地面积的人口集中指数来看，西藏人口集中指数有一定的变化，但变化程度不大，人口呈现出微弱的集中趋势，这也是西藏城镇化发展的必然结果。从西藏人口再分布的力度来看，人口再分布的力度在逐步增强，特别是青藏铁路的开通，大大加快了铁路沿线的人口城镇化进程，人口分布重心逐步向西藏的北部那曲方向移动；青藏铁路的开通也加快了西藏旅游业的发展，拉萨、日喀则、山南地区成为西藏旅游的核心区域，第三产业的发展增加了这些地区对人口的吸引力，推动了人口向这些地区集聚。总之，西藏人口分布的这种不均衡性是长期的，西藏的城镇化进程和宗教文化的影响，将进一步吸引人口向城镇集聚。

第五章　西藏人口垂直分布

青藏高原是全球海拔最高的一个独特地域单元，青藏高原的自然环境和生态系统在全球占有特殊地位，它现今异常活跃的构造运动，强烈地影响其自身及周围地区人类赖以生存发展的自然环境、资源和能源的配置以及各种地质灾害的发展。[①] 西藏作为青藏高原的主体，其人口分布状况也深受自然环境的影响，地面不同的海拔高程，直接影响人口的垂直分布特点。人口垂直分布状况受多种因素的影响，如海拔高程、山地坡度、山地坡向、纬度和气候类型、高山深谷区域特殊情况等都对人口垂直分布有影响，其中海拔高程对人口分布起着显著的直接作用。[②] 本章利用四次人口普查数据和卫星遥感数据对西藏人口垂直分布规律进行分析。

一　海拔高程对人口垂直分布的影响

（一）西藏的地形特点

西藏地区北起昆仑山，南至喜马拉雅山，西自喀喇昆仑山，东抵横断山脉，地势西高东低，西藏平均海拔超过 4000 米。其高原地形复杂多变，被巨大的山系包围，从北到南，依次为昆仑山系、喀喇昆仑山系、唐古拉山系、冈底斯山系、念青唐古拉山系和喜马拉雅山系。在西藏高原范围内，可分为五个不同的地形区：喜马拉雅山区、喜马拉雅北麓湖盆区、雅鲁藏布江中游谷地区、藏东峡谷区和藏北高原湖盆区。[③] 不同的地形区形

[①]　郑度、姚檀栋：《青藏高原隆升与环境效应》，科学出版社，2004。

[②]　张善余：《人口垂直分布规律和中国山区人口合理再分布研究》，华东师范大学出版社，1996。

[③]　张荣祖、郑度、杨勤业等：《西藏自然地理》，科学出版社，1982。

成了不同的高原气候，呈现出明显的垂直气候带。高原垂直的气候带也造成了西藏的农业生产呈现出多层次的布局，不同的海拔高程通过不同的温度和降水量而影响农业生产的布局。西藏农业的主要分布区域位于等高线4300米以下的河谷平原，主要区域有阿里地区的札达盆地和狮泉河流域；日喀则地区的年楚河流域、吉隆盆地和亚东地区；拉萨市的拉萨河流域、林芝地区的尼洋河流域、易贡藏布—帕隆藏布江流域；昌都地区的金沙江、澜沧江、怒江的峡谷地带和山南的大部分地区。这些区域气候和热量条件都比较优越，基本处于温暖湿润地带，为西藏农业的发展创造了优越的条件。这些区域种植的农作物主要为春青稞、冬小麦和玉米，主要的牲畜有牦牛、黄牛、绵羊和猪，这也是西藏历史悠久、经济地位最为重要的农业区域，承载了西藏相当数量的人口。

西藏地区垂直的气候分异引起了热量和降水量的不同，从而产生了农作物、植被类型、甚至牲畜的垂直分布，海拔4000米以上的牧区和半农半牧区牦牛、绵羊和山羊是主要的三大畜种，黄牛、骡、驴和猪随着海拔上升和种植业比重下降而迅速减少，在4000米以上的地带则完全消失。农作物的垂直变化比牲畜更为明显，水稻、玉米和大豆等喜温作物，随海拔升高而迅速减少，春播作物则随海拔升高而迅速增加。冬小麦主要分布在海拔3750米以下的温暖和暖湿农区，冬小麦比重随着高低海拔两端下降。[1]从地形来看，西藏的农业区域主要分布在喜马拉雅山系和冈底斯山—念青唐古拉山之间的雅鲁藏布江流域，而西藏的牧区带主要分布在冈底斯山—念青唐古拉山和昆仑山—唐古拉山之间的高原湖盆区。一些地方放牧的高山草场达到5500米，牧民定居点为5000米，这也是农牧业生产的最高海拔了。西藏的地形形成垂直气候分异，形成植被的垂直分异，进而影响了西藏农业生产的垂直变化，西藏人口分布长期受这种农业生产的影响。

（二）西藏人口垂直分布

本研究采用 ASTER GDEM 数据，该数据是美国航空航天管理局（NASA）和日本经贸及工业部（METI）2009年7月2日共同发布的全球空间分辨率为30米的最新栅格型数字地形数据，是根据 NASA 新一代对地观测卫星

---

① 程鸿、倪祖彬：《西藏农业地理》，科学出版社，1984。

TERRA 的详尽观测结果制作完成的。数据覆盖北纬 83°至南纬 83°之间的所有陆地区域。DEM 的空间分辨率对地形起伏度的计算精度至关重要，在 ASTER GDEM 推出以前，可以获取到的大范围 DEM 数据是空间分辨率为 90 米的 SRTM DEM 数据，该数据在小尺度地形提取时一直受到空间分辨率过低的影响。ASTER GDEM 数据最大的优势在于拥有较高的空间分辨率，在小尺度精细地形特征提取时明显优于 SRTM DEM 数据；另外 ASTER GDEM 数据空间分辨率与 TM 遥感影像一致，为两者的结合使用提供了便利条件。

由于 ASTER GDEM 的水域区域有许多错误的高程带，且在其他区域也存在明显的高程错误和山区高程异常突变，利用 SRTM DEM 数据对西藏的高程进行互补修复，修复后的高程能够满足研究的需要。

西藏各地都受海拔高程的影响，大气压比海平面越低，空气中含氧量也越低，很多地方实际成为人类活动的禁区，西藏的高海拔造成了西藏气候寒冷干燥的特点。海拔 4300 米以下是西藏主要大江大河的河谷平原地带，沿着河谷地带地势比较平坦，水源条件较好，利于农业灌溉，这里也是西藏主要的农业区。从历史上看，这里也是西藏最早开发的农业区域，因此这里不仅集中了西藏绝大多数的城镇，而且是西藏人口密度最高的区域，但这些区域所占的面积却比较小，而自然条件比较优越的雅鲁藏布江下游麦克马洪线以南地区却不在我国的控制之下。从西藏各地区人口分布状况来看，各地区海拔构成的差异，影响了西藏人口的垂直分布。由于资料限制，本章利用西藏县城驻地的高程数据和人口数据来代替整个县城的人口数和高程，这是一种较为切实可行的办法，但是难免会产生一定的误差。这是由于行政中心通常都位于区域内地势较低平和交通便利的地方，从而行政中心的高程总是小于该行政区域的平均高程。虽然这种方法会造成一定的误差，但是这样做能够反映人口垂直分布的总体趋势和一般规律。

表 5-1 西藏不同海拔人口分布状况

单位：%，人/平方公里

海拔 年份	1982	1990	2000	2010	2010
4500 米及以上	11.03	11.44	12.09	12.99	1
4000~4500 米	23.62	23.91	23.09	22.50	2

年份 海拔	1982	1990	2000	2010	2010
3500 ~ 4000 米	49.93	50.15	50.51	49.73	8
3000 ~ 3500 米	9.80	9.38	9.29	9.38	5
2500 ~ 3000 米	4.06	3.68	3.66	4.13	3
2500 米以下	1.55	1.44	1.36	1.27	1

首先利用 ARCGIS 的工具提取遥感影像 DEM 上每个县城驻地的高程，通过四期人口普查数据，研究西藏人口在垂直分布分异规律和变化。从四个时期的人口分布来看，西藏人口垂直分布呈现出一般的规律性，人口主要集中在海拔 3500 ~ 4000 米的区域，这个区域的人口约占西藏总人口的 50%，民主改革 60 年来这个海拔的人口一直在 50% 左右波动；人口相对较多的区域是在海拔高程 4000 ~ 4500 米的区域，这个区域的人口约占西藏总人口的 23%，在这一海拔区域的人口比重在 23% 左右波动。其次人口较多分布的区域是海拔 4500 米及其以上的区域，占西藏总人口的 12% 左右，海拔 3000 米及以下的区域约占西藏总人口的 5%。从不同时期人口分布的变化来看，海拔高程 4500 米及以上的区域人口在全区的比重在逐步上升，海拔 4000 ~ 4500 米和海拔 3000 ~ 3500 米人口在全区的比重都是先上升而后下降，呈现出钟形，海拔 3000 ~ 3500 米和 2500 ~ 3000 米在全区人口的比重是先下降后上升。海拔高程 2500 米以下的区域包括墨脱县和察隅县，其人口比重一直处于下降状态（人口不包括麦克马洪线以南的区域）。

造成西藏人口垂直分布分异的基本原因首先是不同海拔的气候差异，造成了不同区域的热量带，形成了基本的区域差异。海拔高程在 4500 米以上的区域，大部分位于西藏的西北部和北部，特别是冈底斯山—念青唐古拉山和昆仑山—唐古拉山之间的牧业经济带。这些地区地势平缓、面积辽阔，由一系列宽谷、湖盆、丘陵和高山组成，地面上基本是连片的天然草场，在一些湖泊沿岸有零星开垦的耕地，是西藏的主要畜牧业区，西藏的游牧人口主要分布于此。造成牧区人口上升的原因是牧区出生率高，自然增长率高，人口总量上升较快，总体上这个海拔区域的人口总量都有所上升。其次是因为青藏铁路的开通，加快了沿线安多县和那曲县人口城镇化的进程，吸引了大量的人口来此投资经商，大量的人口集聚在铁路沿线，特别是那曲县人口的增量是最多的。随着全球气候的变暖，这个海拔对温度的变化最为敏感，随着温度显著上升，雪线上升、冰川退缩、草场退化、湖泊消减、湿地减少和生物多样性锐减，原来大约 25 亩草场的草就能够养一只羊，现在六七十亩草场养一只羊都很困难，现在的草场退化得太厉害。草原退化、沙化导致了这一区域水源涵养能力明显下降，降水量下降，会进一步加剧草原的退化，形成恶性循环。① 人口的大量增加，引起草原牲畜超载，同样加剧了区域的生态环境恶化，今后要限制这一区域人口的大量增加，以利于保护草地资源，确保区域的生态安全。海拔4000～4500 米高程的区域主要是西藏地区半农半牧的区域，属于农牧过渡地区，局部河谷湖盆有青稞种植，这些县大部分位于日喀则地区和山南地区，人口的这种状况主要与当地的这种自然经济形态有关，这个区域也是西藏人口的主要承载区域。

海拔 3500～4000 米的区域主要是西藏的河谷平原，坡度平缓、土层深厚、气候适宜，在引水便利的河漫滩及较低的阶地上，耕地集中且分布连片，是西藏最为重要的种植基地，这些区域主要分布在拉萨、日喀则、山南和昌都地区，其中拉萨和山南是最为主要的集聚区。这个区域开垦历史悠久、经济文化发展，也是城镇化最高的区域。这个区域承载了西藏近一半的人口，是西藏人口的主要承载区，近年来人口的比重虽然有所减少，但减少的幅度不大。海拔 2500～3500 米的区域主要位于雅鲁藏布江和澜沧江流域的中下游地区，主要分布于林芝地区，这里山高谷深，河流深切严重，形成了峡谷地带，山大谷小，用于耕种的土地稀少，农业的利用价值反而下降，在一些河谷地带是人口的主要集聚区，人口增加的主要原因是旅游业的逐步发展，带动了相关的产业和从业人口的增加。

海拔 2500 米以下的区域主要分布在察隅县和墨脱县，这里温暖多雨，是世界上降水量最大的地区之一，自然条件十分优越，可种植许多亚热带作物。这个地区也是未来西藏人口的主要集聚区域，对于西藏未来的发展具有至关重要的地位。综上所述，西藏人口垂直分布呈现出这样一个特

---

① 《气候变暖温度升高"烤"干草场养羊难》，重庆农业农村信息网，http://www.cqagri. gov. cn/detail. asp？pubID = 162906。

征，海拔3500～4000米人口数量最多，然后向海拔高的地方和海拔低的地方递减，人口的垂直分布并不是简单的人口随高度上升而减少的关系，如果再加上我国目前没有实际控制的山南地区的人口，西藏人口的垂直分布呈现为竖立的驼峰状。如果对西藏不同海拔高程人口密度（Y）和海拔高程（X）数据进行简单的拟合的话，可得到方程

$$\mathrm{Ln}\, Y = -8.2 + 6X * 10^{-3} - 9.96X^2 * 10^{-7} \qquad (R^2 = 0.6，0.01\text{ 水平下显著})$$

两者之间形成简单的凸形状，人口密度与海拔高程具有一定的相关关系，但是这种关系不是简单的线性关系，由于地理条件不同，各个地区人口垂直分布的特点也各具特色。从上文分析可知，西藏人口的垂直分布规律不是简单的随着海拔升高而降低，而是呈现出中高海拔人口数量众多，分别向高海拔地区和低海拔地区递减的趋势，西藏人口垂直方面的分布规律与西藏特殊的地理环境有紧密联系。

二 地面坡度对人口垂直分布的影响

一个地区的地貌同它的地面海拔高程之间存在着一定的因果关系，地势较高者，往往都比较崎岖陡峭。西藏地势起伏大，切割严重，特别是东南部地区，这不仅大大降低了土地实际可供开发利用的比率，还增大了农业生产的难度。所以山地高原单位土地面积上的农业生产能力远不能与地处同一气候带的平原相比，这也就大大削弱了西藏供养人口的承载量。西藏地势起伏大，坡度大，缺乏像平原那样的连续的大片平地，坡地占据绝对的优势，这种状况对各种类型的生产活动和人口分布几乎都是不利的，就农业生产而言，坡地较平地在机械化和水利化上困难较大，且更容易遭受水土流失。一般说来，在缺乏植被的情况下，地面坡度超过2°～3°，便会发生水流对土壤的冲刷作用。由于西藏一些地方人口超载，不得不进行陡坡垦殖，极大加剧了水土流失，已对西藏国土生态环境构成严重威胁。一般来说山地农业垦殖通常以25°为限，35°则为极限，对于西藏来说，坡度位于35°以上的面积约为100万平方公里，35°以下的面积为22.5万平方公里，而35°以下的还包括湖泊的面积。西藏是我国湖泊最多的地区之一，大小湖泊有一千多个，湖泊总面积2.38万平方公里，约占全国

湖泊总面积的 30%。这样算来，适合西藏农业和建设的用地不到 20 万平方公里。高坡度的区域面积广大不仅不利于农业生产和农业的现代化，对其他的经济活动也很不利，它显著增加了交通运输业的成本，成为西藏经济社会发展中突出的限制性因素，阻碍了西藏与内地经济、文化和新技术的交流。

从空间上看，西藏的坡度呈现出明显的空间分异规律，呈现出西北方向坡度比较平缓，东南方向坡度比较大的特征。从自然环境来看，西藏的西北部主要是天然的草场，面积极为辽阔，分布广泛，相对高差不大，主要是一些宽广的高原面和丘陵地带，坡度较低的区域主要位于一些湖盆地带和河谷地带。这些地方虽然坡度较小，但是由于海拔较高，自然条件相对恶劣，从而不适合人口的大规模集聚。西藏坡度较大的区域主要位于东南部，雅鲁藏布江流域、怒江流域、澜沧江流域和金沙江流域的中下游，河流深度切割，相对高程巨大，相对高差普遍达到 200～3000 米，高山深谷之间坡度很大。特别是三江并流的横断山脉区域，许多大河都沿深大断裂带发育，山岭褶皱紧密，断层成束，气候土壤呈垂直变化。这里虽然气候和自然条件优越，但是因为相对高差巨大，坡度很大，农业生产十分困难，同样不适合人口的大规模集聚。

这样西藏人口分布的阻碍因素造成了坡度平缓的地区气候不适宜，而气候适宜的地方又有坡度大地形阻碍，东南和西北的双重挤压，影响了西藏人口的承载能力。因此由于相对高差和地面坡度的双重作用，西藏人口分布的核心区域是西藏的中间地带，坡度相对平缓、气候相对适宜的河谷地带成为人口分布的主要区域，形成了西藏独特的文化和经济中心。

在西藏民主改革后，西藏的人口经历了快速发展，那么，人口在不同坡度地带分布的状况如何？从西藏不同坡度的人口分布来看，西藏人口主要分布于坡度在 10°以下的河谷地带和湖盆区域，人口占总人口比例的 50%以上，并且有不断增大的趋势；坡度在 10°～25°之间地带的人口占总人口的比例也在 30% 左右，有逐渐减少的趋势；坡度在 25°～35°之间地带的人口的比重在 10% 左右，有增长的趋势；坡地垦殖极限 35°以上的区域，人口比重在 8% 左右，有减少的趋势。坡度在 10°以下的区域，主要是一些农业县，还有少量的牧业县，坡度小地势广阔有利于人们的经济活动和农业生产，从而为人口的聚居提供了条件；2000 年之后，这一坡度人口的比重在逐步上升，主要原因是西藏主要的城镇大部分位于这一地带，人口的城镇化吸引了大部分人口，同时西藏在 2001 年实施游牧民安居工程，把一些海拔较高、坡度较大、自然条件较差区域的牧民迁移到坡度较小、自然条件优越的区域。自 2001 年以来，西藏已有58000 多户游牧民住进了宽敞舒适的定居房①，而大部分游牧民都是从10°~25°区域搬迁下来的，这些区域接近条件优越的区域，移民的成本较低。25°~35°区域的人口比重有所上升，主要原因是这些区域人口的承载力小，人口数量快速增长，迫使人们向一些坡度较高的地方开垦和放牧，这个区域人口的大量增加，极大加剧了水土流失，对西藏生态安全构成了较为严重的威胁，要适当引导人口向坡度较小的区域搬迁，特别是 35°以上区域人口的搬迁。

表5－2　不同坡度不同时期西藏人口分布比例

单位：%

年份 坡度	1982	1990	2000	2010
0°~10°	51.19	50.79	52.58	53.90
10°~25°	30.05	30.33	27.78	27.02
25°~35°	10.42	10.53	11.51	11.24
35°以上	8.34	8.35	8.13	7.83

　　总之，西藏人口分布呈现出坡度较小区域集聚了大量人口，随着坡度的增大，人口数量越少，存在着类似反比例的线性关系。坡度较缓的区域，有利于农业的生产，人口密度相对较高，城镇也较为密集；坡度较大的地方处于高山峡谷之间，农业生产困难，人口密度相对较低。近年来人口过快增长，促使人们向一些坡度较高的区域发展进行农牧业生产，耕地也逐渐由缓坡地向陡坡地甚至山顶扩展。值得关注的是，这些区域人口比重还有逐步增加的趋势，这对西藏生态环境和可持续发展构成了一定威胁。因为这些区域生存与发展的条件更差，承受着巨大的人口压力和生态

---

① 《西藏定居工程的实施让游牧民享受实惠》，西藏在线，http://www.tibet328.cn/01/01/
201212/t20121219_351546.htm。

压力，其不合理的生产方式更容易给原本脆弱的生态环境带来危害，造成生态环境退化。加快这一区域人口的移民搬迁，有助于改善生态环境和减少贫困人口，提升西藏整体的城镇化水平，以城镇化带动西藏人口与资源环境的可持续发展，从而改变西藏人口在坡度较高区域人口分布稀而散的状态和地形条件对经济社会发展的限制。

三　地面坡向对人口垂直分布的影响

除了海拔高程和山地坡度外，坡地朝向也是高原山区重要的自然特征值，它直接制约着所在地区单位土地面积上所能接受到的太阳辐射量的多少，从而影响该地区的热量、水分条件、植被状况，以及农业生产特征，与人口垂直分布显然有着密切的关系，仅因为坡向不同，人口分布状况就会出现悬殊差异。[①] 从总体来看，西藏处于喜马拉雅山的北坡，处于印度洋暖湿气流的背风坡，雨量稀少，位于墨脱县的巴昔卡处于迎风坡，年降水量高达 4495 毫米，为我国大陆地区降雨最多的地方，西藏水汽的来源主要是印度洋的暖湿气流，通过雅鲁藏布江大峡谷逐步深入西藏内陆。[②] 总体上西藏的降水受西风带和印度洋暖湿气流的双重影响，西藏天然降水受到大气环流及地表形态两方面的限制。冬季时，西藏大部分地区为干燥的西风带所控制，喜马拉雅山以北的地区干燥少雨。夏季时西风带北移，而孟加拉湾上空的暖湿空气由西南季风通过雅鲁藏布江水汽通道输入西藏，致使普遍降雨。基于海陆距离、山脉走向和山体屏障对水汽输送的阻碍作用不同，各地降水量有很大的差别，总体趋势是东南部多，西北部少；迎风坡多，背风面少；山地多，河谷少。[③] 西藏雨量地理分布区域呈现出明显的特征，干旱极少雨的区域主要在藏西北高原及阿里西部，年均降水量少于 200 毫米；半干旱少雨区域主要分布在雅鲁藏布江上游和中游，羌

---

① 张善余：《人口垂直分布规律和中国山区人口合理再分布研究》，华东师范大学出版社，1996。

② 《水汽通道：设想与现实》，http://www.tibet.cn/2009jrb/yxxz/200911/t20091102_515311.htm；卓嘎、罗布、周长艳：《1980～2009 年西藏地区水汽输送的气候特征》，《冰川冻土》2012 年第 4 期；高登义、邹捍、王维：《雅鲁藏布江水汽通道对降水的影响》，《山地研究》1985 年第 4 期。

③ 程鸿、倪祖彬：《西藏农业地理》，科学出版社，1984。

塘高原东南部，藏南高原及昌都地区南部河谷，年均降水量在 200 ~ 500 毫米；半湿润中雨地区位于藏东南、怒江上游及昌都北部地区，年均降水量在 500 ~ 800 毫米；湿润多雨的地区在藏东南边缘及喜马拉雅山南坡，年均降水量大于 800 毫米。由于不同年份季风的强弱不同，有的年份南部降水较多，有的年份北部降水较多，而不同的坡面对降雨又有一定的影响。

由于西藏地形复杂，坡面呈现出复杂的特征，从总体坡向的空间分异上看还是呈现出一定的规律性，以念青唐古拉山为界，西北部的坡面多以南北坡面为主导格局，东南部多以东西坡面为主导格局，这主要与西藏山体的总体走势有关，在西藏的西北部东西向横亘着冈底斯山脉、昆仑山脉和唐古拉山山脉，总体上造就了西藏南北坡向的主导格局。在西风带所带来的大西洋的水汽主要集聚在海拔较高的山顶上，南北坡向由于没有阻碍作用，降雨较少，而喜马拉雅山脉所阻挡的印度洋水汽，同样也降低了西北部南北坡向的降雨；而在西藏的东南部山体的主要走向主要是南北方向，他念他翁山、伯舒拉岭和芒康山都是南北走向，在东南部主要是以东西坡向为主导格局，从印度洋来的水汽顺着雅鲁藏布江通道进入西藏腹地。

从西藏总体的坡向格局来看，念青唐古拉山的环形走向，既能阻挡西风所带来的大西洋水汽，又能阻挡西南季风所带来的印度洋水汽。念青唐古拉山是西藏水汽的交汇之处，坡向两边的降水都相对丰富，因此念青唐古拉山周围区域也是西藏人口分布的主要区域。一般来说，不同坡向的温度或热量状况差异颇大，而北坡普遍阴凉，热量条件明显不如南坡，成为制约农业生产的重要因素。就人口分布而言，在北半球南坡垦殖指数和农作物单位面积产量较高，人口密度和聚落密度较大，农村聚落分布上限更高，北坡则正好相反。所以坡向对人口分布影响的一般规律是南坡人口分布比北坡分布多，迎风坡人口分布比背风坡多。

西藏不同坡向人口的分布如何？一般情况下，在测量中将半径为 10 公里的区域看成水平面，这时可以不考虑地球曲率的影响。在研究不同坡向人口分布时，对分辨率为 30 米的高程数据进行重采样，将高程数据的分辨率变成 10 公里，然后利用 ARCGIS 软件计算出西藏高程数据的坡向，通过和西藏县城数据的叠加，提取出县城不同位置的坡向，利用四次人口普查数据分析出不同时期不同坡向人口的分布状况。从 2010 年西藏人口的不同坡向分布来看，西藏的南坡人口分布最多，占总人口的比例达 22.61%，人口比重有逐年增加的趋势。西藏南坡人口众多的主要原因，首先是这些坡向朝南的城镇主要分布在拉萨市、日喀则地区和林芝地区等气候条件比较优越的河谷地带，城镇历史比较悠久，是人口的主要集聚地；其次是北坡人口比重在 14.63%，人口比重也在逐年增加，这些城镇主要位于喜马拉雅山脉和冈底斯山脉北坡，虽然这些地方降雨相对稀少，处于半干旱和半湿润地区的交界地带，但高山的冰雪融水为这里提供了充足的水源，利于农业的灌溉和畜牧业，因此人口相对较多。从坡向对比来看，西南坡向、东北坡向的人口比重在逐年下降，而东南向和西北向的人口比重时期变化不明显，人口比重最小。

表 5 - 3　不同坡向不同时期人口比例

单位：%

年份 坡向	1982	1990	2000	2010
北向	13.36	13.26	14.35	14.63
东北	14.16	13.73	12.97	12.23
东向	12.85	12.80	12.84	12.21
东南	8.48	8.57	8.11	7.81
南向	18.82	19.43	21.23	22.61
西南	16.58	16.29	14.23	13.79
西向	9.98	10.10	10.47	10.95
西北	5.77	5.81	5.82	5.77

总体来说，西藏位于喜马拉雅山麓的北侧，处于印度洋水汽和西南季风的背风坡，相对于南部印度、尼泊尔来说降雨稀少，人口数量也不在一个数量级上。2010 年，尼泊尔将近 15 万平方公里的土地，承载了 2600 多万人口，而西藏 122 万平方公里的土地，仅承载了 300 多万人口，这与两者处于不同的坡向具有很大的关系。就西藏内部来说，西藏的南坡人口比重最大，西北坡的人口比重最小，北坡和西南坡的比重比较接近，在 14% 左右。总之由于坡向不同，造成了降水量、热量和农业生产方式不同，从而影响了西藏的人口分布。

四 河流对人口分布的影响

水是人类最基本的生存条件之一，江河湖海为人类提供了水源和方便的交通条件，自古以来水就对人口分布有很大的影响，越是干燥的地区，人口分布就越受到水文条件的制约。[①] 青藏高原被称为亚洲水塔，是亚洲主要大河的发源地或流经地，长江、湄公河、萨尔温江、伊洛瓦底江、布拉马普特拉河、恒河、印度河等都发源于此，从高原上流下的水滋养了全球近一半的人口。西藏地势高、气温低、光照充足，降水和径流地区差异大，年内分配极不均匀，河流的补给水源主要源于降水、冰雪融水和地下水，东南部地区水量极为丰富，西北部干涸，地区分布不均匀。[②] 西藏的主要河流有阿里地区的象泉河和狮泉河，雅鲁藏布江、年楚河、拉萨河、尼洋河、易贡藏布、帕隆藏布和昌都地区的怒江、澜沧江、金沙江，其中雅鲁藏布江及其支流年楚河、拉萨河和尼洋河是西藏最为重要的河流，是西藏的主要淡水来源和水汽通道，是我国水能水资源的战略储备区域，也是西藏人民的母亲河，是西藏人口分布的主要区域。昌都地区的澜沧江、怒江和金沙江流域三江并流，是西藏与内地联系的主要通道，属于降水比较丰富的区域，也是西藏人口分布的主要区域之一。

居民点是在特定的地理环境和社会经济背景下，人类活动与自然环境相互作用的结果。居民点空间布局对区域发展起着宏观上的控制作用，直接影响区域生态环境质量、生产力分布模式以及经济发展规模和方向等。[③] 西藏共有 665 个乡镇，其空间分布模式既受海拔、坡度、坡向、河流等自然环境因素的影响，又受人口、城镇、生产总值、产业发展、投资、风俗习惯、社会制度、政策导向等经济社会因素的影响。同时以居民点为中心的人类生产、生活活动也会对流域水源涵养、水土保持等生态环境产生影响。从西藏居民点空间分布来看，居民点分布具有明显的河流指向性，居

---

① 张善余：《中国人口地理》，第 278 页。

② 刘天仇：《西藏高原河流水资源特征及应用前景》，《西藏大学学报（汉文版）》1998 年第 3 期。

③ 赵卫、沈渭寿、邹长新等：《雅鲁藏布江源头区居民点分布的影响因素》，《山地学报》2012 年第 6 期。

民点的分布基本是沿着河流的走向分布，其中雅鲁藏布江流域居民点的总体走向是东西向，雅鲁藏布江的中游地区居民点的分布最为密集，以年楚河流域和拉萨河流域为主要代表。而昌都地区河流主要是以南北向为主，而居民点的空间分布也是沿南北走向，居民点密集的区域主要位于澜沧江、怒江、金沙江的中上游，而河流的下游切割严重，不利于人类利用水源从事工农业生产。

河流是影响西藏居民点分布的重要因素。一般来说，河流两岸较平坦，适合人类居住，居民点分布相对密集；距离河流越远，居民点分布越稀疏。结合自然环境与水系的水文联系，河流两岸不仅地势平坦，水分条件和植被状况也较好，成为主要的农业区域和居民点聚居的重点地区。运用 ARCGIS 缓冲区分析功能，以 500 米为间隔缓冲距离，对西藏主要河流做缓冲区分析显示：在河流 1000 米的距离内分布着 45 个乡镇，而在主要河流 10 公里的距离内分布着 363 个乡镇，西藏一半以上的乡镇都分布在主要河流的 10 公里之内，而剩下的大部分乡镇也分布在一些小流域的河流和湖盆谷地。由于受自然环境恶劣、经济条件落后等因素制约，西藏地区引水、提水、供水等基础设施建设的难度大、成本高；同时，西藏生产活动以农业和畜牧业为主，生产、生活用水的空间动态性较强。因此，生产、生活用水主要依赖于河流、湖泊等地表水源，居民点分布表现出显著的河流指向性。

西藏人口分布具有明显的河流指向性。由于西藏大部分区域处于喜马拉雅山流域，降雨相对稀少，而冰川融水对西藏人口就显得特别重要，河流成为西藏重要的水资源，河流的流向对西藏居民点的空间分布的影响明显，其中雅鲁藏布江流域居民点分布主要是东西走向，而昌都地区居民点分布主要是南北走向，西藏大部分居民点都分布在主要河流 10 公里范围之内。

小　结

由于西藏特殊的自然环境和复杂的地形，西藏人口分布明显受到自然条件的制约，西藏人口垂直分布受到高程、坡度、坡向和河流的综合影响。西藏人口垂直分布的基本特征不是简单的随着海拔高程的增加人口逐步减少，而是呈现出中高海拔人口数量多、密度大，分别向高海拔地区和低海拔地区逐步递减。在坡度影响方面人口大部分分布在坡度 10°以下，而坡度 25°～35°的人口比重增加也是值得注意的地方。总体而言，西藏的人口分布主要在坡向的南坡，随后是北坡、西南坡和东北坡，而居民点的河流指向性比较明显，居民点主要沿河流分布。在河流 1000 米的距离内分布着 45 个乡镇，而在主要河流 10 公里的距离内分布着 363 个乡镇，西藏一半以上的乡镇都分布在主要河流的 10 公里之内，而剩下的大部分乡镇也分布在一些小河流的流域和湖盆谷地。

第六章　西藏人口分布空间格局

社会经济现象大部分与空间位置有关，几乎所有的社会数据都具有空间关联，利用空间统计分析可以较好地探索事物的空间集聚性，更深入地分析、处理和解释社会经济与地理特征间的相互关系及空间模式。人口是区域可持续发展的核心要素，是制定区域可持续发展规划以及国土整治、城乡建设规划等工作的基础。人口分布是历史的产物，它不是一种纯自然的现象，而是一种社会经济现象，所以人口分布也存在着空间关联。近年来，国内外借助空间统计分析来研究社会经济现象的空间模式和异常分布的文献比较多，本书拟在参考既有文献的基础上，利用空间统计分析与GIS 结合的方法，对西藏人口分布模式进行初步研究。

一　空间自相关分析

（一）全局空间自相关

全局空间自相关（Globe Spatial Autocorrelation）分析主要用于分析整个研究区域空间对象某一属性取值的空间分布状况，反映观测值在空间区域范围内集聚的整体趋势或空间依赖关系，[1] 其计算公式为：

---

[1] 参见宋艳华、马金辉、刘峰《基于 GIS 的中国气温空间分布与分区初探》，《干旱区资源与环境》2006 年第 4 期；马晓冬、马荣华、徐建刚：《基于 ESDA - GIS 的城镇群体空间结构》，《地理学报》2004 年第 6 期；刘德钦、刘宇、薛新玉：《中国人口分布及空间相关分析》，《测绘科学》2004 年第 S1 期；刘峰、马金辉、宋艳华等：《基于空间统计分析与 GIS 的人口空间分布模式研究——以甘肃省天水市为例》，《地理与地理信息科学》2004 年第 6 期；吕安民、李成名、林宗坚等：《中国省级人口增长率及其空间关联分析》，《地理学报》2002 年第 2 期。

$$I(d) = \frac{n \sum\limits_i \sum\limits_j w_{ij}(x_i - \bar{x})(x_j - \bar{x})}{(\sum\limits_i \sum\limits_j w_{ij}) \sum\limits_i (x_i - \bar{x})^2}, 其中(i \neq j) \tag{6.1}$$

其中，n 表示区域空间单元总数，x_i 和 x_j 表示随机变量 x 在地理单元 i 和 j 上的属性值，$\bar{x}$ 为 n 个空间单元样本属性值的平均值，w_{ij} 是定义地理单元相互之间邻接关系的权重矩阵。空间权重矩阵可以根据邻接标准或距离标准来度量，邻接标准将空间单元的邻接定义为 1，把不邻接的定义为 0；距离标准是根据一定范围内的定义为 1，在距离之外的定义为 0。由于空间权重的定义不同，各个空间单元的空间联系就不同，从而空间自相关的结果会有所不同。Moran's I 的取值在 -1 到 +1 之间，正值表明空间单元属性取值集聚，表现为空间正自相关，负值表示空间单元属性取值分散，表现为空间负自相关，如果其值等于 0 表明空间事物属性取值不存在空间自相关性，表现为空间随机分布。

在空间对象属性取值符合正态分布假设下，可以计算 Moran's I 的期望值和方差：

$$E(I) = \frac{-1}{n-1} \tag{6.2}$$

$$\text{Var}_n(I) = \frac{n^2 w_1 + n w_2 + 3 w_0^2}{w_0^2(n^2-1)} - E_n^2(I) \tag{6.3}$$

其中，$w_0 \sum\limits_{i=1}^{n} \sum\limits_{j=1}^{n} W_{ij}$，$w_1 = \frac{1}{2} \sum\limits_{i=1}^{n} \sum\limits_{j=1}^{n} (W_{ij} + W_{ji})$，$w_2 = \sum\limits_{i=1}^{n} (w_{i\cdot} + w_{\cdot i})^2$。式中 $w_{i\cdot}$，$w_{\cdot j}$ 分别是空间权重矩阵中 i 行与 j 列之和。

在满足空间单元属性取值为正态分布假设下，标准化 Z-Score 常用于检验 Moran's I 的显著性水平。Z-Score 检验具体形式为：

$$Z(d) = \frac{I - E(I)}{\sqrt{Var(I)}} \tag{6.4}$$

当 Z 为正且显著时，表明存在正的空间自相关，也就是说相似的观测值趋于空间集聚；当 Z 为负且显著时，表明存在负的空间自相关，相似的观测值趋于分散分布；当 Z 为 0 时，观测值呈空间随机分布。一般来说，当 $|Z| > 1.96$（$p < 0.05$）时，统计显著，可以拒绝零假设 H_0（n 个空间单元属性取值之间不存在空间自相关性），认定空间单元属性在空间上存

在显著的空间自相关性。①

（二）局部空间自相关

全局空间自相关分析反映了整体上空间集聚程度，仅仅说明所有区域与周边单元之间空间差异的平均程度，但不能反映空间单元局部的空间差异性。局部空间自相关能够揭示空间单元的局部特征，局部空间自相关包括 Moran 散点图、局部空间关联指标（LISA）和热点分析。

1. Moran 散点图

通过 Moran 散点图可以研究局部空间的异质性，其表现形式为在平面直角坐标系中，横坐标为各空间单元观测值的标准化值，纵坐标为相邻观测值标准化值空间连接矩阵所决定的加权平均值。散点图的四个象限按其性质分为：第一象限（HH）含义是某一高值区域周围空间单元的属性值都较高，第二象限（LH）含义是某一低值区域周围空间单元的属性值较高，第三象限（LL）含义是某一低值区域周围空间单元的属性值都较低，第四象限（HL）含义是某一高值区域周围空间单元的属性值较低。第一象限和第三象限表明区域存在空间正相关，即同质性较强，第二象限和第四象限表明区域存在空间负相关，即异质性较强。②

2. 局部空间关联指标

Moran 散点图没有统计量，不能够反映空间关联类型的显著性水平，而局部空间关联指标能够反映空间关联类型的显著性水平。局部空间关联指标是对全局空间自相关进行分解的一系列指标，其 Local Moran's I 的计算公式为：

① 相关研究参见宣国富、徐建刚、赵静《基于 ESDA 的城市社会空间研究——以上海市中心城区为例》，《地理科学》2010 年第 1 期；苏飞、张平宇：《辽中南城市群人口分布的时空演变特征》，《地理科学进展》2010 年第 1 期；张锦宗、朱瑜馨、周杰：《基于 BP 网络与空间统计分析的山东人口空间分布模式预测研究》，《测绘科学》2009 年第 6 期；吕晨、樊杰、孙威：《基于 ESDA 的中国人口空间格局及影响因素研究》，《经济地理》2009 年第 11 期；秦贤宏、段学军、李慧等：《中国人口文化素质的空间格局、演变及其影响》，《经济地理》2008 年第 5 期。

② 李晶、林天应：《基于 GIS 的西安市人口空间分布变化研究》，《陕西师范大学学报（自然科学版）》2011 年第 3 期。

$$I_i = Z_i \sum_{j=1}^{n} W_{ij} Z_j (i \neq j) \tag{6.5}$$

其中 Z_i 和 Z_j 分别为空间单元 i 和 j 上观测值的标准化值；W_{ij} 为空间权重。局部空间关联指标也可以统计检验显著性，当 I 为正值时，空间单元有两种空间关联：高—高关联和低—低关联；当 I 为负值时，空间单元也有两种空间关联：高—低关联和低—高关联，空间单元的属性值相对于相邻单元为高值或者低值离群点。[①]

3. 热点分析

为了揭示观测值邻域空间的自相关性，需要采用空间关联的局部指示指标来探测空间单元属性与周边空间单元属性相近或差异程度。热点分析是局部空间自相关分析的一种方法，可以探测出局部高值集聚区和低值集聚区，计算公式如下：

$$G_i^* = \frac{\sum\limits_{j=1}^{n} W_{ij} x_j - \bar{x} \sum\limits_{j=1}^{n} W_{ij}}{S \sqrt{\frac{\left[n \sum\limits_{j=1}^{n} W_{ij}^2 - \left(\sum\limits_{j=1}^{n} W_{ij} \right)^2 \right]}{n-1}}} \tag{6.6}$$

其中 W_{ij} 代表权重，反映了空间单元之间的影响程度，x_j 为空间单元的观测值，$\bar{x}$ 表示所有空间单元属性值的均值，S 为标准差。G_i^* 能探测出高值和低值的集聚情况，当 G_i^* 计算出的统计量 Z 值高且为正数时，表示为高值集聚或为热点区域，当 G_i^* 计算出的统计量 Z 值高且为负数时，表示为低值集聚或为冷点区域。

空间权重矩阵是用来确定和描述事物空间邻接关系的，是空间统计的核心，不同空间权重所对应的探索性空间分析结果存在一定的差异性。目前 ARCGIS 9.3 中最常用的权重矩阵有反距离空间权重矩阵、ROOK 矩阵、QUEEN 权重矩阵、固定距离权重矩阵、K 最邻近点权重矩阵、DELAUNAY 三角剖分权重矩阵等。反距离空间权重矩阵描述的空间关系是距离衰减，要素距离越远，影响力的下降幅度越大；固定距离权重矩阵描述的空间关

---

① 参见蒋国富、刘长运《河南省县域经济的空间分异》，《经济地理》2008 年第 4 期；聂芹《山东省人口分布及空间相关性研究》，《测绘科学》2011 年第 2 期。

系是对象在某个空间范围内表现出集群的趋势；K 最邻近点权重矩阵保证了每个要素都有一定数量的邻居，尤其是研究对象的属性值不服从正态分布时，保证每个要素都至少有一定数量最邻近的空间单元。当数据有缺失值或分布不均时，DELAUNAY 三角剖分权重矩阵保证每个要素都会至少有一个最邻近的空间单元。QUEEN 权重矩阵将空间单元之间具有公共边界或公共顶点的定义为邻接关系，而 ROOK 矩阵是将空间单元之间具有公共边界的才定义为邻接关系。① 空间权重矩阵对空间统计的结果有着不小的影响，所以在对观测值进行空间统计研究时，要根据实际情况选择相应的空间权重矩阵。

二　西藏人口分布空间模式分析

（一）西藏人口分布空间模式

本章的地图主要是利用西藏自治区 2010 年 1:250 万行政区划图数字化所获取的图形，鉴于西藏各乡镇人口数据和行政区划获取比较困难，在研究中选择县级人口数据，以 1982 年、1990 年、2000 年和 2010 年西藏各个区域的常住人口数量为原始数据，运用空间分析软件计算各个县级区域的人口密度数据等。

首先，采用全局空间自相关来分析西藏人口的空间分布格局。全局空间自相关分析是人口分布空间模式的基础。利用 ARCGIS 的空间分析功能，计算西藏不同时期人口密度的空间自相关系数，空间权重是以 ROOK 矩阵为基础，各个县中拥有公共边的县才定义为邻接关系。经过相关计算，1982 年西藏人口密度的 Moran's I 系数为 0.1，Z 值为 4.99，1990 年西藏人口密度的 Moran's I 系数为 0.08，Z 值为 4.63，2000 年西藏人口密度的 Moran's I 系数为 0.04，Z 值为 3.62，2010 年西藏人口密度的 Moran's I 系数为 0.03，Z 值为 3.31。从总体上来看，四个时期的 Z 值都远远大于正态

---

① 参见马晓冬、马荣华、徐建刚《基于 ESDA - GIS 的城镇群体空间结构》，《地理学报》2004 年第 6 期；吕晨、樊杰、孙威《基于 ESDA 的中国人口空间格局及影响因素研究》，《经济地理》2009 年第 11 期；黄祖宏、高向东《基于 ESDA 的上海市常住境外人口空间分析》，《人口与发展》2012 年第 2 期。

分布 99% （a = 0.01）置信区间双侧检验阈值 2.58，这表明在四个时期内西藏人口分布在整体上，呈现出显著的空间集聚模式，即人口分布的高密度区与高密度区邻接，低密度区与低密度区邻接，而不是随机分布。从西藏人口密度时期全局空间自相关的系数来看，系数在逐步减小，西藏人口分布的集聚度有减弱的趋势，其中 1990～2000 年西藏人口分布的空间集聚程度下降幅度最大，这与当时西藏的政治经济环境有关。人口数量的大幅度波动是造成西藏空间集聚度下降的主要原因，而 2000～2010 年西藏人口分布的空间集聚性没有太大的变化，主要是随着西藏铁路的开通，汉族人口在西藏空间分布上大大扩散了，使人口分布相对均匀，减弱了人口分布的集聚性。总之全局空间自相关指数概括了在一个总的空间模式中空间依赖的程度，进一步证明了西藏人口分布在整体上具有显著的正自相关，人口密度空间同质性比较明显。

全局指标仅使用一个单一的值来反映一定范围内的自相关，很难发现存在于不同位置区域的空间关联模式，而局部空间自相关指数（LISA）则描述一个空间单元与其邻域的相似程度，揭示空间异质，说明空间依赖是如何随着位置变化而变化的。这里选用局部指数 Local Moran's I，该指数可以将空间关联模式细分为四种类型，分别与 Moran 散点图中的四个象限相对应。正的空间关联包括两种类型：属性值高于均值的空间单元被属性值高于均值的邻域所包围（HH 关联）和属性值低于均值的空间单元被属性值低于均值的邻域所包围（LL 关联）；而负的空间关联也有两种类型：属性值高于均值的空间单元被属性值低于均值的邻域所包围（HL 关联），或者相反（LH 关联）。[1]

在 0.05 的显著水平下，存在着高高（HH）关联、低低（LL）关联、低高（LH）关联，而没有出现高低（HL）关联的空间孤立区域，同时西藏绝大部分出现了关联不显著区域。在空间上 HH 相关联的区域主要是以拉萨市的城关区为中心，堆龙德庆县、贡嘎县、扎囊县、达孜县和林周县这些县城环绕在城关区的周围，这些区域人口密度高，属于人口分布的热点区域，在四个时期的发展中变化不大，这些区域一直属于人口分布的核

---

[1] 武江民、党国锋、鱼腾飞：《西藏自治区人口空间分布模式研究》，《甘肃联合大学学报（自然科学版）》2010 年第 2 期。

心区域；空间上 LL 关联的区域基本位于阿里地区，这些地方由于自然环境的原因，人口密度比较小，又处于西藏的游牧区，人口承载量本身就比较有限，而西藏东南部的林芝县、米林县、墨脱县和察隅县等都处于 LL 相关联的区域，这些地方人口密度低，不是因为自然原因，而是由于政治原因，墨脱县和察隅县的一些人口没有统计，处于印度的直接控制下。值得注意的是那曲地区 1982 年人口密度还比较低，1990 年之后人口密度逐步上升，而林周县的人口密度在 2000 年显著下降，至 2010 年还是保持着 LH 的空间关联模式。总之，西藏人口空间关联与人口密度的高值和低值在空间上呈现一致性。

（二）西藏人口出生率和死亡率空间分析

人口出生率是一个国家或地区一年中新生婴儿数与年平均总人口数的比率，它是衡量人口再生产状况最常用的指标之一；而一个国家或地区一年中死亡人数与年平均总人口数的比率称为人口的粗死亡率，它也是衡量人口再生产动态的又一个重要指标。由于特殊的自然环境和农奴制度，西藏人口的出生率和死亡率在历史上一直都处于比较高的状态，而自然增长率在很长的时期则处于较低的状态，人口的增长一直比较缓慢。随着西藏民主改革后，西藏在短时期内就完成了人口的转变过程，经济社会条件、医疗卫生条件等都获得了快速的提高。一个地区的出生率和死亡率能够反映一个地区的经济条件和人口增长状况，人口的增长同样也影响一个地区人口分布的格局。下文对西藏人口出生率和死亡率进行空间模式分析，考察西藏人口出生率和死亡率在空间上是否关联。由于 1982 年和 1990 年的数据缺失，因此主要分析 2000～2010 年这 10 年的变化情况。

对于西藏人口出生率和死亡率的分析，还是利用 ARCGIS 的空间分析模块，空间权重还是以 ROOK 矩阵为基础，以各个县拥有公共边的定义为邻接关系。经过相关计算，2000 年西藏人口出生率 Moran's I 系数为 0.39，Z 值为 5.68，2010 年西藏人口出生率的 Moran's I 系数为 0.27，Z 值为 4.09，2000 年西藏人口死亡率 Moran's I 系数为 0.03，Z 值为 0.61，2010 年西藏人口密度的 Moran's I 系数为 0.36，Z 值为 5.45。从总体上来看，只有 2000 年西藏人口死亡率的 Z 值才远远小于正态分布 99% （a = 0.01） 置信区间双侧检验阈值 2.58，呈现为随机模式，而其余的 Z 值都远远大于 2.58，呈现出显著的空间集聚模式。从西藏人口出生率来看，在这 10 年内出生率的空间集聚度有所下降；从西藏人口死亡率来看，则完全相反，由 2000 年的随机分布模式转化为 2010年的空间集聚模式。

在 0.05 的显著水平下，存在着高高（HH）关联、低低（LL）关联、低高（LH）关联和高低（HL）关联模式，而西藏的人口出生率和人口死亡率都出现了绝大部分关联不显著区域。从西藏人口的出生率来看，HH关联出现的区域在 10 年间存在着变化，但唯一不变的是高高关联模式一直在西藏的北部，处于西藏的牧区地带。LL 关联的区域在 10 年间有所减少，并且在不断地变化，由日喀则地区转移至山南地区。西藏人口出生率较低的区域唯一不变的是低生育区域一直处于农区，西藏不同农区和牧区不同的经济形态对人口的出生率产生了不同的影响，存在着明显的空间差异性。从人口死亡率来看，西藏人口死亡率的 HH 关联区域主要位于牧区，主要集中在那曲地区，而 LL 空间关联模式主要分布在西藏城镇化水平较高的地区。

从西藏人口出生率和人口死亡率空间关联模式来看，西藏不同的经济模式对人口的出生率和死亡率具有直接的影响，西藏的农区，城镇化水平比较高，人口的出生率和死亡率都比较低，而西藏的牧区现在还处于高出生率和高死亡率的人口模式，牧区的游牧经济形态使人口的承载力本身就比较低。人口的增长会加重生态环境的压力，加快牧区的人口城镇化是改变西藏牧区人口模式的唯一途径。

（三）藏族人口数量空间分析

藏族世代居住于西藏高原地区，是西藏高原的主体民族，2010 年第六次人口普查时西藏人口的数量仅仅有 300.22 万，其中藏族人口为 271.64万，藏族人口占总人口的比重为 90.48%，汉族所占的比重为 8.17%，其他少数民族人口占 1.35%。从西藏人口的民族构成来看，藏族人口数量处于绝对优势的地位，其人口分布模式代表了西藏农牧业经济模式下人口的空间关联状态。从目前西藏藏族人口分布区域的人口数量来看，城市人口数量为 16.58 万，乡镇人口数量为 29.77 万，大约有 225.29 万藏族人口还分布在乡村，西藏农业社会的特征非常明显。

从西藏藏族人口数量全局空间自相关系数来看，1990 年西藏藏族人口 Moran's I 系数为 0.38，Z 值为 4.87，2000 年西藏藏族人口的 Moran's I 系数为 0.31，Z 值为 4.02，2010 年西藏藏族人口 Moran's I 系数为 0.28，Z 值为 3.65，在 0.05 水平下全局空间自相关指数显著。从西藏藏族人口空间集聚状况来看，1990 年、2000 年和 2010 年都呈现出空间集聚，但从西藏藏族人口数量的 Moran's I 系数来看，系数值一直在减小，这也说明了藏族人口空间的集聚性在减弱，更趋向于向均衡的方面发展，藏族人口的再分布力度增大。

从西藏各个县城藏族人口数量局部空间自相关分析来看，在 0.05 的显著水平下，存在着 HH 关联、LL 关联、LH 关联三种空间关联模式，不存在 HL 空间关联模式，西藏各个空间单元的藏族人口数量相对较为均衡。从不同时期局部空间自相关来看，藏族人口 HH 空间关联的区域主要分布在昌都地区的昌都县城周围地区、拉萨市周围地区和日喀则地区的日喀则市和谢通门县地区，这些地区及周围县一直是藏族人口历史开发较早的地区，由于自然环境相对优越，藏族人口在此的集聚度较高。从时期对比来看，昌都地区 HH 关联模式的区域在逐渐减少，主要由于藏族人口的迁移流动所引起。藏族人口 LL 空间关联的区域主要分布于阿里地区。阿里地区由于自然条件比较恶劣，大部分地区自然环境相似，都是以畜牧经济为主，承载人口数量有限，人口数量本身就很少，因此在阿里地区藏族人口出现了 LL 关联区。LL 关联地区在山南和林芝的一些区域出现，这些地区主要是一些山地地区，人口居住本身就比较分散，人口数量还较少。藏族人口 LH 空间关联的区域主要分布于一些城市周围地区，特别是拉萨市周围地区。由于城市对周围的经济辐射力，在城市周围的县集聚了大量的藏族人口，从不同时期来看，拉萨市周围的县藏族人口有增加的趋势，而日喀则市的吸引力相对较低。

（四）汉族所占总人口比例空间分析

2010 年，第六次人口普查时西藏常住人口的数量仅有 300 万，从西藏人口的民族构成来看，藏族人口数量处于优势地位。在西藏，除了藏族，汉族的人口数量最多，分布也最为广泛，汉族的人口分布和人口占所在区域总人口的比例对西藏的人口分布具有重要的影响。一般来说社会经济发展的活跃程度，与人口再分布之间确实存在着互为因果的密切关系，人口再分布指数与少数民族占总人口的比重之间表现出一定程度的负相关关系，与汉族所占总人口的比例呈现出一定程度的正相关关系。少数民族人口再分布不够活跃是长期形成的现象，具有深刻的文化背景，一时还难以有很大的改变。所以说西藏汉族人口分布的状况对西藏人口分布具有重要的影响力。从西藏全局空间自相关系数来看，1990 年西藏汉族人口比例的 Moran's I 系数为 0.1，Z 值为 1.83，2000 年西藏汉族人口比例的 Moran's I 系数为 0.08，Z 值为 1.5，2010 年西藏汉族人口比例的 Moran's I 系数为 0.1，Z 值为 1.83，在 0.1 水平下，空间集聚显著。以汉族人口比例的空间集聚状况来看，1990 年呈现出空间集聚，2000 年呈现出随机分布模式，2010 年又呈现出空间集聚模式。在西藏汉族的人口数量容易受到国家政策的影响，国家政策的改变能够引起汉族人口数量数十万的改变，无论迁出西藏还是迁移至西藏都会对西藏人口的分布造成巨大的冲击，主要原因还在于西藏人口总量较少。

从汉族人口所占区域总人口比例的局部空间自相关分析来看，在 0.05 的显著水平下，存在着 HH 关联、LL 关联、LH 关联和 HL 关联模式，而西藏的人口出生率和人口死亡率都出现了绝大部分关联不显著区域。从不同时期局部空间自相关来看，汉族人口比例 LL 空间关联的区域主要分布在那曲地区，HH 空间关联的区域主要分布在林芝地区，日喀则市的汉族人口比例一直比较高，其周围地区也一直处于低值区，而拉孜县汉族人口的比例一直比较低，其周围地区汉族人口的比例一直较高。那曲地区的汉族人口比例 2000 年及以后增加较快，迅速地超过了周围地区的汉族人口的比例，主要原因在于青藏铁路的建设和开通，而那曲地区处于交通的十字路口，对人口的吸引力巨大。

（五）西藏人口数量热点分析

热点分析是局部空间自相关分析的一种方法，可以探测到局部空间单元属性值是高值集聚区域还是低值集聚区域。通过热点分析可以得到不同空间单元的标准化 G_i 的 Z 值，将 Z 值按照 1 倍标准差和 2 倍标准差进行划分，Z 值在 -1 到 1 之间表示随机分布；1 到 2 之间表示较显著热点；大于 2 表示显著热点；在 -2 到 -1 之间表示较冷点；Z 值小于 -2 表示冷点。① 本节利用 ARCGIS 软件中的热点分析工具来研究西藏常住人口的分布情况，西藏常住人口数量从 1982 年的 189.24 万增加到 2010 年的 300.22 万，人口密度也从每平方公里 1.6 人上升到 2.5 人左右，西藏人口空间分布也发生了显著的变化。

从西藏常住人口数量的热点来看，西藏人口的热点区域主要分布于昌都地区澜沧江流域、拉萨河流域和年楚河流域。随着经济社会的发展，人口热点区域的范围逐渐缩小，特别是昌都地区变化最为显著，从 1982 ～ 2010 年西藏人口热点区域只剩下拉萨市附近县和昌都的察雅县，日喀则市逐渐从热点区域转变为较显著热点区域。西藏人口的冷点区域主要分布在阿里地区，但随着阿里地区人口数量的增加，阿里地区冷点区域逐渐消失，人口分布趋于均衡化发展。

三　西藏人口分布地理加权回归分析

（一）地理加权回归方程

传统的线性回归模型只是对参数进行"平均"或"全局"估计，如果自变量为空间数据，且自变量间存在空间自相关性，就无法满足传统回归模型（OLS 模型）残差项独立的假设，那么用最小二乘法进行参数估计将不再适用。地理加权回归（GWR）模型引入对不同区域的影响进行估计，能够反映参数在不同空间的空间非平稳性。使得变量间的关系可以随空间位置的变化而变化，其结果更符合客观实际，因此本书引入了 GWR 分析。GWR 扩展了传统的回归框架，在全局回归模型的基础上进行局部的参数估计，模型结构如下：

$$y_i = \beta_0(\mu_i, v_i) + \sum_k \beta_k(\mu_i, v_i) x_{ix} + \varepsilon_i \tag{6.7}$$

式中，(μ_i, v_i) 是第 i 个样本空间单元的地理中心坐标，$\beta_k(\mu_i, v_i)$ 是连续函数 $\beta_k(\mu_i, v_i)$ 在 i 样本空间单元的值。本书应用 ARCGIS 9.3 软

---

① 陈雅淑、张昆：《美国纽约州华人的空间分布研究》，《西北人口》2008 年第 5 期。

件中的 GWR 工具来实现 GWR 模型的构建，最优带宽的确定是其中的关键。为了取得最优的带宽，运用了 Fotheringham 等提出的一个准则：使 GWR 模型的 AIC 值最小。相比 OLS 模型，GWR 模型具有以下优点：（1）在处理空间数据时，能够解决 OLS 模型所无法解决的空间自相关问题，模型的参数估计和统计检验更加显著，并且具有更小的残差；（2）每个样本空间单元对应一个系数值，使得模型结果更能反映局部情况，能够还原 OLS 模型所忽略的变量间关系的局部特性；（3）能够通过 GIS 将模型的参数估计值反映在地图上，便于进一步构建地理模型，探索空间变异特征和空间规律。[①] 本节主要通过 2010 年的人口普查数据和年鉴数据，对影响西藏人口密度空间分布的一般规律进行分析，通过前文对西藏人口密度空间分布的空间自相关分析，得到了 Moran's I 指数等于 0.03，Z 值等于 3.31，在 0.01 的显著性水平下通过检验，这说明了西藏人口分布呈现出高度的空间正相关性，各个县的人口密度在空间上并不独立，而是呈现一定的空间集聚特征，这也为 GWR 模型的构建奠定了基础，也为模型结果的有效性提供了必要的保障。

（二）地理加权回归方程分析

衡量人口分布的指标主要有人口密度、人口集中指数、人口分布比例等，其中人口密度作为衡量人口分布状况的指标得到了最为广泛的应用。因此本节使用 2010 年西藏各个县的人口密度作为衡量西藏地区人口分布的指标。影响人口分布的因素有很多，有自然环境因素、经济发展因素和社会发展因素，前文分析影响西藏人口分布的因素包括自然环境、气候、河流和历史社会因素，在垂直方向包括高程、坡度和坡向等，考虑西藏的实际情况，本节选取不同的变量与人口密度进行变量相关性分析。通过分析，剔除了其中与人口密度相关性不显著的变量，剩余的变量包括人均 GDP、城镇化水平、非农业从业人口比重、文盲人口占 15 岁及以上人口比重、高程、坡度、耕地面积和汉族人口占区域人口的比例。这些变量基本可以归于经济发展因素、社会发展因素和自然环境因素三类，变量的基本统计特征如表 6 - 1 所示。

---

① 张耀军、任正委：《基于地理加权回归的山区人口分布影响因素实证研究——以贵州省毕节地区为例》，《人口研究》2012 年第 4 期。

表 6 - 1　不同变量的描述性统计分析

变量	最小值	最大值	平均值	标准差
2010 年人口密度	0.13	506.89	13.05	58.96
人均 GDP（元）	861	27771.57	5839.32	4.81
城镇化水平（%）	2.02	60.33	10.34	10.27
非农从业人口比重（%）	0.33	0.97	0.55	0.11
文盲人口占 15 岁及以上人口比重（%）	12.17	66.22	33.52	12.29
高程（米）	1111	4715	3876.82	602.68
坡度（°）	0.56	74.23	17.76	14.53
农作物播种面积（公顷）	0	12364	3278.29	2808.77
汉族人口比例（%）	0.46	39.64	5.18	7.18

这里以人口密度为因变量，上述的 8 个因素为自变量构建 OLS 模型，分析自变量对因变量的影响程度，首先将自变量全部纳入模型，效果并不理想，只有城镇化水平和坡度两个变量通过了显著性检验，然后通过不断进行变量筛选和组合，只有城镇化和坡度两个变量通过了显著性检验，地理加权回归模型得到了一些优化。通过模型的系数来看，城镇化水平的系数为 3.3，对人口密度的影响最大，城镇化水平每上升一个单位，人口密度上升 3.3 个单位；而坡度的系数为 - 0.23，坡度与人口密度呈负相关关系，坡度每上升一个单位，人口密度减少 0.23 个单位。在 OLS 模型的基础上，对西藏人口空间分布模式进行地理加权回归，模型带宽的计算主要是运用 AICc 的方法来确定空间范围，从模型结果来看 GWR 模型 AICc 信息比 OLS 模型有明显下降，从 778 下降至 763，根据评价标准只要两者之差大于 3，即为最佳宽带，该模型中两者之差超过了该值。与此同时，模型的拟合优度为 0.65，相对于 OLS 模型的拟合优度 0.35 也有了很大的提高。所以从整体上来看，模型的拟合效果较好。

表 6 - 2　地理加权回归模型参数估计及检验结果

模型参数	数值
Bandwidth	283103
Residual Squares	87670
Effective Number	18

续表

模型参数	数值
Sigma	40
AICc	763
R^2	0.65
R^2 Adjusted	0.55

在地理加权回归模型中，每个空间单元都有特定的系数，系数代表了自变量对所在区域人口密度的影响程度。西藏各个县城局部回归模型的标准化残差值的范围在 8.53～3.58，其中在 95% 以上置信区间为 −2.58～2.58，因此这个 GWR 模型的标准化残差值在 5% 的显著性水平下是随机分布的。

从标准化残差空间分布来看，只有 5 个区域（即亚东、日喀则市、乃东、那曲、林芝）的局部回归模型未通过残差检验。进一步对残差进行空间自相关性的检验，得到 Moran's I *Index* = 0.05，*Z* Score = 0.21，残差在空间上完全随机分布，这也说明模型整体的效果很好。

（三）地理加权回归结果分析

1. 西藏各个县城城镇化水平对人口分布影响的空间变异特征

西藏地区各个县城城镇化水平与人口密度都呈正相关关系。从回归系数的空间分布来看，由中间向东西两边回归系数呈逐渐递增的趋势，最大值出现在中部地区，系数都在 6 以上，县城分别为安多县、聂荣县、那曲县、当雄县、班戈县、林周县、城关区、达孜县、墨竹工卡县、桑日县和乃东县，这些地方城镇化水平增长迅速，推动了这些地区人口密度的快速增长，两者的相关程度极高。最小值主要出现在西边的阿里地区和东边的昌都地区。这些地区城镇化水平回归系数比较小，城镇化对人口密度的推动作用比较小，特别是阿里地区自然条件比较恶劣，城镇化对人口的吸引较小，昌都地区虽然自然条件相对比较优越，但是这里属于三江并流区域，河流切割严重，山高谷深，交通不是很便利，不利于大规模的人口集聚，城镇化对人口的拉动力较弱。

2. 西藏不同地区坡度对人口分布影响的空间变异特征

西藏地区各个县城坡度与人口密度并不都是呈现负相关关系。从回归系数的空间分布来看，由雅鲁藏布江中游河谷地带呈扇形向东西两侧回归系数有逐渐递增的趋势，回归系数最小的区域出现于白朗县、江孜县、岗巴县、康马县和亚东县。这些区域回归系数都在 - 1 以下，这些区域坡度与人口密度呈现出较明显的负相关，坡度越小，人口密度越大。回归系数最大的区域出现在西藏的东南部，大部分地区位于林芝地区。在这些地区坡度竟然和人口密度呈现出正相关关系，主要原因是东南部大部分为河谷地带，植被茂盛，山高林密，海拔较低的地方草木茂盛，毒虫猖獗，过热过湿的环境对人体的健康不利，这些区域不适于人类的生存。坡度较高的地方海拔高程相对适中，在河谷两侧山地的中上部位有利于人口的集聚。而在西藏西北部的地区，坡度较高的地方，水草茂盛，适合放牧，人口也相对分布在海拔较高坡度较高的区域。

小　结

从西藏人口分布空间格局来看，空间自相关分析结果显示西藏人口分布呈现出明显的空间集聚状态，人口分布的空间集聚区域主要以拉萨为中心，分布于拉萨河流域。通过对不同时期西藏人口分布的空间自相关分析，西藏人口空间分布的集聚性有所减弱，由人口空间分布的极度不平衡状态向人口分布区域均衡化方向发展。总之，西藏人口分布全局空间自相关指数概括了在一个总的空间模式中的空间依赖程度，并进一步证明了西藏人口分布在整体上具有显著的正自相关，人口密度空间同质性比较明显。

对于人口地理中的其他影响因素，人口出生率和人口死亡率也表现出空间集聚模式，不过一些时期会回到随机分布模式。藏族人口也存在着空间关联模式，藏族人口空间的集聚性在减弱，更趋于均衡发展，人口再分布的力度在加大。汉族人口比例也表现为空间集聚模式，林芝地区是汉族人口分布的热点地区。从西藏常住人口数量的热点分析来看，西藏人口的热点区域主要分布于昌都地区澜沧江流域、拉萨河流域和年楚河流域。随着经济社会的发展，人口热点区域的范围逐渐缩小，特别是昌都地区变化最为显著，1982～2010 年西藏人口热点区域只剩下拉萨市附近的县和昌都

的察雅县，日喀则市逐渐从热点区域转变为较显著的热点区域。西藏人口
的冷点区域主要分布在阿里地区，但随着阿里地区人口数量的增加，其冷
点区域也逐渐消失，人口分布趋于均衡化发展。

　　在西藏人口空间分布的影响因素中，西藏城镇化和坡度对西藏人口分
布模式具有重要影响。从回归方程不同地区城镇化系数来看，西藏中部地
区城镇化的发展能够带动西藏城镇化的整体发展，吸引大量的人口在此集
聚，而阿里地区和昌都地区城镇化的推进对人口集聚影响相对较弱。从回
归方程坡度系数来看，坡度对西藏人口影响最大的区域主要分布于尼洋河
流域和怒江流域上游至那曲一带，羌塘高原一带受坡度的影响较大，而受
坡度影响较小的区域主要分布于亚东至日喀则市这一区域。

第七章　西藏城镇空间格局及其演化机制

在距今四五千年前，西藏就已经出现有一定人口集聚的城镇，随后的历史时期西藏的中心城镇在山南、拉萨和日喀则之间不断变迁，从而形成了西藏城镇空间格局的总体特征。西藏和平解放以来，城镇经历了快速的发展时期，形成了很多规模不等的小城镇，近年来随着国家的投资和西藏经济的快速发展，西藏城镇化在不断加快。从全国范围上来看，西藏的城镇化水平还比较低，城镇规模较小，数量较少，区域发展还不平衡。如何构建合理的城镇体系格局，实现西藏城镇空间格局优化，是解决西藏城镇化发展所面临的主要问题。本章拟从西藏城镇体系规模结构和西藏城镇空间结构两方面，对西藏人口空间格局进行探索研究。

一　西藏城镇人口规模分布

（一）国内外城镇体系规模分布研究进展

城镇体系（Urban System），也称为城市体系或城市系统，是指在一个相对完整的区域或国家以中心城市为核心，由一系列不同等级规模、不同职能分工、相互密切联系的城镇组成的系统。[1] 早在 1939 年，马克·杰斐逊（M. Jefferson）就对城镇规模体系展开了理论探讨，并发现了城市首位律；1950 年邓肯（O. Duncan）在其著作《大都市和区域》中首先明确提出"城镇体系"的概念，并阐明了城镇体系研究的实际意义。20 世纪 70 年代城镇体系的研究不断深入，1970 年美国学者贝里和霍顿（F. Horton）的《城镇体系的地理学透视》和 1975 年加拿大学者伯恩（L. Bourne）和

---

① 许学强、周一星、宁越敏：《城市地理学》，高等教育出版社，1997。

西蒙斯（L. Simmons）的《城镇体系：结构发展与政策》集中反映了这一时期城镇体系的研究水平。① 随着世界经济一体化的发展，学者们开始从全球的视角来研究全球的城镇体系格局和城市职能的演化。

我国有关城镇体系方面的研究起步较晚。20 世纪 50 年代梁思成发表《市镇的体系秩序》一文，城镇体系研究初现端倪。此后一段时期城镇体系方面的研究处于空白状况，直到 20 世纪 80 年代城镇体系方面的研究才明显增多，并涌现出一批地理学家，许学强、陆大道、杨吾杨、顾朝林、周一星等学者在这方面的研究最具代表性，其中陆大道的点—轴渐进式扩散理论后来成为我国空间发展战略的主体思想。在 21 世纪我国城镇体系方面的研究不断增多，成果不断涌现，不少学者运用重力模型、分形模型等数学模型和方法对我国城镇体系空间体系格局进行研究。

西藏的城镇化水平一直比较低，目前国内的学者对西藏城镇化有相当多的研究，从西藏城镇发展的历史、发展战略、城镇化动力机制、乡村城镇化、城镇可持续发展和青藏铁路对西藏城镇化影响等方面对西藏城镇化的发展进行了有益探索。② 由于西藏城镇数量少、规模小，西藏城镇体系方面的研究也比较少，其中，魏伟等从历史角度梳理了藏区中心城市的演变及格局，揭示出藏区中心城市以宗山和寺庙为中心发展的特征③；张保见认为民国时期西藏地方商业格局仍然集中于农业区、农牧结合处和交通沿线，在旧有城镇格局的基础上，城镇分布有较大的变化④；钟祥浩等对西藏小城镇体系发展现状与问题进行了分析，并对西藏小城镇空间布局进

① 参见崔功豪、魏清泉、陈宗兴《区域分析与规划》，高等教育出版社，1999，第 348 ~ 349 页。

② 参见汪科《西藏高原城镇建设》，《城市发展研究》1999 年第 4 期；王小彬《西藏城镇发展研究》，《小城镇建设》2002 年第 6 期；王礼茂、方叶兵《青藏铁路建设对沿线经济结构和经济布局的影响》，《经济地理》2005 年第 1 期；樊杰、王海《西藏人口发展的空间解析与可持续城镇化探讨》，《地理科学》2005 年第 4 期；李涛《西藏乡村城市化分析——兼论麦基的亚洲城市化模式（Desakota）》，《西藏研究》2005 年第 1 期；梁书民、厉为民、白石《青藏铁路对西藏城市（镇）发展的影响》，《城市发展研究》2006 年第 4 期；蒋彬《论西藏农村剩余劳动力向小城镇的转移》，《西南民族学院学报》（哲学社会科学版）2002 年第 9 期；普布次仁《城市化与西藏城镇发展刍议》，《中国藏学》1995 年第 3 期。

③ 魏伟、李博寻、焦永利：《藏区中心城市的演变及格局研究》，《建筑学报》2007 年第 7 期。

④ 张保见：《民国时期（1912 ~ 1949）西藏商业及城镇的发展与布局述论》，《中国社会经济史研究》2011 年第 3 期。

行了研究[①]；吕霜等利用数学方法对西藏城镇体系的空间分布进行了分析，研究表明西藏的城镇体系在空间分布上总体表现为向东南方向偏离。[②] 西藏城镇体系方面的研究还比较薄弱，主要是从空间布局方面对西藏的城镇进行研究，从人口规模方面对西藏城镇的研究还较少，需要进一步加强。

（二）城镇体系规模分布理论模式

1. 城市首位律

1939 年马克·杰斐逊对不同国家城市规模分布规律进行了概括，发现了城市首位律。杰斐逊分析了 51 个国家（其中 6 个国家为不同时期）的情况，列出了每个国家前三位城市的规模和比例关系，其中 1936 年中国前三大城市的比率为 100∶44∶37。通过研究发现，其中有 28 个国家的最大城市是第二位城市人口的两倍以上，有 18 个国家大于第二位城市三倍以上。杰斐逊认为这种现象已经构成了一种规律性的关系，并把这种在规模上与第二位城市保持巨大差距，吸引了全国城市人口的很大部分，在国家政治、经济、社会、文化生活中占据明显优势的城市定义为首位城市（Primate City）。[③] 城镇首位律作为城镇体系规模分布规律的概括，其核心内容就是研究首位城市的相对重要性，即城市首位度。城市首位度在一定程度上代表了城镇体系中城镇发展要素在最大城市的集中程度，成为衡量城镇规模分布状况的一种常用指标，一般定义认为在城镇体系中最大城市与第二位城市人口的比值，即为城市的首位度，也称 2 城市指数，其计算公式为：

$$2\ \text{城市指数}\quad S = P1/P2 \tag{7.1}$$

尽管 2 城市指数在一定程度上代表了城镇体系中城镇人口在最大城市的集中程度，容易理解和计算，但有时不能够全面反映城镇规模分布的特点。为了改进城市首位度两城市指数的简单化，在 2 城市指数的基础上，有人提出了 4 城市指数和 11 城市指数，其计算公式为：

---

① 钟祥浩、李祥妹、王小丹等：《西藏小城镇体系发展思路及其空间布局和功能分类》，《山地学报》2007 年第 2 期。

② 吕霜、曾艳、张丹：《基于数学方法分析西藏城镇体系空间分布特征的研究》，《安徽农业科学》2008 年第 9 期。

③ M. Jefferson, "Why Geography? The Law of the Primate City," *Geographical Review*, 1989, 79 (2): 226 – 232. 参见许学强、周一星、宁越敏《城市地理学》，高等教育出版社，1997。

$$4 \text{ 城市指数} \quad S = P1 / (P2 + P3 + P4) \tag{7.2}$$
$$11 \text{ 城市指数} \quad S = 2P1 / (P2 + P3 + \cdots + P11) \tag{7.3}$$

其中 P1，P2，…，P11 为城市按规模从大到小排序后，某位序城市的人口规模。按照位序—规模的原理，所谓正常的 4 城市指数和 11 城市指数都应该是 1，而两城市指数应该是 2。尽管 4 城市或 11 城市指数更能全面反映城市规模的特点，但有些研究也表明它们并不比 2 城市指数有显著优势。事实上，两种方法的结果有很大的相关性，一般情况下选用 2 城市指数方法，显得更为简单实用。

2. 位序—规模律

位序—规模法则是指按人口规模排序后，从城市的规模和城市规模位序的关系来考察一个城市体系的规模分布。最早是 1913 年奥尔巴赫（F. Auerbach）在研究五个欧洲国家和美国的城市人口资料时，发现所有城市按照人口规模排序后，城市人口规模和城市位序的乘积为常数。

$$P_i \times R_i = K \tag{7.4}$$

式中，P_i 是一国城市按照人口规模从大到小排序后第 i 位城市的人口数；R_i 是第 i 位城市的位序；K 是常数。

在此基础上，1925 年罗特卡（A. J. Lotka）更好地拟合美国 1920 年 100 个最大城市的模式，其最大的贡献在于对位序变量允许有一个指数，其一般公式为：

$$P_i = P_1 R_i^{-q} \tag{7.5}$$

式中，P_i 是第 i 位城市的人口；P_1 理论上是规模最大城市的人口；R_i 是第 i 位城市的位序；q 是常数。

此后，1936 年在辛格（H. W. Singer）的研究中才出现一般转换公式：

$$\text{Log } P_i = \text{Log } K - q \text{ Log } R_i \tag{7.6}$$

1949 年捷夫（G. K. Zipf）提出在经济发达国家里，一体化的城市体系的城市规模分布可用简单的公式表达：

$$P_i = P_1 / R \tag{7.7}$$

式中，P_i 是第 i 位城市的人口；P_1 理论上是规模最大城市的人口；R

是城市的位序。这样一个国家的第二位城市的人口是最大城市人口的一半，第三位城市是最大城市人口的 1/3，依次类推。这样的位序—规模分布的图解点，表示在双对数坐标图上时，就成为一条直线。此外帕累托（Pareto）分布模式也较为常用：

$$N(r) = Cr^{-D} \tag{7.8}$$

式中，r 表示用于测量区域城镇的门槛人口规模，$N(r)$ 表示人口超过门槛规模的城镇累计数，C 为常数。

3. 分形理论

分形理论产生于 20 世纪 70 年代中期，1967 年数学家曼德布罗特（B. B. Mandelbrot）在《科学》杂志发表的一篇论文《英国海岸线有多长》标志着分形理论的诞生。随后 1975 年，曼德布罗特又发表专著《分形：形态、机遇和维数》，将分形定义为分形是局部与整体在某种意义下存在相似性的形状。自相似性是自然界中普遍存在的一个规律，在众多领域中有着广泛的运用，在分析空间复杂性方面具有不可替代的作用。在分形理论的创生过程中曼德布罗特曾探讨过城市位序—规模分布的分形维性质。20 世纪 80 年代前期，M. Batty 受分形海岸线问题的启示，研究了英国加的夫市的边界线，发现城市边界具有分形特征，并且计算了不同年份的分形维数，借此揭示了加的夫市演化过程的许多地理信息。同年，S. L. Arlinghaus 研究了 Christaller 的中心地体系，发现中心地模型具有分形几何结构。

设想一个区域，假设其中分布若干城市；由于城市与乡镇之间没有明显的界限，可以设置一个人口尺度 r 进行度量（r 用人口数量表示）。显然，改变人口尺度，区域城镇的数目 $N(r)$ 也会改变，当 r 由大变小时，$N(r)$ 不断增大，当满足关系式：

$$N(r) \propto r^{-D} \tag{7.9}$$

即区域城镇累计数与人口尺度成负幂律分布时，可以认为城镇规模分布为分形。类比于 Huasdorff 维数公式可知，式中 D 为分维数，它在一定时期内为常数。式（7.9）正是城镇规模分布的 Pareto 形式，所以 Pareto 分布事实上是一个分形维模型。将 Pareot 分布和 Zipf 分布进行比较就可以推导出：$q = 1/D$ 因此，Pareto 分布和 Zipf 分布本质上是相同的，故 Zipf 分布也为一分维模型，指数 q 被称为 Zipf 维数。Zipf 公式是根据实际经验得出的经验公式，人们一直对参数 q 的意义大惑不解，直到分形理论出现后，地理工作者才意识到它的分维数含义：当 $D>1$ 即 $q<1$ 时，城镇体系的人口分布比较均匀，城镇规模分布较为集中，中间位序的城镇发育。当 $D<1$ 即 $q>1$ 时，城镇体系的人口分布差异度较大，城镇规模分布较为分散，首位城市的垄断性较强。

（三）西藏城镇体系规模等级结构演化特征

1. 西藏城镇发展的历史

西藏城镇的发展有着悠久的历史，通过考古发掘，发现了在四五千年前西藏昌都地区出现的卡若文化遗址，可能就是西藏原始城镇的雏形。随后在古象雄时期阿里地区出现了著名的都城穹窿银城，而在 12 小邦 24 邦国时期，西藏又出现了许多城堡，特别是苏毗王国的崛起加快了拉萨地区都城的建设。西藏城镇发展的重要时期是吐蕃王朝时期。吐蕃王朝时期是以农业经济逐步取代游牧经济的时期，而山南地区是西藏农业经济的起源地，较大的城镇聚落首先在山南兴起，随着西藏中心城市转移至拉萨，拉萨逐步成为西藏的政治、经济、文化和宗教中心，西藏的城镇也开始快速发展。吐蕃王朝以后，西藏进入长期的政治混乱时期，西藏的政权不断在山南、拉萨和日喀则之间转换，这也造成了西藏中心城镇不断在这些地区转换，间接地促进了西藏城镇的均衡发展。这时西部的阿里地区和东部的昌都地区城镇也获得了发展，此时西藏形成了城镇的基本空间格局，这种城镇格局一直影响至今。

元明清时期，西藏城镇的基本空间格局变化不大，特别是在清朝时期那曲、江孜和日喀则逐步发展起来，一些边境的口岸逐步发展成为小城镇。民主改革后西藏的城镇发展经历了快速发展时期，至 1982 年人口普查时，西藏的城镇主要有一市九镇。随着西藏不断加大小城市建设力度，大力推进城镇化发展，至 2005 年西藏逐步形成以拉萨为中心、地区所在地城镇为次中心、县城所在地城镇和重点口岸为基础的三级城镇体系。[①] 截至目前，西藏已发展形成 2 个市、71 个县城、140 个镇、542 个乡这样的城镇体系。根据城镇化发展的一般规律，城镇化增长规律遵守逻辑斯蒂曲线，城镇化发展过程一般需要经过初期缓慢增长、中期快速增长和后期再

---

① 西黔：《西藏自治区三级城镇体系建成》，《城市规划通讯》2005 年第 4 期。

减慢增长的阶段。2010 年西藏的城镇化率为 25%，城镇化率已经接近 30%，西藏城镇化将要迈进快速增长阶段，大量的乡村人口将进入城镇，从事第三产业，因此加大对西藏城镇体系和城镇空间格局的研究，有助于解决西藏城镇发展过程中所遇到的问题。

2. 西藏城镇首位度分析

由于西藏政治、经济、文化的变化，西藏历史上中心城市主要分布于现在的拉萨地区、日喀则地区和山南地区，以拉萨、日喀则和泽当为代表，不过拉萨在很长的时期都占据着西藏中心城镇的位置。1982 年人口普查时，西藏人口超过 1 万的城镇包括拉萨市区、昌都城关镇、日喀则镇和那曲镇，其中山南的泽当镇人口接近 1 万。依据人口普查资料，1982 年西藏城市的首位度为 5.25，拉萨市在西藏的城镇体系中处于绝对垄断的地位，占据着西藏大部分的人口、政治经济资源。1986 年 12 月 12 日，国务院批准撤销日喀则县，设立日喀则市，日喀则城市的发展获得了快速的增长，城镇建设面积不断扩大，吸引了大量人口快速集聚。至 1990 年按非农户口计算，拉萨的城镇人口数量为 9.93 万，日喀则人口数量为 2.19 万，西藏的城市首位度降低至 4.53，城镇之间的差距在逐步缩小。至 2000 年第五次人口普查时，拉萨的城镇人口数量达到了 13.54 万，日喀则为 3.03 万左右，城市的首位度为 4.46，四城市指数为 2.06，城市的首位度在逐步降低，城镇之间的差距进一步缩小。至 2010 年第六次人口普查时，拉萨市的非农人口数量为 16.78 万，日喀则为 4.39 万，城镇的首位度降低至 3.82，四城市指数为 1.95。一般理论上来说，城市首位度较合理的指数是 2，指数在 2~4 属于中度首位分布，指数大于 4 为高度首位分布。从西藏和平解放 60 多年来西藏城镇化发展的历程可以看出，西藏城市的首位度在不断降低，从高度首位分布降至中度首位分布，特别是 2000 年之后西藏的城市首位度降幅较大，城镇之间逐步向均衡的方向发展，城镇体系规模分布逐步趋向合理。

3. 西藏城镇体系的分形特征

一个区域的城镇体系一般都具有分形的特征。本研究利用西藏 73 个县的非农业人口作为研究变量，由于统计资料的限制和统计口径的问题，一般的统计没有可对比性，而非农业人口大体上能反映城市化水平，大多数研究学者都以非农业的人口数的指标来反映城市化的水平。首先按照人口数量的大小对西藏 2000 年和 2010 年 73 个县的非农人口数据进行排序，然后利用 Zipf 公式对西藏自治区的城镇人口规模做分位测量计算，分别得到西藏城镇规模人口分布捷夫曲线和西藏城镇规模分布双对数坐标图。

从捷夫曲线可以看出，西藏的城镇规模分布与捷夫曲线有一定的差异，特别是中等城镇人口规模大大低于理论值，在捷夫曲线之下。2000 年和 2010 年西藏城镇规模分布的 Zipf 指数分别为 1.03 和 0.97，在双对数坐标图上可以看出 lnP 与 lnR 具有较强的线性相关关系，相关系数分别高达 0.95 和 0.94，在 0.01 置信水平下完全的显著。

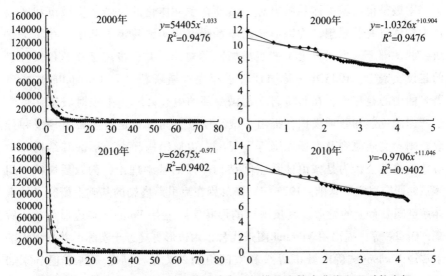

图 7-1　2000 年和 2010 年西藏城镇人口规模位序捷夫曲线和双对数坐标

从西藏城镇人口规模位序捷夫曲线和双对数坐标图可以看到西藏的城镇体系表现出典型的分形特征。Zipf 指数的倒数值即为分形维，根据分形维数的含义，2000 年分形维数 D 值为 0.97 小于 1，西藏城镇体系的人口分布差异度较大，拉萨市的首位城市垄断性较强，城镇规模分布较为分散。2010 年分形维数 D 值为 1.03 大于 1，西藏城镇体系的人口分布比较均匀，城镇规模分布较为集中，中间位序的城镇发育。双对数线性回归的常数项代表了城镇体系结构容量，2000～2010 年常数值由 10.90 上升至 11.05，这说明随着西藏经济社会的发展，西藏城镇体系的结构容量在不断增强，城镇规模总体在不断扩大。分形维数 D 值能够反映城镇规模分布的阶段性变化，2000～2010 年分形维数 D 值在不断增大，拉萨市的垄断性在逐步降低，中间位序的城镇在不断增长，城镇向均衡方向发展，但西藏小城镇发展还不完善，今后还需进一步加大中间位序城镇的人口规模。

二 西藏城镇空间格局演化过程及特征分析

（一）国内外城镇体系空间格局研究进展

城镇体系研究是空间区域发展的客观要求，二战后城镇体系的研究迅速发展起来。1898年，英国霍华德（E. Horward）在《明日的花园城市》一书中最早提出城镇体系的思想，倡导城乡一体化的原则，将城市和区域作为整体研究的思想，为以后城镇体系研究和实践奠定了基础。在霍华德研究的基础上，恩温提出了"卫星城"的概念，并逐步用于欧洲各大城市的建设实践中。1933年，德国地理学家克里斯塔勒（W. Christaller）提出著名的中心地理论，在其所著《德国南部的中心地》一书中对城镇体系做了严谨的论述和数理模拟，提出了城镇体系空间分布是按照城镇等级和行政原则、交通原则及市场原则等呈现出六边形结构和六边形嵌套结构。中心地理论被公认为是城镇体系空间结构严谨的基础理论，为以后城镇空间体系的研究奠定了基础。1975年，诺瑟姆在克里斯塔勒的基础上研究了城市体系空间分布上的变形，其反映出的形状实际上是 Voronoi 多边形形状。后来，Okabe 等也提出用 Voronoi 图来代替正六边形更接近于实际，并提出了基于常规 Voronoi 图确定城市等级和空间组织的方法。同时一些地理学家如 S. L. Arlinghaus 在克里斯塔勒的中心体系中，发现了中心地模型具有分形几何结构。M. Batty 和 P. A. Longley 在其著作《分形城市》中对城市形态的发育、土地利用的形态等做了细致的归纳和总结，掀起了分形研究的热潮。对于城市体系空间格局的演变和演化机制，学者们也有不同的见解，如赫希曼（A. Hisehnlan）等人的"极化增长学说"，罗斯托（W. W. Rostow）的"经济增长阶段学说"，弗莱德曼（Frideman）的"核心—边缘"模式及其模拟的城镇体系形成过程学说，佩鲁（E. Perroux）的"增长极"理论，戈特曼提出的著名的"大都市带"理论，哈格斯特朗提出的现代空间扩散理论等，这些理论揭示了空间扩散有多种形式，加深了城市群空间格局机制的研究。

20世纪末，发达国家的一些学者对城市群的研究开始从空间格局的演化转变为对自然资源最大限度集约利用的研究，研究范围也逐渐从某个地区、某个国家转变为地区之间、国家之间以及全球范围；并且从这时期开始，以信息技术为标志的科技革命和全球经济一体化极大地促进了城市群空间格局的研究，特别是空间信息技术等对于研究城镇动态变化等具有得天独厚的条件。

（二）DMSP/OLS 数据在城市空间研究中的作用

1976 年美国的国防气象卫星计划 DMSP（Defense Meteorological Satellite Program）属于美国国防部极轨卫星项目，卫星搭载 OLS（Operational Linescan System）传感器，项目由空间太空与导弹系统中心负责管理。该卫星与太阳同步轨道，运行高度约为 830 千米，扫描宽度为 3000 千米，每天绕地球飞行 14 圈，可得到四次全球覆盖图。每个 OLS 传感器每天能获取覆盖全球黑夜和白天的图像，整个系统能提供全球黎明、白天、黄昏和夜晚四个时间段的观测数据。OLS 传感器最初是为气象目的设计，用于探测月光照射下的云，后来由于其具有很强的光电放大能力，因此逐渐被应用于探测城镇灯光、极光、闪电、渔火、火灾等地表活动。[1] DMSP/OLS 在夜间工作，能探测到城市灯光甚至小规模居民地、车流等发出的低强度灯光，并使之区别于黑暗的乡村背景，因此 DMSP/OLS 夜间灯光遥感数据可用于人类活动的表征，成为检查研究人类活动的良好数据源。DMSP/OLS 夜间灯光遥感数据空间分辨率通常为 1 千米左右，数据量较小，但数据处理更加方便快捷，更加适合大尺度城镇化过程的动态研究。DMSP/OLS 夜间灯光数据能够反映综合性信息，包括交通道路、居民地等以及人口、城市扩展和经济发展等相关信息。

目前 DMSP/OLS 夜间灯光遥感数据主要用于城镇扩展研究、人口密度模拟、经济发展水平、能源消耗、生态环境等方面。C. P. Lo 通过夜间灯光数据对我国的人口规模进行了预测，预测结果相对的准确；Henderson 对 DMSP/OLS 灯光频率图像采用 6%、80% 的观测频率阈值，对 DMSP/OLS 辐射定标灯光强度图像采用 1、20 的阈值，找到最优阈值来提取城镇边界，以 Landsat TM 图像中提取的城市边界为标准做精度评价，探讨了旧金山、北京、拉萨等不同发展水平的城市的边界问题。Sutton 等人利用 1994～1995

---

① 王鹤饶、郑新奇、袁涛：《DMSP/OLS 数据应用研究综述》，《地理科学进展》2012 年第 1 期；杨眉、王世新、周艺等：《DMSP/OLS 夜间灯光数据应用研究综述》，《遥感技术与应用》2011 年第 1 期。

年的稳定灯光产品估算人口密度；Imhoff 等人用它估计城市面积和城市扩张对土壤资源的影响；Elvidge 等发现了各国家的灯光面积与国内生产总值（GDP）高度相关性。A. C. Townsend 利用夜间灯火数据研究澳大利亚的电力消费与人口分布，不断精确的夜间灯光数据能够反映人口中心和经济中心的位置。

国外学者越来越多地利用夜间灯光数据对城镇化问题进行相关的研究，而我国在这方面的研究则开始较晚。邹尚辉介绍了美国学者利用夜间灯光数据来估算人口的方法。[①] 2003 年陈晋、卓莉等人利用 DMSP/OLS 非辐射定标夜间灯光平均强度数据的特点，建立灯光指数来反映我国城市化特征。[②] 此后利用夜间灯光数据来研究城市的文献开始增多，主要研究方面包括人口方面[③]、城市扩展和城市化[④]、区域温度

① 邹尚辉：《城市人口的遥感估算方法》，《环境遥感》1991 年第 3 期。

② 陈晋、卓莉、史培军等：《基于 DMSP/OLS 数据的中国城市化过程研究——反映区域城市化水平的灯光指数的构建》，《遥感学报》2003 年第 3 期。

③ 曹丽琴、李平湘、张良培：《基于 DMSP/OLS 夜间灯光数据的城市人口估算——以湖北省各县市为例》，《遥感信息》2009 年第 1 期；卓莉、陈晋、史培军等：《基于夜间灯光数据的中国人口密度模拟》，《地理学报》2005 年第 2 期；王雪梅、李新、马明国：《基于遥感和 GIS 的人口数据空间化研究进展及案例分析》，《遥感技术与应用》2004 年第 5 期。

④ 王翠平、王豪伟、李春明等：《基于 DMSP/OLS 影像的我国主要城市群空间扩张特征分析》，《生态学报》2012 年第 3 期；徐梦洁、张俊凤、陈黎等：《长三角城市群空间扩张的模式、类型与效益》，《城市问题》2011 年第 9 期；徐梦洁、陈黎、刘焕金等：《基于 DMSP/OLS 夜间灯光数据的长江三角洲地区城市化格局与过程研究》，《国土资源遥感》2011 年第 3 期；杨眉、王世新、周艺等：《基于 DMSP/OLS 影像的城市化水平遥感估算方法》，《遥感信息》2011 年第 4 期；杨洋、何春阳、赵媛媛等：《利用 DM SP/OLS 稳定夜间灯光数据提取城镇用地信息的分层阈值法研究》，《中国图象图形学报》2011 年第 4 期；阴英超：《基于 DMSP/OLS 灯光数据的新疆天山北坡经济带城市化研究》，新疆大学硕士学位论文，2010；张雪峰：《内蒙古城市化空间扩展的遥感监测研究》，内蒙古师范大学硕士学位论文，2010；黄涛：《呼包鄂城市群城市化遥感监测及其模拟预测》，内蒙古师范大学硕士学位论文，2010；王跃云、徐昀、朱喜钢：《江苏省城镇建设用地扩展时空格局演化——基于 1993、1998、2003 年度夜间灯光数据的分析》，《现代城市研究》2010 年第 2 期；卓莉、李强、史培军等：《20 世纪 90 年代中国城市用地外延扩展特征分析》，《中山大学学报》（自然科学版）2007 年第 3 期；李景刚、何春阳、史培军等：《基于 DMSP/OLS 灯光数据的快速城市化过程的生态效应评价研究——以环渤海城市群地区为例》，《遥感学报》2007 年第 1 期；何春阳、史培军、李景刚等：《基于 DMSP/OLS 夜间灯光数据和统计数据的中国大陆 20 世纪 90 年代城市化空间过程重建研究》，《科学通报》2006 年第 7 期；卓莉、李强、史培军等：《基于夜间灯光数据的中国城市用地扩展类型》，《地理学报》2006 年第 2 期；何春阳、李景刚、陈晋等：《基于夜间灯光数据的环渤海地区城市化过程》，《地理学报》2005 年第 3 期。

变化[①]、能源消费[②]、经济方面[③]、生态方面[④]。由于 DMSP/OLS 数据空间分辨率相对较低，数据往往不能直接提供城市空间格局信息，如何利用 DMSP/OLS 快速提取城镇空间格局信息，研究城镇体系的动态变化，已成为当前众多研究的焦点问题。

（三）西藏城镇空间信息提取

本节所用数据为美国军事气象卫星 DMSP/OLS 中的夜间平均稳定灯光数据，影像的空间分辨率为 1 千米，像元灰度值（DN）在 0 ~ 63 之间，该数据包括城市及居民地的稳定灯光，需要把云以及火光等偶然噪声消除，这些背景噪声用零来进行替代。尽管所用的夜间灯光数据已消除了云、月光、火光等噪声，但数据中仍存在一些非城镇化像元的光噪声和光溢出等，为了消除这些非城镇化的光噪声，确定真实稳定的城市像元，需要对夜间灯光数据进行预处理，以便确定城镇建成区提取的阈值。本书主要利用提取阈值的方法来研究西藏的城镇化、西藏的城镇扩展和西藏城镇体系的空间格局。

确定阈值的方法主要有经验阈值法、突变检测法、数据比较法和分层阈值法等。由于西藏的城镇化水平比较低，城镇化的发展阶段也不一样，空间发展也不平衡，如果只采用一个阈值，会漏掉一些小城镇。根据以前的研究，M. Henderson 利用夜间灯光数据对拉萨的城市边界进行了提取，利用 Landsat TM 影像对比，夜间灯光数据的阈值 DN 大于或等于 19 时，可以获得拉萨的最优边界，城市面积误差在 1.4%。[⑤] 全国城镇用地信息的分层阈值法研究表明西藏的城镇边界夜间灯光数据的阈值 DN 大于等于 9

---

① 谢志清、杜银、曾燕等：《长江三角洲城市带扩展对区域温度变化的影响》，《地理学报》2007 年第 7 期。

② 李通、何春阳、杨洋等：《1995 ~ 2008 年中国大陆电力消费量时空动态》，《地理学报》2011 年第 10 期。

③ 韩向娣、周艺、王世新等：《基于夜间灯光和土地利用数据的 GDP 空间化》，《遥感技术与应用》2012 年第 3 期。

④ 李景刚、何春阳、史培军等：《基于 DMSP/OLS 灯光数据的快速城市化过程的生态效应评价研究——以环渤海城市群地区为例》，《遥感学报》2007 年第 1 期。

⑤ M. Henderson, E. T. Yeh, P. Gong et al., "Validation of Urban Boundaries Derived from Global Night-time Satellite Imagery," *International Journal of Remote Sensing*, 2003, 24（3）：595 - 609.

时，可以获得最佳的效果，与城镇用地统计数据相比，城镇面积误差在 -0.36%。[1] 在前面研究的基础上，通过对比 1992 年、2000 年、2006 年和 2010 年的夜间灯光数据，并和城镇统计面积数据作对比，发现夜间灯光数据阈值 DN 大于等于 6，能够很好地提取出西藏的小城镇，误差也较小，但是对于拉萨这样的大城市误差相对较大，但对于研究四个时期城镇的变化则影响不大。

（四）西藏城镇用地扩展分析

夜间灯光数据能够间接反映一个区域的经济发展水平和城镇化水平，从 2010 年夜间灯光数据上可以看出，西藏的经济社会发展还比较落后，相对于我国和印度的一些大城市，拉萨市的灯光明显黯淡，城镇化的发展具有很大的提升空间。西藏所处的地理位置、战略地位十分重要，对于沟通我国与印度这两大发展中国家的经贸联系具有便利条件，同时这也会为西藏未来城镇化的快速发展提供某种机遇。

现在西藏的城镇化水平已经接近 30%，未来 30 年是西藏城镇化的快速发展时期，人口数量也将快速增长，大量的农村人口将转移到城镇，这对生态比较脆弱的西藏来说是一个挑战。由于西藏处于高海拔高寒地区，西藏的农业用地和城镇主要位于河谷地带，河谷相对来说比较狭小，对于城镇建设和基础设施的配置都产生了不利的影响，因此不可能建立特别庞大的城市来容纳更多的人口，只有通过建立合理的城镇体系，通过大量的小城镇建设来吸纳人口，从而降低大城市面积过大对资源环境的压力。大中小城镇配置合理的城镇体系，通过便捷的交通连接起来，能够发挥出整体的规模效益。

由于美国军事气象卫星 DMSP/OLS 网站上提供的夜间灯光数据最早的年份为 1992 年，因此本书主要利用 1992 年、2000 年、2006 年和 2010 年四个时期的夜间灯光数据来对西藏城镇面积空间扩展进行分析。选择 2006 年的夜间灯光数据主要是为研究青藏铁路开通后，西藏城镇数量的变化和城镇的扩展状况。首先利用 ARCGIS 软件对这四个时期的夜间灯光数据进行重分类，灯光强度值 DN≥6 的区域为城镇区域，<6 的为非城镇区域，

① 杨洋、何春阳、赵媛媛等：《利用 DMSP/OLS 稳定夜间灯光数据提取城镇用地信息的分层阈值法研究》，《中国图象图形学报》2011 年第 4 期。

然后计算出西藏城镇区域的面积，对西藏城镇区域进行统计，由于灯光强度值具有标度不变性，因此可以利用灯光强度值为标准，进行西藏城镇扩展的时期对比分析。

1992 年，西藏地区能够显现出灯光的城镇有拉萨市、林芝、日喀则、乃东、昌都和那曲，其中那曲镇只能显现微弱的灯光。到 2000 年又有 10 个镇的灯光能够显现，其中包括阿里的狮泉河镇、察隅、墨竹工卡和江孜。值得注意的是江孜，这个西藏曾经的第三大城镇和历史文化名城，城市发展经历过停滞后又开始发展起来，不过相较西藏其他的城镇，江孜还是远远落后。到 2006 年又增加了 3 个镇，不过这一时期有的城镇因为经济发展缓慢等原因灯光不再显现，有的城镇因为经济发展快而显现出来。这一时期，日喀则地区经济发展迅速，日喀则城市面积上升至第二位，排在拉萨之后，而江孜城镇面积扩展最快，排在第七位，位于那曲之后。到 2010 年，西藏地区城镇的面积大大扩展，能够显现灯光的城镇又增加了 50 个，增至 69 个城镇。这个时期城镇快速扩展，主要是因为 2006 年青藏铁路的建成，大大加快了西藏与内地的联系，国家投资和经济的快速增长带动了西藏城镇的发展。那曲镇由于处于青藏铁路沿线，这一时期城镇面积扩展迅速，已经从 1992 年的第六位上升至第二位，铁路对铁路沿线的城镇化拉动作用可见一斑。这一时期林芝的经济发展也比较迅速，而日喀则和山南地区的经济发展相对缓慢，昌都地区的城关镇则一直保持在第五位。

本节主要利用阈值法来提取夜间灯光数据上西藏的城镇信息，夜间灯光数据 DN 值大于 6 的地区为西藏城镇地区，DN 值小于 6 的地区为乡村地区。根据 DN 值，利用 ARCGIS 对西藏不同时期的夜间灯光数据进行重分类，然后将西藏不同时期城镇面积的遥感数据转化为矢量数据，进而计算出西藏不同时期城镇的面积，分析出不同时期西藏城镇用地的面积扩展情况。

表 7-1　西藏不同时期城镇用地面积扩展情况

单位：%

年份	1992~2000	2000~2006	2006~2010
市区面积	1.08	0.28	0.78
镇面积	5.41	0.05	3.49

为了便于对比分析，将西藏的城镇进行分类。目前西藏地区包括拉萨

市和日喀则市两个市，阿里、那曲、林芝、山南和昌都五个地区①，因此将拉萨市和日喀则市的城市扩展归类为市区面积，将剩下县城和镇的用地扩展归为镇的面积。从不同时期西藏城镇用地面积扩展情况可以看出，无论是西藏的市区面积或者是镇面积，其城镇扩展速度都经历了快速扩展（1992～2000年）、缓慢扩展（2000～2006年）和再快速扩展阶段（2006～2010年）这三个时期。在快速扩展阶段（1992～2000年）相较市，镇的扩展速度要快，而在缓慢扩展阶段，市的扩展速度要大于镇的扩展速度，在2006～2010年短短的四年西藏城镇面积扩展迅速，主要是因为青藏铁路的开通，对于西藏的城镇化具有推动作用。由于目前西藏处于城镇化发展的早期阶段，城镇的发展方式以扩展为主。

（五）西藏城镇空间格局分形特征分析

城镇空间格局作为一个复杂系统，具有自相似性，说明有种隐含规则支配着城镇空间格局的自组织演化。研究城镇空间格局的自组织演化通常是通过分析城镇的分形特征来分析的，而分形维数是描绘分形特征的有效参数。本节通过计算三种基本分形维数，即聚集维数、网格维数和关联维数来分析西藏城镇的空间格局分形特征。

1. 聚集维数

假设城市群内部各要素按照自相似规律围绕中心城市呈聚集分布，并且各向均匀变化，则可通过计算确立半径为 r 的圆周内的城市数目与相应半径的关系，即有：

$$N(r) \propto r^D \tag{7.10}$$

式中 $N(r)$ 为城市数目，r 为半径，D 为分形维数。由于半径 r 的单位取值会影响分形维数的值，因此可以将半径转化成平均半径，即有：

$$Rs = \left\langle \left[\frac{1}{S} \sum_{i=1}^{S} r_i^2 \right]^{\frac{1}{2}} \right\rangle \tag{7.11}$$

则有：

$$Rs \propto S^{1/D} \tag{7.12}$$

---

① 自本书数据收集时，阿里、那曲、林芝、山南、昌都均为区。截至2017年，除阿里地区，其余均撤地设市。

式中 Rs 为平均半径，r 为第 i 个城市到中心城市的直线距离，S 为城市个数，D 为聚集维数。城市群的聚集维数可以反映城市的分布从中心城市向周围的密度衰减特征。从 7.12 式中能够得到：

$$\rho\ (r)\ \propto R^{D-d} \tag{7.13}$$

其中 $\rho\ (r)$ 为城市群的空间分布密度，欧氏维数一般取 $d=2$。当 $D=d$ 时，$\rho\ (r)$ 为常数，城市群的空间分布密度在半径方向上是均匀变化的；当 $D<d$ 时，城市群的空间分布密度从中心向四周逐渐衰减；当 $D>d$ 时，城市群的空间分布密度从中心城市向四周逐渐递增，这是一种非正常的情况。拉萨市是西藏自治区最大的城市，也是西藏的政治、经济和文化中心，对整个地区的经济发展有很大的带动作用，因此本节以拉萨市的布达拉宫为测算中心，以 50 公里为半径做同心圆，然后统计每个圆中的城镇数，并计算出其平均距离。本节主要以西藏 682 个乡镇为主要数据，在 ARCGIS 中利用缓冲区和叠加分析来提取数据，统计出每个步长的城镇数量和平均距离，并对其取对数，绘制成 LnR—LnS 坐标图，从而得到西藏自治区以拉萨为中心时的西藏城镇体系的集聚维数。

表 7－2　西藏城镇群各城镇到拉萨市的距离和平均半径

城镇数（个）	半径（米）	平均半径（米）	lnS	lnR
32	50000	28047.55	3.47	10.24
83	100000	58408.97	4.42	10.98
125	150000	81831.13	4.83	11.31
199	200000	116671.35	5.29	11.67
266	250000	143053.76	5.58	11.87
319	300000	165148.64	5.77	12.01
380	350000	190732.05	5.94	12.16
424	400000	210188.40	6.05	12.26
466	450000	229003.28	6.14	12.34
497	500000	244511.50	6.21	12.41
523	550000	258588.69	6.26	12.46
552	600000	274689.21	6.31	12.52
586	650000	295482.36	6.37	12.60

城镇数（个）	半径（米）	平均半径（米）	lnS	lnR
611	700000	311066. 09	6. 42	12. 65
640	750000	329811. 07	6. 46	12. 71
656	800000	340313. 23	6. 49	12. 74
658	850000	341817. 86	6. 49	12. 74
660	900000	343427. 37	6. 49	12. 75
662	950000	345161. 79	6. 50	12. 75
664	1000000	347981. 39	6. 50	12. 76
667	1050000	350035. 69	6. 50	12. 77
673	1100000	356629. 09	6. 51	12. 78
677	1150000	361159. 93	6. 52	12. 80
682	1200000	367083. 18	6. 53	12. 81

从图 7 - 2 中可见西藏自治区以拉萨市为测算中心时，点序列都是呈标准的对数线性分布，这也说明了西藏的城镇体系在空间上具有分形几何特征，以拉萨市为测算中心其回归系数为 0. 844，计算回归系数的倒数得到集聚维数 D 为 1. 18，相关系数 R^2 为 0. 992，拟合效果十分显著。从西藏城镇体系的分形维数可以看出，其维数小于 2，接近于 1，这说明西藏城镇体系空间分布从拉萨市中心向周围递减，城镇空间分布呈现出弱集聚型的特征。

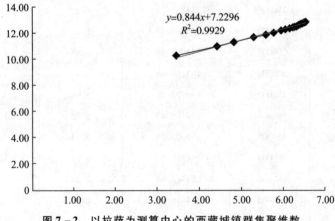

图 7 - 2　以拉萨为测算中心的西藏城镇群集聚维数

2. 网格维数

用网格维数可以描述城市群空间分布的均衡性。对研究区进行网格化，列出被城市占据的网格数。如果城市分布具有无标度性，则有关系式：

$$N(r) \propto r^{-\alpha} \tag{7.14}$$

式中 $N(r)$ 为被城市占有的网格数，$\alpha = D$ 为容量维数。这里假设城市群是均匀分形体，不考虑各个网格中的城市数目的差别。设行号 i、列号 j 的网格中城市数目为 N，研究区总的城市个数为 N，则可以近似地定义概率 $P_{ij} = N_{ij}/N$，得到关系式

$$I(r) = -\sum_i^k \sum_j^k P_{ij}(r) ln(P_{ij}) \tag{7.15}$$

式中 $I(r)$ 为信息量，$k = l/r$ 为研究区各条边的分段数，若研究区是分形的，则有关系式

$$I(r) = I_0 - DLnr \tag{7.16}$$

其中式中 D 为信息维数，I_0 为常数。

从理论上说，网格维数一般介于 $0 \sim 2$ 之间，它反映的是研究区城市分布均衡性。当 $D = 0$ 时，说明所有城市集中于一个点上，研究区只有一个城市，这是一种不正常的情况。当 $D = 2$ 时，说明研究区城市均匀分布。当 D 趋近于 1 时，说明城市均匀地集中分布到一条线上。一般情况下，$l < D < 2$，D 愈大说明城市群空间分布愈均衡。通常情况下容量维与信息维不相等，当城市简单分形时两者相等。

将西藏行政图做成一个矩形区域，区域内共有 682 个乡镇，将矩形区域各边分成 K 等份，网格边长 r 为 K 的倒数，研究区域被分成 k^2 个网格，从而研究不同城镇在网格的分布情况。首先统计城镇所占据的网格数 N，然后统计每个网格中的城镇数，从而得到网格中的城镇的概率，根据公式计算出其信息量 I。利用不同的 K，可以计算出不同的网格数 N 和信息量 I（见表 7－3）。

表 7－3　西藏地区城镇网格维数计算统计

K	$N(r)$	$I(r)$
2	4	0.96257

K	N (r)	I (r)
4	13	2.126247
8	42	3.249107
16	132	4.455584
32	320	5.51769
64	530	6.175284

分别计算出 $\ln r - \ln N(r)$ 和 $\ln r - I(r)$ 的对数坐标图，并对直线部分分别进行线性回归，从而计算出西藏城镇体系容量维数 D 为 1.43，R^2 为 0.98，信息维数为 1.54，R^2 为 0.99，线性拟合非常良好。

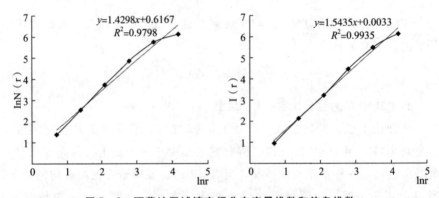

图 7 - 3　西藏地区城镇空间分布容量维数和信息维数

从以上分析中可知，西藏城镇体系的容量维和信息维不同，容量维处于 1 和 2 之间，这说明了西藏的城镇体系分布既不均匀分布，也不沿交通线分布，而是处于两者之间，信息维和容量维相差较大；这也说明了西藏的城镇体系不属于简单的分形格局，城镇的自组织过程存在复杂性。

3. 关联维数

用关联维数可以计算城市群内部城市间的空间相互作用。关联函数可定义为

$$C(r) = \frac{1}{N^2} \sum_{i}^{N} \sum_{j}^{N} \theta(r - d_{ij}) \tag{7.17}$$

式中 r 为尺码，d_{ij} 为 i，j 为两城市的直线距离，θ 为 Heaviside 函数，其表达式为：

$$\theta\ (r-d_{ij})\ = \begin{cases} 1, & \text{当 } d_{ij} \leq r \text{ 时} \\ 0, & \text{当 } d_{ij} > r \text{ 时} \end{cases} \tag{7.18}$$

若城镇空间分布具有分形性质，则有关系式

$$C\ (r)\ \propto r^{\alpha} \tag{7.19}$$

式中 $\alpha = D$ 为空间关联维数，通常关联维数介于 $0 \sim 2$ 之间，当 D 趋于 0 时，说明城镇分布集中于一个地方，即只形成一个首位城市；当 D 趋于 2 时，说明城镇空间分布很均匀。[①] 空间关联维数可以反映区域内各城市之间交通网络的通达性。在式 7.17 中，将直线距离改为实际交通距离，可计算得到交通网络的关联维数 D'，因此可定义交通距离和直线距离维数比为

$$\rho\ =\ D'/D \tag{7.20}$$

式中 ρ 越趋向于 1，说明城镇之间交通网络通达性越好，进而说明一个区域内城镇关联度越高。借助西藏地区的交通图，测量西藏 73 个县城两两之间的直线距离和交通距离，分别列成矩阵。西藏基本形成了交通网络骨架，县城主要是通过国道和省道连接，广大农牧区主要是通过一般的道路进行连接。西藏的道路主要是横向联系，纵向联系则较弱。借助于西藏地区的交通图，首先通过 ARCGIS 对西藏交通图进行数字化，然后通过 ARCGIS 网络分析工具中的最短路径分析得到每个县城到另外县城的实际交通距离，分别建立矩阵，县城的总点数对为 5184 个。利用 ARCGIS 中的点工具来计算 73 个县城的直线距离，然后建立矩阵，这样通过空间分析工具分别计算城镇的直线距离和实际交通距离，分别计算其直线距离维数和交通距离维数，然后计算直线距离维数和交通距离维数之比。

由于西藏地域辽阔，所设的步长要大，本节以 300 千米为步长，取步长等于 300，600，……，2400，通过不断的设立步长，在不同的步长之间城镇对的个数也会随着步长的变化而变化，因此可以得到一系列的序列 [r，$N\ (r)$]，然后根据对数散点图进行回归模拟。西藏城镇空间分布直线距离关联维数为 0.60，R^2 为 0.89，拟合的效果较好；西藏城镇空间分布实

---

① 邬文艳：《呼包鄂城市群空间结构分形特征分析》，《河套大学学报》2011 年第 4 期。

际交通距离关联维数为 0.82，R^2 为 0.91，拟合的效果也比较好。进一步还可以计算出西藏交通距离和直线距离维数比为 1.37，从计算可知，西藏交通距离和直线距离维数比大于 1，这说明西藏的公路交通网络还不完善，系统的通达性还不太好。

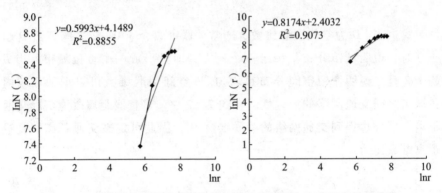

图 7-4　西藏城镇空间分布的直线距离关联维数和交通距离关联维数

上述研究也说明西藏城镇间的相互作用还比较弱，空间格局还不够完善，这将严重影响西藏未来的经济社会发展和城镇化的进程。未来一段时期，西藏应该完善基础设施的建设，国家更需加大对西藏的投资力度，特别是交通网络的建设，以加强西藏城镇之间的联系，通过城镇之间的紧密联系来完善西藏的城镇体系，保持合理的人口规模。未来随着拉日铁路、川藏铁路、滇藏铁路、日喀则—樟木—加德满都和日喀则—亚东—印度的铁路系统的建设，将加快铁路沿线的城镇化进程，形成不同规模的城镇群，这也将为西藏城镇体系的完善和城镇的快速发展创造出优越的条件。

三　西藏城镇体系空间格局形成与演化机制

城镇空间格局演化的根本动因在于社会生产力水平的提高和生产技术条件的改善，其演变是复杂的经济、社会、文化、自然及各种因素相互作用的结果，其中，聚集和扩散是城市群空间格局演化的核心内容。同时，在城镇体系不同的发展阶段，区域发展的主要影响因素也在不断发展变化。

(一) 自然环境因素对城镇空间格局演化的影响

城镇的形成、建设和发展与自然环境有密切的关系，自然条件和自然资源因素是开展城镇空间布局的基本前提之一。地形、水文等自然条件，不仅是人们聚集居住的基本条件，还直接影响着工农业的生产和交通运输的布局，进而影响人口密度和城镇规模，从而影响城镇的空间布局。

西藏自治区平均海拔在 4000 米以上，属于青藏高原的主体部分，由于海拔较高，气候寒冷，再加上地形复杂，西藏形成了不同的自然区。在西藏境内，流域面积大于 1 万平方公里的河流有 20 多条，流域面积大于 2000 平方公里的河流有 100 多条。西藏最主要的河流是雅鲁藏布江，雅鲁藏布江流域中部的泽当是西藏农业的发源地，也是西藏农业经济发展所建立的第一个城镇。随后西藏的历史发展进程逐步形成了日喀则、拉萨和泽当三足鼎立的城镇格局，这一地区也逐步成为西藏的经济、政治和文化中心。河流对于西藏城镇的发展具有举足轻重的作用。水系一般都具有分形特征，而西藏主要的城镇都是沿着河流分布，其中雅鲁藏布江流域面积最大，城镇分布也最多，不过大多数集中在中游河谷地带，怒江流域城镇分布也较多。由于城镇主要沿河流分布，西藏水系的分形特征也影响了西藏城镇的分形特征，而西藏的城镇空间格局之所以出现分形特征，与自然环境有密切的联系，特别是与水系有密切的关联。

(二) 国家投资和政策对西藏城镇空间格局的影响

西藏由于自然条件恶劣，人口数量稀少，长期以来经济一直比较落后，在和平解放前西藏的城镇数量很少、规模小，空间分布十分不平衡，拉萨、日喀则和江孜是西藏民国时期的三大城镇。西藏城镇的快速发展起步于西藏和平解放后，国家加大了对西藏的投资力度，随着青藏公路和川藏公路修建的完成，在公路的沿线诞生了一批新型的城镇，到 1981 年西藏城镇发展到有 1 个市、9 个建制镇，1991 年为 2 个市、32 个镇。特别是国家投资的青藏铁路开通以来，西藏的城镇获得了快速的发展，已经发展到有 2 个市、140 个镇，在铁路的沿线逐步形成小城镇带。随着青藏铁路的建成，拉日铁路、滇藏铁路和川藏铁路的投资也开始加大，这些铁路的建成将解决西藏城镇化发展过程中基础设施薄弱、交通不便等关键性问题，以"点—轴"模式开发为重点，未来在铁路的沿线西藏将形成以拉萨为中心的城镇带。

（三）宗教文化对西藏城镇空间格局的影响

西藏城镇的起源都与宗教有关，拉萨、日喀则、昌都、江孜等最初都是在宗教的基础上形成，进而吸引了更多的人口而逐步发展成为城镇。西藏中心城市的变迁也与宗教不同教派的兴起有关。以拉萨为例，吐蕃王朝后，拉萨逐渐失去了中心城市的地位，随着历史的发展，西藏中心城市不断地在山南地区、日喀则地区和拉萨地区转移，这样造就了历史上西藏城镇发展的最基本的格局。拉萨的再次兴起则源于藏传佛教格鲁派的兴起，拉萨建立了黄教的三大寺，拉萨回归成为西藏的宗教中心，并在宗教中心的基础上逐渐成为西藏的政治、经济和文化中心。目前由于拉萨的宗教中心地位，再加上藏传佛教的影响力扩展至国外，拉萨逐步成为一个国际性的宗教圣地。因此我们在讨论西藏城镇空间格局时不能够忽视宗教文化对城镇的影响，宗教文化是西藏城镇发展的核心凝聚力之一。

（四）城镇腹地对西藏城镇空间格局的影响

在研究区域的城镇体系形成过程中，经常需要划分城镇的腹地，一个城镇的腹地是与该城镇联系最紧密的区域。合理划分城镇腹地，可以帮助我们正确把握中心城镇的影响范围，而且对于城镇体系等级结构的分析具有重要的意义。① 同时城镇体系中任意一个城镇都在对外辐射自身的影响力，在不同的历史时期城镇对腹地的影响范围也不相同。一般情况下，划分城镇腹地的方法有很多种，而哈夫（Huff）模型是最为常用的一种。哈

---

① 有关研究参见王法辉《基于 GIS 的数量方法与应用》，商务印书馆，2009；潘竟虎、石培基、董晓峰：《中国地级以上城市腹地的测度分析》，《地理学报》2008 年第 6 期；运迎霞、杨德进、卢思佳：《近 30 年来新疆城镇发展的格局与过程研究》，《城市规划学刊》2011 年第 3 期；修春亮、袁家冬：《伊春市城镇体系的演变及对策》，《地理科学》2002年第 4 期；王德、项晶：《中心城市影响腹地的动态变化研究》，《同济大学学报》（自然科学版）2006 年第 9 期。

夫模型的基础与多目标的 Logistic 模型类似，如果一个地区的居民到某个城镇的概率最高，就意味着这个地区与该城镇之间的相互作用最强，那么这个地区可以归为该城镇的腹地。

本书以西藏地级区域中心城镇为研究对象，以 2000 年和 2010 年非农人口数量作为衡量西藏城镇规模的指标，在哈夫模型中非农人口数量代表区域中心城镇对周围地区的影响力。一般情况下，这种影响力会随着距离的增加而递减，距离的增加影响中心城镇对人口的吸引力，同时在哈夫模型中，距离摩擦系数对城镇腹地的影响也较为显著。西藏的道路体系主要是公路，因此在研究中可以公路的路网距离取代城镇之间直线距离，这样哈夫模型的计算结果会更为准确些。利用 ARCGIS 的最短路径分析计算出西藏七个地区级中心城镇到每个乡镇的最短距离，通过哈夫模型确定对每个县具有最大影响力的城镇，从而得到不同时期西藏七个城镇的腹地。

从西藏主要城镇的腹地范围可以看出，拉萨的腹地最为广阔，在西藏的所有城镇中拉萨的影响力最大，处于绝对的垄断地位，拉萨城市的经济发展对于提升整个西藏经济社会的发展具有重要的意义，拉萨城镇化的提高能够带动西藏城镇化的快速发展。那曲、山南、林芝和阿里地区的城镇腹地范围比较小，仅能够影响自己周围的邻近县的城镇，从某种意义上来说，不能称为独立的区域中心，这些地区也都处于拉萨的影响范围。昌都和日喀则市的腹地范围相对较大，其城市的影响力也相对较大，其中昌都的腹地范围与昌都地区的行政区划范围比较接近，只有边坝县没有处于其影响范围。作为西藏的第二大城市，日喀则地理位置的优越使其对后藏地区具有一定的影响力。

通过哈夫模型分别做出了西藏 2000 年和 2010 年的城镇腹地范围，西藏七个地级中心城镇的腹地范围在 10 年间几乎没有什么变化，只有日喀则市的腹地范围增加了两个县，定日县和定结县从拉萨的腹地转变为日喀则的腹地，这从侧面反映了日喀则的影响力在逐步增强，作为次级地域中心的功能也在逐步增强。从时期对比来看，拉萨市的腹地范围有所减小，但拉萨市还处于绝对垄断地位，拉萨市的中心城市带动作用十分重要，其中心辐射带动作用能够推动西藏地区整体的发展。其实在区域城镇发展过程中，城市首位度具有先上升后下降的周期性规律，民主改革后拉萨市的城市首位度在不断降低，生产要素在不断扩散，带动了周边地区的发展，西藏地区的城镇向均衡方向发展。从西藏七个中心城镇腹地范围分析来看，在优化城镇格局的过程中，还需要大力发展拉萨市的中心城市地位，提高拉萨的城市首位度，带动西藏城镇发展进入一个新的发展周期，城镇体系进入自组织演化，自动形成有序结构，从而提升城镇的总体水平。

四　西藏城镇空间格局优化建议

（一）构造新的"一江两河"核心城镇带

新的"一江两河"核心城镇带包括雅鲁藏布江中游河谷、拉萨河流域和尼洋河流域。从夜间灯光数据来看，这个区域经济发展块城镇化水平相对较高，已经基本形成了一个椭圆形的城镇发展带雏形。新"一江两河"城镇带主要以拉萨、泽当和林芝为中心，新的城镇带有许多优势。首先，拉萨作为全区的政治、经济、文化中心其拉动作用是明显的，特别是对山南地区的拉动作用。其次，泽当镇是西藏农业的发源地和西藏文化的发源地，农业经济能够为城镇化的发展提供基础。最后，林芝是新兴的城镇，被誉为西藏的江南，自然条件十分优越。未来拉林铁路将穿过雅鲁藏布江中部河谷，这对拉萨、泽当和林芝三地密切经济联系提供了更为便利的条件。同时加强核心城镇带南北两翼的建设，北面以那曲为中心，南面以日喀则为中心，通过亚东口岸和樟木口岸将日喀则打造成为联结印度、尼泊尔的对外贸易中心，将那曲打造成为联结我国西北和西南的中心。随着这一"一核两翼"城镇带的构造，通过青藏、拉日和拉林铁路形成"人"字形骨架交通网络体系，西藏的城镇化将快速发展，西藏城镇空间格局将大大优化。

（二）构造"大"字形交通网络体系

西藏城镇区域范围大，但城镇主要建在河谷地带，而河谷地带也是农业发展的所在地，西藏耕地面积为552.55万亩，基本农田465.7万亩，耕地面积约占西藏土地总面积的0.42%。城镇化的快速发展必然产生与土地利用之间的矛盾，因此西藏城镇化的健康发展必然要求建立合理的城镇空间格局，通过发达的交通体系来加强城镇之间的联系。这样既可解决由于城镇过大所带来的各种问题，减轻人口对资源环境的压力，又可解决区域发展的不平衡问题，防止区域间差距加大。在西藏未来主干道路的规划中，随着青藏、拉日和拉林铁路的相继完成，西藏城镇间纵向联系将相对较强，而横向联系较弱。西藏牧区的生育率较高，牧区经济相较农区经济还比较落后，所以亟须打造一条通过阿里—那曲—昌都的主干道，与铁路构成一个"大"字形的交通网络体系。这条道路将通过主要的牧区，交通干道能够加快牧区经济的发展，加速牧区的城镇化。

小　结

不同区域之间，城镇人口的规模分布存在着明显的差异。西藏虽然处于高原地区，其城镇人口的发展也表现出一般的规律性，西藏城镇人口规模分布和城镇空间格局都具有自相似性和自组织性，呈现出典型的分形特征。从西藏城镇人口规模分布的分形维数来看，西藏城镇体系人口规模分布较为分散，首位城市拉萨的首位度还不是很高，垄断性还不是很强，城镇规模分布较为集中，中间的城市也较为发育。从西藏城镇空间格局集聚维数来看，西藏城镇体系空间分布从拉萨市中心向周围递减，城镇空间分布呈现弱集聚型的特征；从网络维数来看，西藏城镇体系的容量维数和信息维数不同，容量维数处于1和2之间，这说明了西藏的城镇体系分布既非均匀分布，也非沿交通线分布，而是处于两者之间，信息维数和容量维数相差较大。这说明西藏的城镇体系不属于简单的分形结构，城镇的自组织性存在复杂性；从关联维数来看，西藏交通距离维数和直线距离维数比大于1，这说明西藏的公路交通网络还不是很完善，系统的通达性还不是很好。在西藏城镇体系空间格局演化过程中，自然环境、国家投资和政策、宗教文化和城镇腹地等因素对西藏城镇空间格局都具有影响力，特别是城镇腹地的变化对西藏城镇格局具有重要影响。

第八章　西藏人口发展功能区研究

西藏地区的生态环境比较特殊，其生态环境的变化对我国、亚洲乃至世界都具有重要影响。西藏亦是亚洲许多江河的发源地，对我国未来水资源安全和生态安全具有重要的保障作用。全球气候的变化，给脆弱性和敏感性的西藏生态环境带来了强烈影响，再加上一些不合理人类活动对西藏生态环境的破坏，西藏的生态环境面临着严重的威胁和挑战。未来的30年也是西藏城镇化加速发展的30年，人口数量的大量增加是必然趋势，如何构建合理的城镇体系，完善西藏人口发展功能区划，从而促进西藏人口分布空间格局优化、减轻人口对资源环境的压力，是西藏未来经济社会发展所要解决的主要问题。

一　西藏人口发展功能区划

（一）人口发展功能区研究进展

2000年，国家发改委提出了空间协调与平衡发展的理念，在规划体制改革的意见中指出，各级政府在制定发展规划时，不仅要考虑区域产业分布，还要考虑空间、人、资源与环境的协调。此后国家发改委便开始针对这一构想进行大量研究。2003年1月，国家发改委委托中国工程院进行相关课题的研究，提出了增强规划的空间指导，确定了主体功能的思路，也正是在这时，功能区的概念开始清晰。中央在"十一五"规划纲要建议中提出了"功能区"的概念，并列入"十一五"规划纲要，提出按照资源环境承载能力等要素，将国土空间划分为优化开发、重点开发、限制开发和禁止开发四类主体功能区。我国首个全国性国土空间开发规划《全国主体功能区规划》于2011年6月8日正式发布。规划中提出：根据资源环境承载能力、现有开发密度和发展潜力，统筹考虑未来我国人口分布、经济布局、城镇化格局和国土利用，将国土空间划分为优化开发、重点开发、限制开发和禁止开发四类主体功能区，按照主体功能定位调整完善区域政策和绩效评价，规范空间开发秩序，形成合理的空间开发结构。

在国家主体功能区划进行的过程中，在国家人口发展战略研究成果的基础上，国家人口计生委"生态屏障、功能区划与人口发展"课题组，从人口、资源、环境与经济社会协调发展方面开展了大量广泛深入的研究，其 2006 年的报告《建设国家生态屏障促进人口资源环境协调发展》为编制全国主体功能区划研究提供了参考。随后的研究报告《科学界定人口发展功能区促进区域人口与资源环境协调发展》得到了政府的高度评价，也为主体功能区规划的编制提供了重要的基础资料和重要的参考价值。[①] 生态屏障、功能区划与人口发展课题组根据我国人口布局面临的挑战、人口迁移、人口城镇化和国家生态屏障地区人口严重超载等问题，基于每平方公里的格网数据，以县域为基本单元，系统评价了不同地区人口发展的资源环境基础和经济社会条件，遵循自然规律和经济发展规律，统筹考虑国家战略意图，将全国划分为人口限制区、人口疏散区、人口稳定区、人口集聚区四类人口发展功能区。

（二）西藏功能区划的研究进展

从全国范围来看，西藏的大部分地区是我国的生态屏障区，属于人口限制区域，而西藏一江两河的拉萨都市圈属于人口稳定区。由于西藏所处的特殊自然地理和特殊的文化环境，学者对西藏各方面的研究都比较多。前期研究都聚焦西藏的自然环境、农业评价、耕作业的地域分布特征、农业发展、西藏土壤侵蚀敏感性分布和高原农业界限温度变化特征等方面。[②]

---

① 生态屏障、功能区划与人口发展课题组：《科学界定人口发展功能区 促进区域人口与资源环境协调发展——生态屏障、功能区划与人口发展研究报告》，《人口研究》2008 年第 3 期。

② 张谊光：《西藏气候的农业评价》，《自然资源》1978 年第 1 期；孙尚志、虞孝感：《西藏耕作业的地域分布特征》，《自然资源》1982 年第 1 期；倪祖彬：《西藏的农业自然资源评价与农业发展》，《自然资源》1983 年第 4 期；钟祥浩、王小丹、李辉霞等：《西藏土壤侵蚀敏感性分布规律及其区划研究》，《山地学报》2003 年第 S1 期；杜军、胡军、索朗欧珠：《西藏高原农业界限温度的变化特征》，《地理学报》2005 年第 2 期。

钟祥浩等对西藏生态环境的脆弱性和生态安全战略进行了研究，认为西藏生态环境脆弱性问题突出，具有不稳定性和敏感性等特点，西藏生态环境脆弱性程度加大，出现了生态环境退化的问题，需要加强生态安全战略的科学研究。① 在此基础上，钟祥浩等对西藏小城镇发展现状与问题进行了梳理，对西藏小城镇体系发展思路及其空间布局提出了建议，将西藏分为藏南宽谷山原城镇发展区、藏东南山地城镇发展区、藏东三江流域城镇发展区、藏北高原城镇发展区和藏西高原城镇发展区②，从这些发展规划范围可以看出规划主要建立在行政区划的基础上。刘雨林对西藏的主体功能区进行了研究，并提出了构建西藏主体功能区规划的思路和西藏主体功能区划的总体布局，将西藏主体功能区划分为宽谷重点开发区、东部山地限制开发区等。③ 随后刘雨林对西藏主体功能区建设中的生态补偿制度进行了博弈分析，认为在西藏主体功能区建设中应当建立跨地区生态补偿的机制，优化开发区和重点开发区要补偿限制开发区和禁止开发区生态环境保护与建设的成本，运用多种生态补偿的方法，解决跨地区生态环境保护与建设的困境。④ 邓发旺、刘天平研究了西藏主体功能区的发展思路⑤，赵小蓉对西藏的主体功能区划进行了思考。⑥ 最近几年关于西藏主体功能区研究方面的文献比较少，西藏功能区的关注度在减弱，但西藏经济社会保持可持续发展对西藏和全国而言都具有重要意义。本书参照生态屏障、功能区划与人口发展课题组的研究思路对西藏人口功能区进行研究。

（三） 西藏植被指数的变化

随着全球气候的变化，西藏的生态环境历经了深刻的变化过程，草地

---

① 钟祥浩、刘淑珍、王小丹等：《西藏生态环境脆弱性与生态安全战略》，《山地学报》2003年第 S1 期。

② 钟祥浩、李祥妹、王小丹等：《西藏小城镇体系发展思路及其空间布局和功能分类》，《山地学报》2007 年第 2 期。

③ 刘雨林：《西藏主体功能区划研究》，《生态经济》2007 年第 6 期；刘雨林：《论西藏主体功能区划》，《西藏研究》2007 年第 3 期。

④ 刘雨林：《关于西藏主体功能区建设中的生态补偿制度的博弈分析》，《干旱区资源与环境》2008 年第 1 期。

⑤ 邓发旺、刘天平：《西藏自治区主体功能区的发展思路》，《宏观经济管理》2009 年第12 期。

⑥ 赵小蓉：《对西藏主体功能区规划的几点思考》，《西藏发展论坛》2009 年第 6 期。

退化、土地沙漠化等问题已经成为制约西藏可持续发展的重要因素。遥感数据具有覆盖区域面积大、地表分辨率高、多时相重复观测且费用低等特点，在大区域研究中具有独特的优势。近年来随着空间科学的发展和遥感技术的大量应用，人们可以从宏观的角度来监测区域资源环境的变化和土地利用的变化，而植被指数是人们监测地表植被变化的常用指标，归一化植被指数（NDVI）被认为是最有效的参数之一，已被广泛应用于植被覆盖变化、生物量、初级第一性生产力和区域规划研究等方面。目前使用最多的产品是来自美国国家海洋和大气管理局（NOAA）的 AVHRR 产品，本书利用的 NDVI 数据来自中科院数据中心，分辨率较高，为 1000 米左右，适合中小区域的植被研究。以下将通过对比 2000 年和 2010 年植被指数的变化，分析西藏不同区域未来的资源环境变化以及对气候变化的影响。

首先利用 ERDAS 遥感软件对数据进行辐射、几何纠正和等面积投影变化等处理，由于影像本身就是 NDVI 数据，因此不需要对数据进行植被指数计算。然后在此基础上利用地理信息系统软件 ARCGIS 对区域进行边界切割，切割出需要研究的区域，将切割后的 NDVI 数据按月份利用最大值合成法合成每个月最大值 NDVI 数据影像。最后再对西藏这 12 个月的最大值 NDVI 影像进行一次最大值合成，这样就得到了 2000 年和 2010 年全年的最大值 NDVI 合成影像。

西藏的经济主要是以农牧业经济为主，农牧业经济的发展状况与植被的变化具有紧密的联系。西藏地区归一化植被指数空间格局总体变化趋势是从东南部向西北部逐渐递减，大致可以画出一条较为明显的线，这条线是从唐古拉山山口到樟木口岸。这条线周围地区年平均降水量在 300～400 毫米，年平均日照在 3000 小时左右。这条线周围区域基本属于西藏的半干旱区域，西藏的牧业县和半农半牧县大多集聚于这条线以北的地区，农牧交错是这条线周围区域的基本特点。这条线东南部植被指数的数值较大，西北部植被指数的数值较小。东南部是西藏植被覆盖最高的地区，因为其总体海拔相较西北部较低，雨量也比较充沛，其植被种类和生物量是比较多的，这也为人口在此集聚提供了优越的条件；而在西藏的西北部，海拔高，高寒缺氧，植物增长缓慢，生物量较少，主要以游牧经济为主，人口承载力也较低。2000～2010 年的植被指数 NDVI 变化情况来看，西藏整个区域 NDVI 值变化趋势增加明显，特别是西藏西北部羌塘高原及其周围地区 NDVI 值增量最为明显。这主要是因为随着全球气候的变化，西藏地区各个季节和年平均降水量均呈现增加趋势，特别是近年来大气环流中印度季风减弱和西风加强，导致西藏东南部降雨有所减少而西北部降雨有所增加，植被在这些气候因素的影响下，区域之间的归一化植被指数变化明显。特别是西藏西北部的羌塘高原对气候变化更具有敏感性，随着温度的持续升高和降水量的增加，这些因素都有利于植物的生长，这也是导致西藏西北部生物量增加的主要原因。

植被指数被广泛用来反映植被覆盖及其生长活力，NDVI 变化趋势与土地退化有一定的联系，在 ARCGIS 的支持下利用 2010 年 NDVI 最大值减去 2000 年 NDVI 最大值可得到西藏地区的植被指数变化情况，通过分级可以看出不同区域之间地表植被的变化。从整体上看，西藏植被轻度退化的区域已经连片，基本是从阿里地区顺着冈底斯山脉到雅鲁藏布江中游河谷地区，而植被重度退化地区主要分布在雅鲁藏布江上游的萨嘎县及其周围地区、雅鲁藏布江中下游的日喀则—山南—林芝—墨脱一线和昌都地区三江流域，这些地区也是人类活动比较多的地区，人口与环境的矛盾比较突出。这些区域植被普遍存在的退化现象更进一步说明了西藏近年来土地整体退化的总趋势，人类的活动在某种程度上也影响着自然环境的变迁。西藏西北部这一带整体上几乎均处于稳定区，植被改善的地区主要位于羌塘高原的美马错、阿鲁错和鲁玛江冬错地区，值得注意的是，近年来这些地区由于出生率高和人口的迁移，人口与资源环境的矛盾也在加剧。

（四）西藏温度的变化

西藏土地辽阔、地势高耸、自然环境复杂，各种自然因素影响着自然资源的分布和农牧业生产的布局，进而进一步影响了西藏城镇的布局。西藏高寒的自然环境对西藏农业生产的影响极为深刻，由于西藏绝大部分地区海拔高、气候寒冷，农业物种植范围受到严重限制，进而影响着农业区域的范围。西藏农业的耕种面积仅占地区土地面积的 0.32%，相反西藏的畜牧业则优势明显，各种类型的天然草场约占土地面积的 2/3 以上。

在西藏大多数地区的最暖月为 7 月份，少数地区为 6 月份，而最暖月的平均气温可以作为区别西藏热量状况的主要指标，因为最暖月平均气温是形成西藏农牧分异和农牧生产主要特征的最基本的自然要素。一般情况下，最暖月平均气温低于10℃的地带，基本都属于牧区，高于18℃的地区农作物普遍可以进行复种，在两者之间基本属于农作物一熟地区和农牧交错区。①

本书主要利用中科院数据中心的西藏地区2000年和2010年7月份每天的地表温度遥感数据，然后利用ARCGIS软件分别计算出2000年和2010年最热月平均气温，再叠加西藏最热月10℃和18℃的等值线，来分析由于气候变化所引起的区域温度变化情况。

西藏的低温地区主要分布于羌塘高原、冈底斯山脉和念青唐古拉山一线的高山地区，而高温地区主要分布于山南地区的藏南（印度占领）、怒江中游河谷、澜沧江中游河谷、金沙江中游河谷和阿里地区的札达盆地及狮泉河流域。10℃等值线和18℃等值线中间的区域所代表的农牧交错区主要有两个地带，一个地带是沿着阿里—那曲—昌都一线，一个地带主要沿着雅鲁藏布江流域的河谷地带。

气候变化所引起的温度变化十分明显，温度18℃等值线以上的区域扩大十分明显，特别是西藏的西北地区和雅鲁藏布江中上游地区，而温度10℃等值线及以下地区萎缩得十分明显，西藏西北部10℃等值线以下的地区，仅在冰川所在的地域有分布。值得注意的是，冈底斯山脉的山地已经几乎没有10℃等值线及以下区域了，而念青唐古拉山脉10℃等值线以下的山地区域面积有所扩大。

从2000年到2010年最热月的平均气温变化区域来看，西藏10℃及以下区域土地面积减少了25.93万平方公里，10℃~18℃区域的土地面积增加了10.95万平方公里，18℃及以上的区域增加了15万平方公里的土地面积。这说明西藏地区适宜农业耕种和农牧交错区的土地面积增加明显，变化最明显的区域位于西北部的阿里地区，这里主要是以畜牧业经济为主体，随着水热条件的变化，自然引起了西藏畜牧业在垂直空间上的伸展，有利于畜牧业的发展。由于自然条件的限制，这些温度变化明显的地区还不能贸然进行农业开发，扩大开垦规模。总之，农业经济能够承载的人口大大高于牧业经济，适宜耕种的土地面积增加，有利于发挥耕地的生产潜力，增强西藏总体的人口承载力，这也为西藏未来人口的增加提供了保障。

---

① 程鸿、倪祖彬：《西藏农业地理》，科学出版社，1984。

（五）西藏土地利用变化

西藏地域辽阔，自然环境复杂多样，不同区域的社会经济条件与发展水平差异明显，土地资源分布不均，土地利用的方式、结构、程度及存在的问题不尽相同。土地利用的动态变化反映了人类的经济活动，也与人口的分布状况紧密联系。西藏的土地利用大致可以分为六个区域：藏东高山峡谷农林牧区、西藏边境高山深谷林农区、中南部高山宽谷农业区、高山湖盆农牧区、藏北高原湖盆牧区和藏北高原未利用区。有的学者利用聚类分析将西藏分为藏中综合发展区、藏东农林牧区、藏南农牧区和藏北牧区，提出可利用不同的分区，加强区域间的经济联系，促进区域经济建设的发展。西藏土地利用方面的研究比较多，主要集中在土地利用功能分区、人口分布与土地利用的人口数据空间化，以及根据土地利用和地形因子对西藏农业产值做空间化模拟等方面。①

在前文研究的基础上，本节通过西藏 2004 年和 2009 年的土地利用遥感图像，对西藏的土地利用变化情况进行研究，数据来自全球土地覆盖数据集。数据集是按照非监督分类的方法对数据进行分类，最后由解译人员根据辅助数据及学科背景对分类进行标定，因此数据质量比较可靠。在全球土地覆盖数据集的基础上，在 ARCGIS 中通过掩膜处理得到西藏不同年份的土地利用数据集。2004 年和 2009 年的土地利用图上可以看出西藏地区可以粗略划分为三个区域：西北部主要是草地和草原，主要以畜牧业为主；中部地区主要为农地、有林地和城镇用地，主要以农业为主，也是西藏最为发达的地区；东南部主要是林地，森林资源比较丰富。这三个区域的空间分异体现了西藏土地利用的宏观格局，三个区域的主导经济都受所在区域资源条件的制约。

西藏的拉萨河流域、山南的泽当和昌都地区的城关镇附近土地利用开发强度比较大，近年来有不断增加的趋势，特别是昌都地区变化最为明

---

① 廖晓勇、陈治谏、王海明等：《西藏自治区土地利用功能分区研究》，《安徽农业科学》2008 年第 7 期；廖顺宝、李泽辉：《基于人口分布与土地利用关系的人口数据空间化研究——以西藏自治区为例》，《自然资源学报》2003 年第 6 期；张晶、吴绍洪、刘燕华等：《土地利用和地形因子影响下的西藏农业产值空间化模拟》，《农业工程学报》2007年第 4 期。

显。近年来随着青藏铁路的开通，那曲地区的那曲镇土地的利用强度变化很大，这主要归因于随着人口的大量流入，该地区经济建设的发展和城镇用地的增加。随着气候的变化和温度的升高，西藏的草地面积有所增加，而冰川的面积减少比较显著。从2004~2009年的变化情况来看，西藏东南部的冰川减少比较明显，而西藏西北部的冰川面积有所扩大，但扩大不是很明显，这主要是受到大气环流等各种因素的综合影响。

下面通过土地利用转移矩阵来具体分析各个土地利用类型的转化情况。土地利用转移矩阵，可直观表示出每种土地利用类型的变化数据及数据分别来自或转变为哪种土地类型。具体的分类类型如表8-1所示。

表8-1 2004~2009年西藏土地利用转移矩阵

单位：平方公里

土地类型	11	20	30	60	110	120	130	140	150	180	190	210	220
11	48511	0	0	6055	31	0	25	2680	61	0	0	0	46
20	236	18705	0	479	5	0	9	11453	3729	0	0	0	92
30	251	7075	62175	2367	18	0	68	31369	22375	0	0	0	474
60	334	162	189	76981	159	0	3379	1726	44	0	0	0	297
110	9	0	0	1	5916	0	8	1023	0	0	0	0	208
120	2	0	0	1	36	19998	9	593	0	0	0	0	112
130	3	0	0	13	9	0	2636	158	2	0	0	0	23
140	398	10921	34624	2406	195	0	4	319676	65655	0	0	0	10931
150	2	153	10699	15	2	0	0	256	259778	0	0	0	1351
180	0	0	0	0	0	0	0	0	3	10	0	0	0
190	0	0	1	1	0	0	0	2	1	0	58	0	0
210	0	7	13	4	0	0	0	118	30	0	0	24317	9
220	35	881	1451	755	133	0	1	0	18049	0	0	0	48335

类型说明：11农地、20有林地、30林地、60有林草原、110稀树草原、120灌丛、130草地、140裸地、150永久湿地、180城镇用地、190城市建成区、210水体、220冰川。

2004~2009年西藏利用变化转移矩阵可以看出西藏城镇的面积变化不是很大，而冰川、草原和裸地的土地变化十分明显，同时也有许多其他的土地类型转化为农业用地。西藏土地利用变化十分明显，土地利用与土地植被变化既受自然因素的制约，又受社会、经济和历史人文等因素的影响，其中自然因素的大环境控制着土地利用的状况和变化，而人类的社会经济活动则直接导致西藏土地利用方式的改变。从自然因素上看，气温和降水是限制植被种类及其分布组合，以及农业生产和产量的主要因子。随着全球气候的变化，西藏自然环境对气候的变化反应十分敏感。首要问题是冰川消融加剧，冰川的消融会引起裸地、林地、草地和湿地的变化，目前总体表现为东南部的冰川消融而西北部冰川的面积扩大。西北部由于经常性的大风天气极易风蚀土地，会直接导致草场沙化，沙地面积迅速增大，会制约当地经济社会的发展。从社会经济发展来看，西藏人口的快速增加，必然导致人口对自然资源的更大索取，森林的砍伐、耕地的开垦和过度放牧等方式都会引发土地利用类型的变化。同时土地利用的深度和广度都会受到社会、经济、技术，以及当地人的价值观等因素的制约，这些社会经济因素是西藏土地利用变化的主要驱动力。从政府的角度来看，政府的决策行为对土地利用的变化有着深刻影响，有的规划能够产生长期的生态效益，而有的规划对环境的负面影响也是长期的，会造成不可挽回的生态损失。综上所述，由于西藏生态环境具有敏感性和脆弱性，在人为促进西藏土地利用变化时，要综合考虑多种因素，需要慎重对待。

（六）西藏人口发展功能区区划

人口是主体功能区规划的重要因素之一，人口数量变化和人口迁移变化是主体功能区规划的基础与依据，也是主体功能区规划的重要组成部分。人口发展功能区，就是指根据人居环境、资源环境承载力与社会经济发展水平，全面考虑现有开发密度与人口发展潜力，科学界定与划分不同类型的人口发展功能区。一般情况下，可将人口发展功能区分为人口限制区、人口疏散区、人口稳定区和人口集聚区，同时需要明确这四个人口发展功能区的地域和范围，明晰不同功能区人口发展的定位与方向，完善不同功能区人口规划与政策体系，促进形成人口分布合理、人口资源环境协调发展的区域格局。

在参考以往分析结果的基础上，本书主要利用 2010 年西藏的植被指数 NDVI 数据、夜间灯光数据、土地利用数据和最热月平均气温数据等研究西藏的人口发展功能区划。首先，植被在自然环境中扮演着重要的角色，

它通过影响生态系统的能量平衡,在气候、水文和生化循环中起着重要的
作用,是反映气候和人文因素对环境影响的敏感指标,在某种程度上植被
覆盖的状态可以说是体现人类生存环境的重要指标。植被指数被广泛应用
于区域植被覆盖状况的相关研究,也被应用于估算植被第一性生产力,估
算区域的生物量、农作物和牧草的产量,一个地区的生物量的多少能够间
接反映一个区域的人口承载力,因此本书利用植被指数来间接反映区域的
人口承载力。其次,夜间灯光数据能够反映一个区域的经济发展状况,经
济发展好的地方夜间灯光数据的亮度就比较显著,大致反映该区域 GDP 增
长快,因此夜间灯光数据能够间接反映区域的经济发展状况。再次,土地
利用情况是土地利用区域差异性的客观反映,也是目前人类主要经济活动
的反映。植被指数虽然大体上能够反映地表植被的覆盖疏密情况,却不能
体现植被覆盖类型的差异,不能揭示地表植被覆盖类型以及各用地类型的
植被覆盖程度,需要土地利用指数对植被指数进行修正。对于各用地类型
的权重,本研究在参考国家环境保护总局发布的生态环境评价标准的基础
上,充分考虑不同用地类型之间植被覆盖度的实际差异以及不同用地类型
的宜居性,参考生态屏障、功能区划与人口发展课题组的打分,最终确定
了各个用地类型的权重(11 农地权重为 1,20 有林地权重为 0.6,30 林地
权重为 0.6,60 有林草原权重为 0.6,110 稀树草原权重为 0.6,120 灌丛
权重为 0.4,130 草地权重为 0.6,140 裸地权重为 0.1,150 永久湿地权重
为 0.5,180 城镇用地权重为 0.8,190 城市建成区权重为 0.8,210 水体权
重为 0.6,220 冰川权重为 0.1)。这样植被指数和土地利用共同构成了地
被指数。最后,最热月平均气温可最直接反映西藏农业的地域分异规律,
同时也间接影响人口的分布。因此可利用最热月平均气温对地被指数进行
修正,而夜间灯光数据主要用来反映西藏主要城镇区域和经济发展状况良
好区域的人口分布。利用这四个指标数据构建人口功能区划指数[1],能够
较全面反映西藏人口功能区划的总体格局。

人口限制区主要分布在西藏西北部的羌塘高原、冈底斯山脉至念青唐
古拉山脉地区和喜马拉雅山脉所在的山区地带,这个地区的生态功能十分
突出,也是西藏大部分冰川的所在地。人口疏散区主要分布在西藏西北部

---

[1] 人口功能区划指数 = 植被指数 × 土地利用 × 最热月平均气温 + 夜间灯光数据。

的牧区和东南部的一些山地的牧区，这些地方是人口与自然矛盾最为集中的地方，牧区的人口承载力相对较低，再加上这些地区人口出生率比较高，因此这些地区应该进行相应的人口疏散。人口的稳定区主要分布于雅鲁藏布江中游河谷、拉萨河流域、尼洋河流域、那曲至昌都一线和一些湖盆地区，这些地区开发得相对比较悠久，也是西藏人口分布最为集中的地方。这些地方人口需要稳定的增长，同时需要构筑生态安全屏障，防止草地退化和土地沙漠化。人口集聚区主要分布于拉萨河、年楚河、那曲、昌都和藏南地区。这些地区主要分布于城镇的周围，这也是西藏未来人口主要的流动区域和集聚区域，是构建西藏合理城镇体系的中心地带。

综合考量西藏人口功能区划的范围，通过软件可计算出西藏不同地区的不同功能区面积。通过表 8－2 的数据可以看出，人口限制区面积为46.84 万平方公里，人口疏散区面积为48.97 万平方公里，人口稳定区面积为23.06 万平方公里，人口集聚区的面积为3.96 万平方公里。在西藏七个地区之中，阿里地区和那曲地区大部分区域都处于人口限制区和人口疏散区，其面积占了西藏面积的一半以上。这些地区主要是西藏的牧区，也是西藏的主要生态屏障区域，主要是由羌塘高原的高寒荒漠草原生态屏障带和以天然草地保护为主的草原生态屏障带构成，这些区域目前还不适合大规模的人口集聚。人口稳定区和人口集聚区主要分布于西藏的东南部，也是西藏大部分城镇所在地。这些地区主要包括昌都地区、日喀则市和拉萨市。由于山南地区和林芝地区大多是藏南地区自然条件较好的区域，其人口集聚区域的面积也很大。从生态屏障保护区域的角度来看，起到生态屏障作用的县主要分布在纯牧业县和一些半农半牧的县。这些地区主要是一些山地地区和高海拔地区，由于自然条件的限制，主要以牧业经济为主，而城镇重点发展的区域主要集中于农业县，自然条件相对优越，开发的历史悠久，基础设施较好，这些区域进行快速的城镇化就有一定的优势条件。

表 8－2　西藏不同地区人口功能区面积

单位：万平方公里

功能区 ＼ 地区	阿里地区	那曲地区	日喀则市	山南地区	拉萨市	林芝地区	昌都地区
人口限制区	17.05	13.49	6.09	2.48	0.69	5.04	2.00

功能区＼地区	阿里地区	那曲地区	日喀则市	山南地区	拉萨市	林芝地区	昌都地区
人口疏散区	16.01	16.62	7.75	2.12	0.92	2.72	2.83
人口稳定区	1.89	6.18	3.96	1.68	1.23	2.38	5.74
人口集聚区	0.14	0.13	0.23	1.49	0.17	1.31	0.49
生态屏障保护区	改则县革吉县措勤县日土县札达县普兰县	尼玛县申扎县班戈县安多县嘉黎县	仲巴县萨嘎县吉隆县昂仁县谢通门县聂拉木县定日县定结县岗巴县亚东县康马县	洛扎县措美县隆子县曲松县加查县	当雄县林周县墨竹工卡县	工布江达县朗县	丁青县八宿县察雅县贡觉县边坝县类乌齐县
城镇重点发展区	噶尔县	那曲县比如县聂荣县巴青县索县	拉孜县萨迦县日喀则市南木林县白朗县江孜县仁布县	贡嘎县扎囊县乃东县琼结县桑日县	尼木县曲水县堆龙德庆县城关区达孜县	墨脱县林芝县米林县波密县察隅县	昌都县江达县洛隆县芒康县左贡县

2010～2050 年也是西藏城镇化进程快速发展时期，城镇化对于西藏山区人口分布格局优化和西藏人口发展功能区建设都具有十分重要的作用，而人口集聚区作为未来西藏城镇化的主导区域，对于实现西藏由山地乡村社会转变为平原城镇社会意义重大。人口城镇化主要标志是城镇人口规模的逐渐扩大，由此反映农村人口向城镇人口转变的过程，其加速发展过程具有一定的规律性，遵循 Logistic 曲线。本书以下将利用组合模型预测西藏总人口数量，利用 Logistic 模型来预测西藏城镇化水平，从而在宏观上把握西藏未来人口数量和城镇化发展趋势，应对西藏未来的快速城镇化，促进人口发展功能区的发展。很多文献都对西藏未来的人口数量进行了预

测，本书通过对几次人口普查数据的验证，发现《中国人口西藏分册》的低方案人口预测和《西藏土地资源生产能力及人口承载量研究》中的人口预测与人口普查数据的误差较小，在此基础上利用预测误差为权重，建立组合模型进行西藏人口预测及城镇化率预测（见表 8 - 3）。

改革开放前，西藏自治区城镇化水平维持在 10% 左右，改革开放后，西藏自治区城镇化水平呈快速直线增长趋势，由 1996 年的 17.9% 增加至 2011 年的 22.71%，年均增长 0.32 个百分点。虽然西藏自治区的城镇化程度仍落后于全国的平均水平，但是 21 世纪以来在原有基础上西藏城镇化的飞速发展是不能忽视的。根据西藏年鉴提供的西藏城镇化水平的数据，本书利用 Logistic 模型进行西藏城镇化水平的预测。为了分析方便，在回归过程中，取 2000 年的时间值为 1，2010 年的时间值为 11，通过最小二乘法拟合的模型为：

$$u = \frac{1}{1 + 3.82e^{-0.023t}} \tag{8.1}$$

根据预测模型表 8 - 3 分析，如果西藏人口城镇化进程按照 2000 ~ 2010 年的水平发展，到 2050 年前后西藏城镇人口数量将占总人口数量的一半，此后西藏人口城镇化发展将减速，并进入低缓增长期。因此我们可以知道 2020 ~ 2050 年是西藏城镇化的快速发展时期。西藏 2010 年总人口数量为 300.22 万，城镇人口数量为 68.06 万，按照组合预测的人口数和城镇化率计算，到 2030 年西藏总人口数量将为 356.45 万，城镇人口数量将达到 123.37 万，至 2050 年西藏总人口数量将达到 380.78 万，城镇人口数量更将高达 173.10 万，这表明在 2010 ~ 2030 年西藏城镇人口数量将增加一倍，有将近 60 多万的人口将从乡村转移至城镇，其人口数量与这 20 年间新增人口数量相当。

表 8 - 3　西藏人口预测及城镇化率预测

单位：万人，%

项目 年份	中国人口西藏分册 （人口预测）	人口承载量 （人口预测）	人口预测	城镇化率
2010	301.00	306.10	300.22	25.16
2015	313.30	323.80	319.13	27.35
2020	323.50	341.09	333.26	29.67
2025	331.40	357.16	345.69	32.09

项目 年份	中国人口西藏分册 （人口预测）	人口承载量 （人口预测）	人口预测	城镇化率
2030	337.50	371.66	356.45	34.61
2035	340.60	384.43	364.92	37.22
2040	342.10	395.28	371.61	39.91
2045	342.30	404.73	376.94	42.66
2050	340.70	412.94	380.78	45.46

通过以上分析可知，2010～2050 年是西藏城镇化发展的关键时期，也是西藏城镇化加速发展时期，大量人口将从乡村转移至城镇。目前西藏城镇化发展水平由于受到自然条件、经济发展和基础设施等因素的制约和影响，城镇化的发展还比较缓慢，城镇数量相对较少、规模小、空间分布不均衡、城镇体系相对还不完善，到 2005 年才形成以拉萨为中心、地区所在地城镇为次中心、县城所在地城镇和重点口岸为基础的三级城镇体系。根据目前西藏城镇化发展的现状和特点，保护西藏的自然环境需要结合西藏人口发展功能区，依据不同的人口功能区划特点构建合理的城镇体系，才能更好地加快西藏人口的城镇化，实现人口与资源环境的和谐发展。

二　西藏人口分布空间格局优化的途径

（一）从山地乡村社会向平原城市社会转变

在经济发展尤其是工业化的进程中，每个国家和地区都会面临人口再分布的问题，随着社会经济结构和生产布局面貌的变动，出现人口再分布是非常自然的情况。与西藏自然条件、人口、经济和文化比较相似的高山王国尼泊尔，最近几十年来高原山地地区人口占尼泊尔总人口的比重迅速下降，这一趋势在未来仍将持续。麦尔文·戈德斯坦研究了尼泊尔这一人口再分布的演变趋势，将这种趋势命名为从山地乡村社会转变到平原城市社会，这个提法在相当程度上代表了人口再分布演变的国际大趋势，它和生产力发展、产业结构调整及社会生活的现代化有着深刻的内在联系。尼泊尔具有和西藏地区相似的自然环境、人文环境和经济发展阶段，其人口再分布趋势可以给西藏人口再分布以启示。值得注意的是，由于尼泊尔地区处于喜马拉雅山的迎风坡，自然条件相对来说比西藏要优越得多，其城镇主要发展区域加德满都处于相对广阔的平原地区，其南部还有广大的低地地区。所以尼泊尔从山地乡村社会到平原城市社会的转变比西藏要有利得多，因此西藏在从山地乡村社会到平原城市社会转变的过程中主要应根据西藏的实际条件实现这一转变。从前文的分析可知西藏的低海拔地区人口的比重在不断上升，这些趋势也是对从山地乡村社会到平原城市社会转变的一种反映，但其一些相对高海拔地区人口的比重也在上升，这也是值得特别注意的地方。近年来国家也通过大量的投资和一些惠民的措施，将一些自然条件比较恶劣地区的人口迁出，新建扩建了一些较大聚落，改善了这些人口的生活和居住条件，同时把一些分散居住、迁移流动的牧区人口进行定居化，加强了相应的基础设施建设，取得了明显的效果；但是也出现了一些问题，由于没有相应的产业支撑，容纳不了过多的人口，而移民也失去了原来的生活环境，造成了生活的不适应，这些问题都要及时解决。

（二）打造新一江两河地区，使之成为经济增长极

在从山地乡村社会到平原城市社会转变的过程中，大量的人口集聚于城镇，如果城镇没有大量的就业机会和相应的产业支持，城镇就容纳不了过量的人口，就会产生一些城市的问题，因此需要构筑新的城镇经济发展极，以此来带动区域城镇的总体发展。设想打造新的一江两河地区，使之成为经济增长极，加大其极化效应。新一江两河地区包括拉萨河流域、雅鲁藏布江中游河谷和尼洋河流域，分别以拉萨市、山南的泽当镇和林芝的八一镇为中心。从西藏实际情况看，这些区域也是全区自然条件较优、经济发展基础较好的地区，这里海拔多为 3000～4000 米，温度适宜、耕地集中、水资源相对比较丰沛。同时这些地区城镇化水平本身就比较高，有良好的经济基础和设施条件，其中拉萨市在相当长的一段时期内都是西藏政治、经济和文化中心，处于中心城市地位；而山南地区是西藏藏文化的发源地，农业比较发达，其中心城镇泽当镇也在一段时期内成为西藏的中心城镇；林芝地区的八一镇是新建立的区域中心。随着以后拉林铁路的修建，这三个地区的密切联系将成为西藏未来的发展极，成为西藏未来的城镇带。从夜间灯光数据也可以明显看出，拉萨河流域、尼洋河流域和雅鲁

藏布江中游河谷地带的城镇已经形成了椭圆形的城镇带雏形。在核心城镇带的构建过程中，也要注重发展日喀则和那曲的南北联系，使其成为重要的辅助力量。未来这些区域将形成以发展农、林、牧业为基础，以矿业、林产业、药业、民族工业和旅游、边贸业为主体，商品流通和综合交通枢纽为纽带的城镇发展体系。

（三）构筑合理的城镇体系，发展生态性高原城镇

由于西藏特殊的自然环境与气候条件，城镇的发展受到地形的严重制约，这也说明西藏的城镇发展不能实行超大城市发展之路，只有通过构建合理的城镇体系，利用城镇体系格局上的变动和优化来实现西藏人口的合理再分布，形成生态性高原城镇体系。从前文分析可知，西藏的人口规模分布和城镇空间结构都呈现分形特征，具有自组织性，目前拉萨市的城市首位度不高，中小城镇发育，城镇向均衡性方向发展。2010～2050年是西藏城镇化加速发展时期，人口将大量涌入城镇，还需要进一步提高拉萨市的城市首位度，利用城镇体系的自组织性，发挥城镇空间格局的整体效益，应对由于人口大量涌入所带来的城镇发展问题，从而将西藏建成资源节约型和环境友好型的生态城镇发展区域。

（四）调整产业结构，促进城镇化加速发展

西藏的农业、畜牧业、手工业和商业等产业都有着悠久的历史，而工业的发展则是民主改革后逐步建立和发展起来的。高原特殊的地理特征，以及在特殊的地理环境中产生的独特的历史文化，决定了种植业和畜牧业是西藏第一产业的主要组成部分，自然经济在西藏的经济中长期占据主导地位，尤其是畜牧经济占据很大的部分。西藏的民族手工业出现得较早，历史上西藏除了农耕和游牧经济以外，其余的经济活动几乎全部集中于手工业领域。西藏和平解放以前基本没有现代工业，在国家的支持下第二产业是在民主改革后迅速发展起来的。历史上西藏的第三产业有着悠久的历史，商贸活动比较发达，一些城镇就是在商业的基础上形成的。西藏和平解放后，其交通运输业、邮电通信业、旅游业、商业贸易等产业也迅速发展起来。在1952年的时候，西藏三次产业的产业结构为97.7∶0∶2.3，1959年三次产业结构为73.6∶12.6∶13.8，从中可以看到在初期西藏的自

然经济占据着统治地位，产业结构极为不合理。改革开放以后，西藏的经济进入快速的发展时期，三次产业结构由 1979 年的 47.9：27.7：24.4 发展到 2010 年的 22：26：52，产业结构逐渐趋于合理，第三产业开始在经济生活中占据主导地位。由于一些工业会对西藏的自然环境造成严重的影响，要逐步相应降低第二产业的比例，大幅增加第三产业。由于西藏没有完整的工业化进程，要大幅提高第三产业的比重存在着不小的难度，因此需要国家的大幅度投资和发展旅游业来促进西藏产业结构的转化，以促进西藏城镇化的发展。

（五）构建国家生态安全屏障，建立生态补偿机制

西藏的生态屏障功能对于我国的可持续发展具有重要的影响，其生态环境的改变将直接影响我国的生态环境和水资源的安全，因此国家需要加大对西藏的投资力度，保护西藏的生态安全。从全国范围来看，西藏属于人口限制发展区域，是我国的主要生态安全屏障区域，我国东南部的省、市、自治区，特别是黄河流域和长江流域所在的省份，需要加大对西藏的生态补偿力度，建立长效机制，从而解决西藏经济社会快速发展过程中生态环境退化等问题。从西藏内部来看，西藏人口功能区的建设，应走建立人口与资源环境可持续发展的道路，保护西藏脆弱的生态系统，针对西藏人口限制区、人口疏散区、人口稳定区和人口集聚区不同的生态环境需要采取相应的配套措施。

目前西藏的生态补偿机制还滞后于客观需要，一些地区限制开发将会失去许多经济发展的机会，经济利益也可能受到损害。如何对人口限制区进行补偿，是西藏人口发展功能区建设能否落实的关键，因此在西藏人口功能发展区建设中应当建立跨地区生态补偿的机制，由优化开发区和重点开发区对限制开发和禁止开发区的生态环境保护与建设成本进行补偿，运用多种生态补偿的方法，解决跨地区生态环境保护与建设的困境。

第九章 结论、思考与展望

西藏是青藏高原的主体部分，有着十分独特的自然景观和人文景观。随着西藏人口数量的增加，人口给西藏脆弱的生态环境带来了巨大的压力，人口与资源环境之间的矛盾有所加剧，同时由于人为因素和气候变化等原因，西藏的生态环境处于轻度退化的状态。2010～2050年是西藏城镇化加速发展时期，大量的农村人口将流入城镇地区。如何构建适合西藏特殊环境的合理城镇体系，是解决西藏人口快速增长与脆弱生态环境之间矛盾的关键。本书利用不同时期的普查数据研究西藏人口分布的时期特征和人口再分布趋势，并对西藏人口分布的影响因素进行了一定分析，在此基础上对西藏城镇分布空间格局进行研究，并尝试进行了一些理论思考。

一 主要结论及理论思考

（一）经济形态的转变是西藏人口分布和西藏人口历史变迁的决定性因素

西藏处于高原地区，特殊的自然环境对人口分布具有很大制约作用，对西藏人口分布产生了很大的影响。但是人口分布是一种社会经济现象，自然环境只是为人口分布提供了一个基础，经济生产方式才是影响人口分布的决定性因素。从西藏人口分布和历史变迁来看，经济生产方式的转变对西藏人口分布有着直接影响，经济生产方式的每一次转变，都使西藏人口分布态势及其特点随之出现明显的演化。

在远古的石器时代，中华文明对西藏石器文化的影响非常显著，藏汉同源具有深刻的历史背景。那时候西藏的生产方式主要是以采集狩猎经济为主，人口分布的基本特点是稀疏、分散和流动性强，同时这种生产方式所能承载的人口数量极为有限。

随着游牧经济在西藏西北部的兴起，高原上出现了大量的游牧部落。这时西藏的人口主要分布在西北部，人口分布相对集中，而东南部人口相对稀少，但这一时期人口的迁移流动性还是比较强的。游牧经济形态所能承载的人口数量已经从采集狩猎经济的平均每10平方公里1人上升至5~7人，相比石器时代西藏人口数量大大增加。

至公元7世纪中叶，在西藏的东南部以雅砻部落为代表的农耕文明开始崛起，西藏进入农耕时代，大量的人口开始在一个地方定居下来，人口的流动性大为减弱。以农耕文明为代表的经济形态的人口承载力也大为增加，平均每10平方公里增至10~12人。因此西藏东南部人口密度大幅度上升，东南部的人口数量逐渐超过西北部，成为人口的主要集聚区域，最终代表先进生产方式的吐蕃征服了苏毗和象雄，完成了高原的统一大业。

由于草原面积广大，西藏在很长的历史时期都实行一种农耕和游牧混合的经济形态，这种自然经济形态同时也在很长的历史时期影响着西藏的人口分布和人口数量的变化，直到近现代这种自然的经济形态还在深刻影响着西藏的人口分布和社会状况。从西藏人口的历史变迁情况来看，经济形态的转变是影响西藏人口分布状况和人口数量变化的主导因素。

（二）西藏人口分布状况反映了典型农业社会模式，在经济转型过程中人口再分布力度逐步增强

西藏的人口分布严重不均衡，人口的集中程度很高，不均衡指数为0.71。从数值上看，西藏地区总面积中80%的区域承载的人口还不到总人口的30%，而面积仅占10%的区域却集中了西藏总人口的50%，人口分布的不均衡性可见一斑。总体来看，西藏的人口地域分布状况呈现出典型的东南部人口众多而西北部人口稀少的格局，西藏的这种人口分布格局虽然受到西藏地形和环境的影响和制约，但是这种人口分布模式属于典型的农业社会模式，西藏西北部主要是以牧业经济为主，东南部主要是以农业经济为主，西藏人口分布的不均衡性也是对这两种经济模式的反映。这种人口分布不均衡性具有一定的自然经济基础，因此这种人口分布模式也存在着一定的必然性和合理性。

由于西藏人口的分布模式属于比较典型的农业社会模式，受到生产力水平和产业结构的限制，因而大量人口被束缚在土地上，人口再分布缺乏强大的经济基础，历史上形成的西藏人口分布相对凝固化状态至今也未得到根本的改善，再加上少数民族地区人口再分布一直不够活跃，因此西藏人口再分布的力度一直处于低位徘徊。随着西藏经济转型，产业结构的调整，西藏开始由农业社会向工业社会和信息化社会转变，西藏的人口再分布力度在逐步增强。从西藏三个时期的人口再分布系数来看，1982～1990年人口再分布系数为 0.0146，1990～2000 年人口再分布系数为 0.0181，2000～2010 年人口再分布系数为 0.0254。西藏的人口再分布变化幅度是很大的，特别是 2000 年以后人口再分布系数增长了 0.007，这主要是因为2000 年青藏铁路通车以后，西藏第二、第三产业迅速发展，西藏的城镇化发展速度也明显加快，大量农牧业剩余人口进入城镇，加快了人口再分布的力度。

（三）西藏高海拔地区人口比重上升，人口梯度转移理论解释力有限

人口梯度转移理论认为，受经济社会非均衡梯度发展的影响，人口会从相对落后地区向比较富裕地区阶梯式迁移。具体表现为高山人口向低山转移，低山人口向平原转移，平原人口向大中城市转移的梯度式模式。从西藏人口垂直分布规律方面来看，不同海拔人口比重的变化不是简单地随着海拔的降低即出现人口比重上升，而是呈现出人口分布中低海拔比重大，并且向高海拔和低海拔递减的规律，呈现出倒"U"形状。从西藏不同时期人口分布变动对比来看，1982～2000 年西藏超高海拔 4500 米及以上的人口比重在逐步上升，因而人口梯度转移理论对西藏人口垂直分布变动的解释力有限。

西藏超高海拔人口比重逐步上升，主要是因为随着全球气候的变暖，牧草开始逐步向高海拔地区生长。由于西藏的文化主要建立在牧业经济的基础上，牧业经济在地区经济中一直占据重要的地位，在牧业经济模式的推动下，藏族同胞特别是纯牧业县和半农半牧业县人口逐步向高海拔地区迁移。另一个原因应是以牧业经济为主的人口主要分布在乡村，而对城镇的经济模式不适应，迁移至城镇会遇到许多障碍，同时由于牧

区人口的出生率较高，人口数量增加迅速，由于向城镇迁移面临着许多困难，迫于人口压力，只好向高海拔地区牧草丰富的区域迁移，这样既能从事自己熟悉的生产活动，也能保持建立在游牧经济基础上的藏族文化的完整性。

由于不合理的人类行为和灾害性的自然因素的影响，西藏草原生态在逐步恶化，西藏的牧场所有权承包到户政策和牧民定居工程在应对草场退化上具有一定的效果，但是也存在一些问题。由于牧业经济对西藏的可持续发展和生态环境的改善具有重要的作用，因此我们需要重新审视一些政策的有效性。目前 Allan Savory 的整体管理理论对牧场生态系统的恢复具有可行性，这也为西藏牧业经济的可持续发展提供了一种较好的实践模式。总之，良好的牧业经济发展能够促进西藏经济良性发展，改善生态环境，也能为西藏从传统山地乡村社会转至平原城市社会提供某种支持。

（四）西藏人口分布空间格局呈现空间集聚状态，城镇化是西藏人口空间分布格局的主要影响因素

从西藏人口分布空间格局来看，空间自相关分析结果显示西藏人口分布呈现出明显的空间集聚状态，人口分布的空间集聚区域主要以拉萨为中心，主要分布于拉萨河流域。从不同时期西藏人口分布的空间自相关分析来看，西藏人口空间分布的集聚性有所减弱，由人口空间分布的极度不平衡状态向人口分布区域均衡化方向发展，人口分布空间格局具有优化的趋势。总之，西藏人口分布全局空间自相关指数概括了在一个总的空间模式中人口分布对空间的依赖程度，并进一步证明西藏人口分布在整体上具有显著的正自相关，人口数量较多的县与人口数量较多的县在空间上相邻，而人口数量较少的县和人口数量较少的县在空间上相邻近。

在影响西藏人口空间分布格局的因素中，城镇化水平对西藏人口分布空间格局具有重要影响力，从地理加权回归方程不同地区城镇化系数来看，西藏中部地区城镇化的发展能够带动西藏城镇化的整体发展，吸引了大量的人口在此集聚，从而形成城镇带，而阿里地区和昌都地区城镇化的推进对人口集聚影响相对较弱。从这里也可以看出，优化西藏人口空间分布格局需要大力推进西藏城镇化水平。

（五）西藏城镇人口规模分布和城镇空间格局都呈现出典型的分形特征

在不同区域之间，城镇人口的规模分布存在着明显的差异，西藏虽然处于高海拔地区，其城镇人口的发展也表现出一般的规律性。西藏城镇人口规模分布和城镇空间格局都具有自相似性和自组织性，呈现出典型的分形特征。从西藏城镇人口规模分布的分形维数来看，西藏城镇体系人口规模分布较为分散，首位城市拉萨的首位度还不是很高，垄断性还不是很强，城镇规模分布较为集中，中间位序的城市发育，今后应进一步培育首位城市，重点发展区域中心城市。从西藏城镇空间格局分形维数来看，西藏城镇体系空间分布从拉萨市中心向周围递减，城镇空间分布呈现出弱集聚型的特征。在西藏城镇体系空间格局演化过程中，自然环境因素、国家投资和政策、宗教文化和城镇腹地对西藏城镇空间格局都具有影响力，特别是城镇腹地的变化对西藏城镇格局的优化具有重要作用。对西藏七个地级城镇腹地范围分析显示，拉萨市的腹地范围最为广阔，影响力最大，拉萨城市的经济发展对于提升整个西藏经济社会的发展水平具有重要的意义。日喀则市和昌都县城的腹地范围也较为广阔，能够成为次级地域中心，从腹地范围时期对比来看，日喀则市作为次级地域中心的地位在逐步加强，这对于优化西藏人口分布空间格局具有重要的意义。

（六）西藏人口发展功能区划

本书主要结合西藏植被指数数据、西藏最热月温度数据、西藏土地利用数据和西藏夜间灯光数据，最终将西藏分为人口限制区、人口疏散区、人口稳定区和人口集聚区四个区域。人口限制区主要分布在西藏西北部的羌塘高原、冈底斯山脉至念青唐古拉山脉地区和喜马拉雅山脉所在的山区地带，这个地区的生态功能十分突出，也是西藏大部分冰川的所在地。人口疏散区主要分布在西藏西北部的牧区和东南部的一些山地牧区，这些地方是人口与自然矛盾最为集中的地方，牧区的人口承载力相对比较低，再加上这些地区人口的出生率比较高，因此这些地区应该进行一定的人口疏散。人口稳定区主要分布于雅鲁藏布江中游河谷、拉萨河流域、尼洋河流域、那曲至昌都一线和一些湖盆地区，这些地区开发的历史相对较悠久，是西藏人口主要承载的地方；这些地方人口要稳定增长，同时还需要构筑生态安全屏障，防止土地沙漠化。人口集聚区主要分布于拉萨河、年楚河，那曲、昌都和我国的山南地区（印度占领），这些地区主要分布于城镇的周围，这也是西藏未来人口主要的流动区域，是构建西藏城镇体系的中心地带。

将西藏人口功能区和西藏不同时期的密度图对比来看，两者十分的契合。西藏人口密度小于每平方公里2人的区域基本都属于人口限制区和人口疏散区；西藏人口密度大于每平方公里2人的区域基本上都属于人口稳定区和人口集聚区域，特别是西藏人口密度每平方公里2~10人的区域和人口功能区中人口稳定区的范围基本一致。从空间区域来看，人口稳定区基本呈现以拉萨为中心的反"Z"形区域，人口集聚区域也包含在内。人口集聚区主要是以拉萨市、山南地区和林芝地区的城镇为主体，在空间上形成一个椭圆形的城镇带，从而使这个区域成为西藏城镇的发展极。在核心城镇带的构建过程中，也要注重发展日喀则和那曲的南北联系，使其成为重要的辅助力量，未来这些区域将形成以发展农业、林业、牧业为基础，以矿业、林产业、药业、民族工业和旅游、边贸业为主体，商品流通和综合交通枢纽为纽带的城镇发展体系。

二　研究存在的不足

（一）研究数据不足

由于西藏地区的自然环境比较特殊，一些地方交通不便，直到1982年西藏人口普查才普遍实行直接调查登记，再加上历次人口普查的内容也不尽相同，所以在进行西藏人口数据时期对比分析时存在不少困难。在西藏人口分布影响因素分析方面缺少相关的社会经济数据，本书在西藏自然因素方面分析较多，在西藏社会经济方面分析较少，特别缺乏西藏产业结构和生产布局特点对西藏人口分布影响的研究。西藏处于高原地区，因而研究高原地区人口垂直分布规律显得特别有意义，由于西藏自治区2010年人口普查乡镇数据没有公布，再加上没能得到西藏乡镇一级的行政区划图，本书都是基于西藏县一级的人口数据，所以在研究西藏人口垂直分布规律方面存在一定的局限性，不能够精确地刻画西藏人口垂直分布的特征。

（二）对西藏人口迁移流动研究不足

目前西藏城镇化率比较低，大量的人口被束缚在农牧业生产方面，人口的再分布活力不足。2010～2050 年是西藏人口快速城镇化的时期，大量的农村人口将流入城镇地区，西藏将经历从山地乡村社会到平原城市社会的转变，而西藏人口的迁移流动是促成这种转变的先决条件。由于缺少 2000 年和 2010 年西藏人口迁移数据，因此，对西藏地区人口的省际迁移流动趋势和西藏地区内部人口迁移流动趋势就缺乏相关研究，特别是对西藏人口迁移流向选择和人口迁移圈形成缺乏相关研究，以致在研究西藏人口城镇化问题方面缺少相应的流动、迁移人口数据和相关描述。虽然本书利用城镇腹地方面资料，间接从宏观方面研究了城镇的影响力，一定程度上弥补了这方面的缺陷，但这也不能代替人口迁移数据对城镇人口迁移圈研究的意义。

三 对未来研究的展望

（一）加深西藏人口垂直分布变动的精确研究

在人口垂直分布变动的研究方面，本书只能把某一级行政区视作一个整体，由于很难完全获得一个行政区域所有人口空间分布的平均高程，一般用区域行政中心的高程来代表整个区域的高程。如果以后能够获得西藏乡镇一级的行政区划图和乡镇一级的人口数据，笔者可以更为精确地研究西藏地区不同时期和不同海拔高程带的人口分布变动情况，这对于了解西藏高原山区的人口压力和生态危机具有十分重要的作用。由于地理条件不同，不同区域人口垂直分布规律并不是简单的人口随海拔上升而减少的关系，所以在掌握西藏 600 多个乡镇的高程数据和人口数据的基础上，就能够利用函数更精确地模拟不同海拔高程人口密度的变化情况。

（二）加深西藏人口迁移流向与人口迁移圈研究

由于西藏特殊的自然环境和人文背景，在相当长的一段时期外来人口迁入极少，随着西藏经济社会的发展和青藏铁路的开通，西藏人口迁移日趋活跃。由于受到社会、经济、地理、历史乃至个人多种因素的影响，人口迁移具有一定的规律性，人口流动也具有特定的迁入地和迁出地。今后在获取更丰富西藏人口迁移数据的基础上，笔者拟利用迁移熵来研究西藏人口迁移的集中或分散程度，分析西藏在省际的人口迁移流向的特征和西藏地区内部人口迁移流向的特征，从而得到西藏的省际密切经济联系区域和西藏人口迁移圈，这样的研究对于西藏人口城镇化的发展和城镇空间格局优化都具有特别重要的意义。

（三）加深西藏人口分布变动模拟与预测研究

西藏的生态环境比较脆弱，迫于人口压力，一些不合理的人为因素对西藏生态环境造成了不可挽回的影响，如果能够对未来西藏人口分布变动进行模拟与预测，那么这对政府制定政策和构建合理城镇体系，引导西藏人口合理再分布都具有一定的参考价值。西藏人口分布过程是一个复杂的动态系统，笔者拟利用多智能体系统，建立包含气候变化、土地变化、人口迁移流动、农业、社会因素在内的西藏人口与资源环境交互作用的模型，从而对西藏人口分布变动的有关情景进行模拟分析与预测研究。

参考文献

中文文献

安七一：《中国西部概览》，民族出版社，2000。

才让太：《冈底斯神山崇拜及其周边的古代文化》，《中国藏学》1996年第1期。

才让太：《古老象雄文明》，《西藏研究》1985年第2期。

才让太：《再探古老的象雄文明》，《中国藏学》2005年第1期。

曹丽琴、李平湘、张良培：《基于DMSP/OLS夜间灯光数据的城市人口估算—以湖北省各县市为例》，《遥感信息》2009年第1期。

常霞青：《麝香之路上的西藏宗教文化》，浙江人民出版社，1988。

陈华、索朗仁青：《西藏人口，资源，环境与可持续发展》，《人口研究》2002年第1期。

陈建立、毛瑞林、王辉等：《甘肃临潭磨沟寺洼文化墓葬出土铁器与中国冶铁技术起源》，《文物》2012年第8期。

陈晋、卓莉、史培军等：《基于DMSP/OLS数据的中国城市化过程研究——反映区域城市化水平的灯光指数的构建》，《遥感学报》2003年第3期。

陈庆英、高淑芬：《西藏通史》，中州古籍出版社，2003。

陈雅淑、张昆：《美国纽约州华人的空间分布研究》，《西北人口》2008年第5期。

陈彦光、单纬东：《区域城市人口分布的分形测度》，《地域研究与开发》1999年第1期。

陈志明：《1:400万中国及其毗邻地区地貌说明书》，《中国地貌纲》，中国地图出版社，1993。

成升魁、沈镭：《青藏高原人口，资源，环境与发展互动关系探讨》，《自然资源学报》2000 年第 4 期。

程鸿、倪祖彬：《西藏农业地理》，科学出版社，1984。

崔功豪、魏清泉、陈宗兴：《区域分析与规划》，高等教育出版社，1999。

邓发旺、刘天平：《西藏自治区主体功能区的发展思路》，《宏观经济管理》2009 年第 12 期。

邓祖涛、陆玉麒：《长江流域城市人口分布及空间相关性研究》，《人口与经济》2007 年第 4 期。

董春、刘纪平、赵荣等：《地理因子与空间人口分布的相关性研究》，《遥感信息》2002 年第 1 期。

杜国明、张树文、张有全：《城市人口分布的空间自相关分析——以沈阳市为例》，《地理研究》2007 年第 2 期。

杜军、胡军、索朗欧珠：《西藏高原农业界限温度的变化特征》，《地理学报》2005 年第 2 期。

杜莉：《西藏发展县域经济与农牧民增收问题的研究》，西藏人民出版社，2006。

顿珠拉杰：《西藏西北部地区象雄文化遗迹考察报告》，《西藏研究》2003 年第 3 期。

樊杰、王海：《西藏人口发展的空间解析与可持续城镇化探讨》，《地理科学》2005 年第 4 期。

封志明、李鹏：《20 世纪人口地理学研究进展》，《地理科学进展》2011 年第 2 期。

傅大雄、阮仁武、戴秀梅等：《西藏昌果古青稞、古小麦、古粟的研究》，《作物学报》2000 年第 4 期。

傅小锋：《青藏高原城镇化及其动力机制分析》，《自然资源学报》2000 年第 4 期。

高登义、邹捍、王维：《雅鲁藏布江水汽通道对降水的影响》，《山地研究》1985 年第 4 期。

高向东、江取珍：《对上海城市人口分布变动与郊区化的探讨》，《城市规划》2002 年第 1 期。

格勒：《论藏族文化的起源形成与周围民族的关系》，中山大学出版社，1988。

葛美玲、封志明：《基于 GIS 的中国 2000 年人口之分布格局研究》，《人口研究》2008 年第 1 期。

葛美玲、封志明：《科学界定人口发展功能区　促进区域人口与资源环境协调发展——生态屏障、功能区划与人口发展研究报告》，《人口研究》2008 年第 3 期。

古格·次仁加布：《略论十世纪中叶象雄王国的衰亡》，《中国藏学》2012 年第 2 期。

韩向娣、周艺、王世新等：《基于夜间灯光和土地利用数据的 GDP 空间化》，《遥感技术与应用》2012 年第 3 期。

何春阳、李景刚、陈晋等：《基于夜间灯光数据的环渤海地区城市化过程》，《地理学报》2005 年第 3 期。

何春阳、史培军、李景刚等：《基于 DMSP/OLS 夜间灯光数据和统计数据的中国大陆 20 世纪 90 年代城市化空间过程重建研究》，《科学通报》2006 年第 7 期。

侯光良、许长军、樊启顺：《史前人类向青藏高原东北缘的三次扩张与环境演变》，《地理学报》2010 年第 1 期。

侯石柱：《西藏考古大纲》，西藏人民出版社，1991。

胡焕庸、张善余：《世界人口分布》，华东师范大学出版社，1982。

胡焕庸、张善余：《中国人口地理》，华东师范大学出版社，1984。

黄万波：《"东亚型"人类的起源之谜》，《百科知识》2008 年第 1 期。

黄万波：《论"东亚型"人类的起源与演化》，《重庆三峡学院学报》2008 年第 4 期。

黄懿陆：《〈山海经〉考古：夏朝起源与先越文化研究》，民族出版社，2007。

黄祖宏、高向东：《基于 ESDA 的上海市常住境外人口空间分析》，《人口与发展》2012 年第 2 期。

霍巍：《近十年西藏考古的发现与研究》，《文物》2000 年第 3 期。

霍巍：《论古代象雄与象雄文明》，《西藏研究》1997 年第 3 期。

霍巍、李永宪：《揭开古老象雄文明的神秘面纱——象泉河流域的考古调查》，《中国西藏》2005 年第 1 期。

贾兰坡、张兴永：《我国西南地区在考古学和古人类研究中的重要地位》，《云南社会科学》1984 年第 3 期。

蒋彬：《论西藏农村剩余劳动力向小城镇的转移》，《西南民族学院学报》（哲学社会科学版）2002 年第 9 期。

蒋国富、刘长运：《河南省县域经济的空间分异》，《经济地理》2008 年第 4 期。

〔美〕克里斯蒂安：《时间地图：大历史导论》，晏可佳，上海社会科学院出版社，2007。

李炳元、李钜章：《中国 1:100 万地貌图图例系统和地貌类型的探讨》，载《地貌制图研究文集》，中国科学院地理研究所，测绘出版社，1986。

李炳元、潘保田、韩嘉福：《中国陆地基本地貌类型及其划分指标探讨》，《第四纪研究》2008 年第 4 期。

李含琳：《青藏铁路对西藏人口发展的影响和对策研究》，《重庆工商大学学报（西部论坛）》2007 年第 1 期。

李含琳：《西藏城镇化发展的新思路》，《西部论丛》2006 年第 5 期。

李晶、林天应：《基于 GIS 的西安市人口空间分布变化研究》，《陕西师范大学学报（自然科学版）》2011 年第 3 期。

李景刚、何春阳、史培军等：《基于 DMSP/OLS 灯光数据的快速城市化过程的生态效应评价研究——以环渤海城市群地区为例》，《遥感学报》2007 年第 1 期。

李立华、何毓成：《青藏铁路对西藏旅游的影响分析》，《山地学报》2006 年第 5 期。

李明森：《青藏高原环境保护对策》，《资源科学》2000 年第 4 期。

李若建：《1840～1990 年中国大陆人口再分布概况》，《中山大学学报》（社会科学版）1992 年第 1 期。

李若建：《1949～1987 年广东省的人口再分布》，《南方人口》1990 年第 2 期。

李森、董玉祥、董光荣：《青藏高原沙漠化问题与可持续发展》，中国藏学出版社，2001。

李森、杨萍、董玉祥：《西藏土地沙漠化及其防治》，科学出版社，2010。

李涛：《西藏乡村城市化分析——兼论麦基的亚洲城市化模式（Desakota）》，《西藏研究》2005 年第 1 期。

李通、何春阳、杨洋等：《1995～2008 年中国大陆电力消费量时空动态》，《地理学报》2011 年第 10 期。

李同升、王霞：《陕西省非农人口分布的空间自相关特征分析》，《西北大学学报（自然科学版）》2007 年第 6 期。

李晓绩：《蒙古国人口发展面临的问题及人口政策》，《人口学刊》2009 年第 1 期。

李旭东：《喀斯特高原山区人口空间结构及其对可持续发展的影响》，华东师范大学，博士学位论文，2007。

李学通：《翁文灏与民国时期的西部开发》，载《中国历史上的西部开发——2005 年国际学术研讨会论文集》，商务印书馆，2007。

梁书民、厉为民、白石：《青藏铁路对西藏城市（镇）发展的影响》，《城市发展研究》2006 年第 4 期。

廖顺宝、李泽辉：《基于人口分布与土地利用关系的人口数据空间化研究——以西藏自治区为例》，《自然资源学报》2003 年第 6 期。

廖顺宝、李泽辉：《基于人口分布与土地利用关系的人口数据空间化研究》，《自然资源学报》2003 年第 6 期。

廖顺宝、孙九林：《青藏高原人口分布与环境关系的定量研究》，《中国人口·资源与环境》2003 年第 3 期。

廖晓勇、陈治谏、王海明等：《西藏自治区土地利用功能分区研究》，《安徽农业科学》2008 年第 7 期。

刘德钦、刘宇、薛新玉：《中国人口分布及空间相关分析》，《测绘科学》2004 年第 S1 期。

刘峰、马金辉、宋艳华等：《基于空间统计分析与 GIS 的人口空间分布模式研究——以甘肃省天水市为例》，《地理与地理信息科学》2004 年第 6 期。

刘纪远、岳天祥、王英安等：《中国人口密度数字模拟》，《地理学报》2003 年第 1 期。

刘瑞、王大犀、彭存宣等：《中国人口：西藏分册》，中国财政经济出版社，1988。

刘天仇：《西藏高原河流水资源特征及应用前景》，《西藏大学学报（汉文版)》1998 年第 3 期。

刘艳、马劲松：《核密度估计法在西藏人口空间分布研究中的应用》，《西藏科技》2007 年第 4 期。

刘燕华、王强：《中国适宜人口分布研究——从人口的相对分布看各省区可持续性》，《中国人口·资源与环境》2001 年第 1 期。

刘雨林：《关于西藏主体功能区建设中的生态补偿制度的博弈分析》，《干旱区资源与环境》2008 年第 1 期。

刘雨林：《论西藏主体功能区划》，《西藏研究》2007 年第 3 期。

刘雨林：《西藏主体功能区划研究》，《生态经济》2007 年第 6 期。

龙西江：《再论藏汉民族的共同渊源——青藏高原古藏人之古象雄（古支那）、西女国中的"嘉"（夏）部落与中原夏王朝的亲属渊源关系（上）》，《西藏研究》2004 年第 2 期。

陆大道、姚士谋：《中国区域发展报告——城镇化进程及空间扩张》，商务印书馆，2006。

吕安民、李成名、林宗坚等：《中国省级人口增长率及其空间关联分析》，《地理学报》2002 年第 2 期。

吕晨、樊杰、孙威：《基于 ESDA 的中国人口空间格局及影响因素研究》，《经济地理》2009 年第 11 期。

吕霜、曾艳、张丹：《基于数学方法分析西藏城镇体系空间分布特征的研究》，《安徽农业科学》2008 年第 9 期。

罗磊、彭骏：《青藏高原北部荒漠化加剧的气候因素分析》，《高原气象》2004 年第 1Z 期。

马戎：《西藏的经济形态及其对区域间人口迁移的影响》，《西北民族研究》1993 年第 1 期。

马松江：《三江源地区生态保护与建设投资项目实施效果分析——以格尔木市唐古拉山镇为例》，《草业科学》2010 年第 9 期。

马晓冬、马荣华、徐建刚：《基于 ESDA - GIS 的城镇群体空间结构》，《地理学报》2004 年第 6 期。

满颖之、隋干城：《关于人口地理分布规律的探讨》，《人口与城市地理研究》1983 年第 4 期。

梅林：《人口地理学》，哈尔滨地图出版社，2005。

孟向京、贾绍凤：《中国省级人口分布影响因素的定量分析》，《地理研究》1993 年第 3 期。

南卡诺布、阿旺加措：《远古象雄人起源概说》，《西北民族大学学报》（哲学社会科学版）2010 年第 2 期。

倪祖彬：《西藏的农业自然资源评价与农业发展》，《自然资源》1983 年第 4 期。

聂芹：《山东省人口分布及空间相关性研究》，《测绘科学》2011 年第 2 期。

潘竟虎、石培基、董晓峰：《中国地级以上城市腹地的测度分析》，《地理学报》2008 年第 6 期。

普布次仁：《城市化与西藏城镇发展刍议》，《中国藏学》1995 年第 3 期。

秦贤宏、段学军、李慧等：《中国人口文化素质的空间格局、演变及其影响》，《经济地理》2008 年第 5 期。

任强、沃夫冈：《人口密度和生育率：一项探索性分析》，《中国人口科学》2003 年第 5 期。

邵青伟：《西藏自治区水资源综合利用》，《山西建筑》2008 年第 10 期。

邵伟、蔡晓布：《西藏高原草地退化及其成因分析》，《中国水土保持科学》2008 年第 1 期。

沈斌华、王龙耿：《蒙古族历史人口初探（11 世纪－17 世纪中叶）》，《内蒙古大学学报》（哲学社会科学版）1996 年第 5 期。

沈玉昌：《中国的地貌类型与区划问题的商讨》，《中国第四纪研究》1958 年第 1 期。

沈玉昌：《中国地貌区划（初稿）》，科学出版社，1959。

施雅风、孔昭宸、王苏民等：《中国全新世大暖期的气候波动与重要事件》，《中国科学（B 辑　化学　生命科学　地学)》1992 年第 12 期。

石硕：《从人类起源的新观点看西藏的旧石器时代文化遗存》，《中国藏学》2008 年第 1 期。

石硕：《从新石器时代文化看黄河上游地区人群向藏彝走廊的迁徙》，《西南民族大学学报（人文社科版）》2008 年第 10 期。

石硕：《关于唐以前西藏文明若干问题的探讨（上）》，《西藏艺术研究》1992 年第 4 期。

石硕：《关于唐以前西藏文明若干问题的探讨（下）》，《西藏艺术研究》1993 年第 1 期。

石硕：《西藏新石器时代人群面貌及其与周边文化的联系》，《藏学学刊》2011 年第 00 期。

〔美〕斯塔夫里阿诺斯：《全球通史：从史前到 21 世纪》，吴象婴等译，北京大学出版社，2005。

宋艳华、马金辉、刘峰：《基于 GIS 的中国气温空间分布与分区初探》，《干旱区资源与环境》2006 年第 4 期。

苏飞、张平宇：《辽中南城市群人口分布的时空演变特征》，《地理科学进展》2010 年第 1 期。

孙尚志、虞孝感：《西藏耕作业的地域分布特征》，《自然资源》1982 年第 1 期。

〔法〕索维：《人口通论（下册）》，查瑞传等译，商务印书馆，1982。

汤惠生：《西藏青铜时代的社会经济类型及相关问题》，《清华大学学报》（哲学社会科学版）2012 年第 1 期。

唐领余、李春海、安成邦等：《黄土高原西部 4 万多年以来植被与环境变化的孢粉记录》，《古生物学报》2007 年第 1 期。

唐柳、俞乔、鲜荣生等：《西藏文化旅游业发展的空间布局及路径研究》，《经济地理》2012 年第 7 期。

唐伟、钟祥浩、周伟：《西藏"一江两河"地区人口空间分布的动态演变》，《中国人口资源与环境》2011 年第 3 期。

田永中、陈述彭、岳天祥等：《基于土地利用的中国人口密度模拟》，《地理学报》2004 年第 2 期。

童恩正：《西藏考古综述》，《文物》1985 年第 9 期。

童玉芬：《耗散结构理论与人口的空间分布》，《西北人口》1988 年第 4 期。

〔苏〕瓦·维·波克希舍夫斯基著等：《人口地理学》，南致善，北京大学出版社，1987。

汪科：《西藏高原城镇建设》，《城市发展研究》1999 年第 4 期。

王翠平、王豪伟、李春明等：《基于 DMSP/OLS 影像的我国主要城市群空间扩张特征分析》，《生态学报》2012 年第 3 期。

王德、项㒱:《中心城市影响腹地的动态变化研究》,《同济大学学报:自然科学版》2006年第9期。

王恩涌:《中国的文明为什么没有中断(二)》,《中学地理教学参考》2002年第1期。

王法辉:《基于GIS的数量方法与应用》,商务印书馆,2009。

王桂新:《中国人口分布与区域经济发展》,华东师范大学出版社,1997。

王桂新:《中国人口迁移与城市化研究》,中国人口出版社,2006。

王鹤饶、郑新奇、袁涛:《DMSP/OLS数据应用研究综述》,《地理科学进展》2012年第1期。

王克:《藏族人口史考略》,《西藏研究》1985年第2期。

王礼茂、方叶兵:《青藏铁路建设对沿线经济结构和经济布局的影响》,《经济地理》2005年第1期。

王绍令、赵林、李述训:《青藏高原沙漠化与冻土相互作用的研究》,《中国沙漠》2002年第1期。

王绍武:《夏朝立国前后的气候突变与中华文明的诞生》,《气候变化研究进展》2005。

王小彬:《西藏城镇发展研究》,《小城镇建设》2002年第6期。

王雪梅、李新、马明国:《基于遥感和GIS的人口数据空间化研究进展及案例分析》,《遥感技术与应用》2004年第5期。

王跃云、徐昀、朱喜钢:《江苏省城镇建设用地扩展时空格局演化——基于1993、1998、2003年度夜间灯光数据的分析》,《现代城市研究》2010年第2期。

魏伟、李博寻、焦永利:《藏区中心城市的演变及格局研究》,《建筑学报》2007年第7期。

文余源:《青藏铁路工程的地区发展效应分析》,《青海社会科学》2008年第2期。

邬沧萍:《人口学学科体系研究》,中国人民大学出版社,2006。

邬文艳:《呼包鄂城市群空间结构分形特征分析》,《河套大学学报》2011年第4期。

吴文祥、刘东生:《4000aB. P. 前后东亚季风变迁与中原周围地区新石器文化的衰落》,《第四纪研究》2004年第3期。

吴新智：《从中国晚期智人颅牙特征看中国现代人起源》，《人类学学报》1998 年第 4 期。

吴玉麟、李玉江、王洪芬：《人口地理学》，山东人民出版社，2001。

武江民、党国锋、鱼腾飞：《西藏自治区人口空间分布模式研究》，《甘肃联合大学学报（自然科学版）》2010 年第 2 期。

西黔：《西藏自治区三级城镇体系建成》，《城市规划通讯》2005 年第 4 期。

夏禹龙、刘吉、冯之浚等：《梯度理论和区域经济》，《科学学与科学技术管理》1983 年第 2 期。

谢志清、杜银、曾燕等：《长江三角洲城市带扩展对区域温度变化的影响》，《地理学报》2007 年第 7 期。

修春亮、袁家冬：《伊春市城镇体系的演变及对策》，《地理科学》，2002。

徐丽华、岳文泽：《上海市人口分布格局动态变化的空间统计研究》，《长江流域资源与环境》2009 年第 3 期。

徐梦洁、陈黎、刘焕金等：《基于 DMSP/OLS 夜间灯光数据的长江三角洲地区城市化格局与过程研究》，《国土资源遥感》2011 年第 3 期。

徐梦洁、张俊凤、陈黎等：《长三角城市群空间扩张的模式、类型与效益》，《城市问题》2011 年第 9 期。

徐霞、辜世贤、刘宝元等：《西藏山南地区自然环境与土地人口承载力研究——以乃东县，琼结县，扎囊县与贡嘎县为例》，《水土保持研究》2007 年第 1 期。

许学强、周一星、宁越敏：《城市地理学》，高等教育出版社，1997。

宣国富、徐建刚、赵静：《基于 ESDA 的城市社会空间研究——以上海市中心城区为例》，《地理科学》2010 年第 1 期。

晏春元：《本波教起源地象雄为嘉绒藏区浅析（上）》，《西藏研究》1989 年第 3 期。

晏春元：《本波教起源地象雄为嘉绒藏区浅析（下）》，《西藏研究》1989 年第 4 期。

晏春元：《从藏文字的渊源探讨象雄为嘉绒藏区》，《西藏研究》1990 年第 3 期。

杨虎德：《青海藏区社会稳定研究》，云南教育出版社，2010。

杨剑、蒲英霞、秦贤宏等:《浙江省人口分布的空间格局及其时空演变》,《中国人口·资源与环境》2010 年第 3 期。

杨眉、王世新、周艺等:《DMSP/OLS 夜间灯光数据应用研究综述》,《遥感技术与应用》2011 年第 1 期。

杨眉、王世新、周艺等:《基于 DMSP/OLS 影像的城市化水平遥感估算方法》,《遥感信息》2011 年第 4 期。

杨洋、何春阳、赵媛媛等:《利用 DM SP/OLS 稳定夜间灯光数据提取城镇用地信息的分层阈值法研究》,《中国图象图形学报》2011 年第 4 期。

阴英超:《基于 DMSP/OLS 灯光数据的新疆天山北坡经济带城市化研究》,新疆大学,硕士学位论文,2010。

俞路、张善余:《近年来北京市人口分布变动的空间特征分析》,《市场与人口分析》2005 年第 6 期。

袁莎:《西藏古格王国探秘》,宗教文化出版社,2009。

原新:《新疆人口垂直分布规律初探》,《西北人口》1986 年第 1 期。

原新、林丽:《论新疆人口东西分布不均与经济的关系》,《西北人口XBRK》1987 年第 2 期。

运迎霞、杨德进、卢思佳:《近 30 年来新疆城镇发展的格局与过程研究》,《城市规划学刊》2011 年第 3 期。

曾加芹:《1985 ~ 2005 年西藏资源人口承载力探析》,《西南农业学报》2007 年第 4 期。

扎央:《西藏的人口与土地资源的承载能力》,《人口与经济》2002 年第 2 期。

张保见:《民国时期(1912 ~ 1949)西藏商业及城镇的发展与布局述论》,《中国社会经济史研究》2011 年第 3 期。

张车伟、蔡翼飞:《中国城镇化格局变动与人口合理分布》,《中国人口科学》2012 年第 6 期。

张方笠、杨致恒:《我国人口布局和劳动就业》,《财经科学》1982 年第 2 期。

张锦宗、朱瑜馨、周杰:《基于 BP 网络与空间统计分析的山东人口空间分布模式预测研究》,《测绘科学》2009 年第 6 期。

张晶、吴绍洪、刘燕华等:《土地利用和地形因子影响下的西藏农业产值空间化模拟》，《农业工程学报》2007 年第 4 期。

张琨、玉文华：《论象雄》，《西藏研究》1982 年第 1 期。

张林山：《城镇化和我国农村剩余劳动力梯度转移模式》，《北京科技大学学报》（社会科学版）2006 年第 3 期。

张荣祖、郑度、杨勤业等：《西藏自然地理》，科学出版社，1982。

张善余：《人口垂直分布规律和中国山区人口合理再分布研究》，华东师范大学出版社，1996。

张善余：《中国人口地理》，科学出版社，2003。

张天路：《西藏人口的变迁》，中国藏学出版社，1989。

张雪峰：《内蒙古城市化空间扩展的遥感监测研究》，内蒙古师范大学，2010。

张亚莎：《古象雄的"鸟图腾"与西藏的"鸟葬"》，《中国藏学》2007 年第 3 期。

张耀军、任正委：《基于地理加权回归的山区人口分布影响因素实证研究——以贵州省毕节地区为例》，《人口研究》2012 年第 4 期。

张谊光：《西藏气候的农业评价》，《自然资源》1978 年第 1 期。

张镱锂、张玮、摆万奇等：《青藏高原统计数据分析——以人口为例》，《地理科学进展》2005 年第 1 期。

张银运：《中国早期智人牙齿化石》，《人类学学报》1986 年第 2 期。

张云：《上古西藏与波斯文明》，中国藏学出版社，2005。

赵卫、沈渭寿、邹长新等：《雅鲁藏布江源头区居民点分布的影响因素》，《山地学报》2012 年第 6 期。

赵小蓉：《对西藏主体功能区规划的几点思考》，《西藏发展论坛》2009 年第 6 期。

郑度：《青藏高原形成环境与发展》，河北科学技术出版社，2003。

郑度、姚檀栋：《青藏高原隆升与环境效应》，科学出版社，2004。

钟祥浩、李祥妹、王小丹等：《西藏小城镇体系发展思路及其空间布局和功能分类》，《山地学报》2007 年第 2 期。

钟祥浩、刘淑珍、王小丹等：《西藏生态环境脆弱性与生态安全战略》，《山地学报》2003 年第 S1 期。

钟祥浩、王小丹、李辉霞等：《西藏土壤侵蚀敏感性分布规律及其区划研究》，《山地学报》2003 年第 S1 期。

周廷儒、施雅风、陈述彭：《中国地形区划草案》，科学出版社，1956。

周炜：《"青藏铁路对当地传统文化影响与评估"座谈会综述》，《中国藏学》2004 年第 4 期。

朱玉福、周成平：《青藏铁路通车后西藏流动人口探析》，《西北人口》2009 年第 6 期。

朱悦梅：《吐蕃王朝人口研究》，《中国藏学》2012 年第 1 期。

祝卓：《人口地理学》，中国人民大学出版社，1991。

卓嘎、罗布、周长艳：《1980～2009 年西藏地区水汽输送的气候特征》，《冰川冻土》2012 年第 4 期。

卓莉、陈晋、史培军等：《基于夜间灯光数据的中国人口密度模拟》，《地理学报》2005 年第 2 期。

卓莉、李强、史培军等：《20 世纪 90 年代中国城市用地外延扩展特征分析》，《中山大学学报（自然科学版）》2007 年第 3 期。

卓莉、李强、史培军等：《基于夜间灯光数据的中国城市用地扩展类型》，《地理学报》2006 年第 2 期。

卓莉、史培军、陈晋：《20 世纪 90 年代中国城市时空变化特征——基于灯光指数 CNLI 方法的探讨》，《地理学报》2003 年第 6 期。

邹尚辉：《城市人口的遥感估算方法》，《环境遥感》1991 年第 3 期。

英文文献

Kolias, Yiannis Karmo, *Mountains of the World Mountain Ecosystem Dynamics*, International Financial Corporation, 1990.

Aldenderfer, M., Yinong, Z., "The Prehistory of the Tibetan Plateau to the Seventh Century AD: Perspectives and Research from China and the West Since 1950," *Journal of World Prehistory*, 2004, 18 (1): 1 – 55.

Azar, D., Graesser, J., Engstrom, R., et al., Spatial Refinement of Census Population Distribution Using Remotely Sensed Estimates of Impervious Surfaces in Haiti, *International Journal of Remote Sensing*, 2010, 31 (21): 5635 – 5655.

Carr, E. R., Placing the Environment in Migration: Environment, Economy, and Power in Ghana's Central Region, *Environment and Planning A*, 2005, 37 (5): 925 – 946.

Chi, G. Q. , Ventura, S. J. , An Integrated Framework of Population Change: Influential Factors, Spatial Dynamics, and Temporal Variation, *Growth and Change*, 2011, 42 (4): 549 – 570.

Childs, G. , Goldstein, M. C. , Jiao, B. , et al. , Tibetan Fertility Transitions in China and South Asia, *Population and Development Review*, 2005, 31 (2): 337 – 349.

Clark, J. I. , *Population Geography*, Pergamon Press Ltd. , 1970.

Cliff, A. D. , Ord, J. K. , *The Problem of Spatial Autocorrelation*, University, 1968.

Cliff, A. D. , Ord, J. K. , *Spatial Processes: Models & Applications*, Pion London, 1981.

Cliff, A. D. , Ord, K. , Spatial Autocorrelation: A Review of Existing and New Measures with Applications, *Economic Geography*, 1970, 46: 269 – 292.

Diaz-Padilla, G. , Sanchez-Cohen, I. , Guajardo-Panes, R. A. , et al. , Mapping of the Aridity Index and Its Population Distribution in Mexico, *Revista Chapingo Serie Ciencias Forestales Y Del Ambiente*, 2011, 17: 267 – 275.

El Ghordaf, J. , Hbid, M. L. , Mathematical Analysis of the Evolution of a Model of Regional Population Distribution, *Mathematical Models and Methods in Applied Sciences*, 2006, 16 (03): 347 – 374.

Fang, Y. , Ouyang, Z. Y. , Zheng, H. , et al. , Natural Forming Causes of China Population Distribution. , Ying yong sheng tai xue bao = The journal of applied ecology/Zhongguo sheng tai xue xue hui, Zhongguo ke xue yuan Shenyang ying yong sheng tai yan jiu suo zhu ban, 2012, 23 (12): 3488.

Fischer, A. M. , "Population Invasion" versus Urban Exclusion in the Tibetan Areas of Western China, *Population and Development Review*, 2008, 34 (4): 631 – 662.

Gaughan, A. E. , Stevens, F. R. , Linard, C. , et al. , High Resolution Population Distribution Maps for Southeast Asia in 2010 and 2015, *PloS One*, 2013, 8 (2): e55882.

Geary, R. C., The Contiguity Ratio and Statistical Mapping, *The Incorporated Statistician*, 1954, 5 (3): 115 – 146.

Grabau, A. W., Tibet and the Origin of Man, *Geografiska Annaler*, 1935, 17: 317 – 325.

Henderson, M., Yeh, E. T., Gong, P., et al., Validation of Urban Boundaries Derived from Global Night-time Satellite Imagery, *International Journal of Remote Sensing*, 2003, 24 (3): 595 – 609.

Hoozemans, F. M., Stive, M. J., Bijlsma. L., A Global Vulnerability Assessment: Vulnerability of Coastal Areas to Sea Level Rise, *American Society of Civil Engineers*, 1993.

Hugo, G., Future Demographic Change and its Interactions with Migration and Climate Change, *Global Environmental Change*, 2011, 21: S21 – S33.

Huntington, E., Climatic Change and Agricultural Exhaustion as Elements in the Fall of Rome, *The Quarterly Journal of Economics*, 1917, 31 (2): 173 – 208.

Huntington, E., *Civilization and Climate*, Yale University Press, 1922.

Imhoff, M. L., Lawrence, W. T., Elvidge, C. D., et al., Using night-time DMSP/OLS images of city lights to estimate the impact of urban land use on soil resources in the United States, *Remote Sensing of Environment*, 1997, 59 (1): 105 – 117.

Jefferson, M., Why Geography? The Law of the Primate City, *Geographical Review*, 1989, 79 (2): 226 – 232.

Lau, K. H., A GIS-based Stochastic Approach to Generating Daytime Population Distributions for Vehicle Route Planning, *Transactions in GIS*, 2009, 13 (5 – 6): 481 – 502.

Li, G., Weng, Q., Using Landsat ETM + Imagery to Measure Population Density in Indianapolis, Indiana, USA, *Photogrammetric Engineering and Remote Sensing*, 2005, 71 (8): 947.

Li, G., Weng, Q., Fine-scale Population Estimation: How Landsat ETM + Imagery can Improve Population Distribution Mapping, *Canadian Journal of Remote Sensing*, 2010, 36 (3): 155 – 165.

Liao, Y., Wang, J., Meng, B., et al., Integration of GP and GA for

Mapping Population Distribution, *International Journal of Geographical Information Science*, 2010, 24 (1): 47 – 67.

Linard, C., Gilbert, M., Snow, R. W., et al., Population Distribution, Settlement Patterns and Accessibility Across Africa in 2010, *PLoS One*, 2012, 7 (2): e31743.

Liu, W., Jin, C. Z., Zhang, Y. Q., et al., Human Remains from Zhirendong, South China, and Modern Human Emergence in East Asia, *Proceedings of the National Academy of Sciences*, 2010, 107 (45): 19201 – 19206.

Lloyd, C. D., Exploring Population Spatial Concentrations in Northern Ireland by Community Background and Other Characteristics: an Application of Geographically Weighted Spatial Statistics, *International Journal of Geographical Information Science*, 2010, 24 (8): 1193 – 1221.

Lloyd, C. D., *Local Models for Spatial Analysis*, CRC Press, 2010.

Mao, Y., Ye, A., Xu, J., Using Land Use Data to Estimate the Population Distribution of China in 2000, *GIScience & Remote Sensing*, 2012, 49 (6): 822 – 853.

Mcgranahan, G., Balk, D., Anderson B., The Rising Tide: Assessing the Risks of Climate Change and Human Settlements in Low Elevation Coastal Zones, *Environment and Urbanization*, 2007, 19 (1): 17 – 37.

Meybeck, M., Green, P., Vörösmarty, C., A New Typology for Mountains and Other Relief Classes: an Application to Global Continental Water Resources and Population Distribution, *Mountain Research and Development*, 2001, 21 (1): 34 – 45.

Mojica, L., Martí-Henneberg, J., Railways and Population Distribution: France, Spain, and Portugal, 1870 – 2000, *Journal of Interdisciplinary History*, 2011, 42 (1): 15 – 28.

Moran, P. A. P., The Interpretation of Statistical Maps, *Journal of the Royal Statistical Society. Series B (Methodological)*, 1948, 10 (2): 243 – 251.

Moran, P. A. P., Notes on Continuous Stochastic Phenomena, *Biometrika*, 1950: 17 – 23.

Morillas-Torné, M., Creation of a Geo-Spatial Database to Analyse Railways in Europe (1830 - 2010). A Historical GIS Approach, *Journal of Geographic Information System*, 2012, 4 (2): 176 - 187.

Ngoufo, R., The Bamboutos Mountains: Environment and Rural Land Use in West Cameroon, *Mountain Research and Development*, 1992: 349 - 356.

Nicholls, R. J., Hoozemans, F. M., Marchand, M., Increasing Flood Risk and Wetland Losses due to Global Sea-level Rise: Regional and Global Analyses, *Global Environmental Change*, 1999, 9: S69 - S87.

Ohtsuka, R., Changing Food and Nutrition of the Gidra in Lowland Papua New Guinea, 1993.

Palmer, J. R., Espenshade, T. J., Bartumeus, F., et al., New Approaches to Human Mobility: Using Mobile Phones for Demographic Research, *Demography*, 2012: 1 - 24.

Qin, Z., Yang, Y., Kang, L., et al., A Mitochondrial Revelation of Early Human Migrations to the Tibetan Plateau before and after the Last Glacial Maximum, *American Journal of Physical Anthropology*, 2010, 143 (4): 555 - 569.

Qiu, F., Woller, K. L., Briggs, R., Modeling Urban Population Growth from Remotely Sensed Imagery and TIGER GIS Road Data, *Photogrammetric engineering and remote sensing*, 2003, 69 (9): 1031 - 1042.

Ryavec, K. E., Research Note: Regional Dynamics of Tibetan Population Change in Eastern Tibet, ca. 1940 - 1982, *Population & Environment*, 1999, 20 (3): 247 - 257.

Ryavec, K. E., Veregin, H., Population and Rangelands in Central Tibet: A GIS-based Approach, *GeoJournal*, 1998, 44 (1): 61 - 72.

Shi, H., Zhong, H., Peng, Y., et al., Y Chromosome Evidence of Earliest Modern Human Settlement in East Asia and Multiple Origins of Tibetan and Japanese Populations, *BMC biology*, 2008, 6 (1): 45.

Siljander, M., Clark, B., Pellikka, P., A Predictive Modelling Technique for Human Population Distribution and Abundance Estimation Using Remote-sensing and Geospatial Data in a Rural Mountainous Area in Kenya, *International Journal of Remote Sensing*, 2011, 32 (21): 5997 - 6023.

Slater, P. B., World Population Distribution: Smoothed Representations,

Applied Mathematics and Computation, 1993, 53 (2): 207 - 223.

Staszewski, J., Vertical Distribution of World Population, 130 pM, *PWN*, *War*, 1957.

Su, M. D., Lin, M. C., Hsieh, H. I., et al., Multi-layer Multi-class Dasymetric Mapping to Estimate Population Distribution, *Science of the Total Environment*, 2010, 408 (20): 4807 - 4816.

Sutton, P., Roberts, D., Elvidge, C., et al., Census from Heaven: an Estimate of the Global Human Population Using Night-time Satellite Imagery, *International Journal of Remote Sensing*, 2001, 22 (16): 3061 - 3076.

Swank, H., A Wanderer in a Distant Place: Tibetan Exile Youth, Literacy, and Emotion, *International Migration*, 2011, 49 (6): 50 - 73.

Tanner, T., Peopling Mountain Environments: Changing Andean Livelihoods in North-west Argentinal, *The Geographical Journal*, 2003, 169 (3): 205 - 214.

Townsend, A. C., Bruce, D. A., The Use of Night-time Lights Satellite Imagery as a Measure of Australia's Regional Electricity Consumption and Population Distribution, *International Journal of Remote Sensing*, 2010, 31 (16): 4459 - 4480.

Vörösmarty, C. J., Green, P., Salisbury, J., et al., Global Water Resources: Vulnerability from Climate Change and Population Growth, *Science*, 2000, 289 (5477): 284.

Yang, X., Jiang, G., Luo, X., et al., Preliminary Mapping of High-resolution Rural Population Distribution Based on Imagery from Google Earth: A Case Study in the Lake Tai Basin, Eastern China, *Applied Geography*, 2012, 32 (2): 221 - 227.

Yao. T., T. L. Y. W., Different Glacier Status with Atmospheric Circulations in Tibetan Plateau and Surroundings, *Nature Climate Change*, 2012, 2 (9): 663 - 667.

Zhao, M., Kong, Q. P., Wang, H. W., et al., Mitochondrial Genome Evidence Reveals Successful Late Paleolithic Settlement on the Tibetan Plateau, *Proceedings of the National Academy of Sciences*, 2009, 106 (50): 21230 - 21235.

后　记

　　《西藏人口分布变动及人口功能区规划研究》系国家社科基金重大特别委托项目的相关研究成果。西藏是令人神往的地方，是我国重要的生态安全屏障，具有十分重要的战略地位。因为这不期而遇的缘分，我在西藏进行了将近一个月的考察。在西藏生活得越久，就越容易被西藏深厚的文化底蕴所吸引，那吹着口哨脸上洋溢着幸福感的出租车司机，那手拿着转经筒的藏族老人，那具有明净清澈眸子的藏族女孩，那用身体丈量大地的朝圣者，那小脸蛋上略带高原红的孩童，那里的一切都带有深深的文化烙印。每每想起在夕阳的余晖下，大昭寺门前藏族同胞磕长头的身影，就能感受到那虔诚的信仰给心灵带来的冲击。

　　在本书出版之际，我最感激的还是恩师高向东先生。多年来，正是先生的言传身教与悉心指导，让我不断成长、不断提升。从先生身上我学到的不只是知识，还有一生都享用不尽的为人处世的道理。在求学的道路上，在美丽的华东师范大学校园里学习和生活了五年是何其幸运。在这五年的时光里，忘不了导师高向东教授的谆谆教诲，高老师不仅是我的科研导师，更是我的人生导师。由于我天资愚钝，高老师给予了我极大的宽容和耐心，同时给予了我足够自由的学术空间，引导我选择自己喜欢的研究领域，并多次资助我去北京大学人口研究所进修。高老师从辽阔的大草原来沪求学，毕业后又回到了草原服务于家乡。怀着对知识的渴求，出于对学术更高的追求，高老师再次来沪求学，最终由一名医生成为我国第一位蒙古族人口学博士。每当我遇到困难想要放弃时，恩师的人生经历就是一种精神财富，激励着我，使我有勇气面对生活中的坎坷。同时，使我倍感钦佩的，还有先生每天都坚持跑步并学习新的知识。在成书的过程中，先生倾注了大量的心血并提出了新颖的见解，这些都使学生铭记于心。在此，对先生表示由衷的感谢！

在华东师大人口所的五年里，我感受到了其深厚的学术底蕴，也得到了许多良师的指引，领略到了张善余教授的大师风范、朱宝树教授的风趣幽默、桂世勋教授的细致认真、丁金宏教授严谨的学术精神、吴瑞君教授的优雅气质、黄晨熹教授的国际视野。在这里要特别感谢王大犇老师，王老师援藏 12 年，将自己的青春奉献给了西藏。在交流的过程中，能够感受到王老师对西藏不变的深情。在王老师的热心帮助下，我对西藏有了更深的了解，更有信心进行西藏方面的研究，也使我在西藏的调研能够顺利进行。在西藏近一个月的调研过程中，我也得到西藏大学索朗仁青教授，西藏自治区统计局武建华、郭燕，以及西藏自治区教育厅杜建功的大力帮助，在此也深表感谢。同时也要感谢复旦大学的彭希哲教授、任远教授的宝贵建议和北京大学的王恩涌教授，感谢他们为我讲解西藏的地理知识。

我想父母的养育之恩是我们用尽一生也难以偿尽的。在此感谢远在故乡的父亲黄兴炎和母亲翟庆林，是父母的辛苦操劳为我们兄妹三人支撑起了一片晴空，供养我们完成了大学学业。父母朴素的情感给了我无尽的力量，让我有勇气面对生活中的一切。父母对生活的态度也影响着我，使我面对挫折时，多了些许从容和淡然。在我最沮丧无助的时候，每每想起远方的家，我都会从内心深处升腾出丝丝温暖，父母是我心灵疲倦时永远的精神港湾。

最后，要感谢我的妻子和家人，在她们的鼓励和默默支持下，我得以更加专注于学术研究。

谨以此书献给所有给予我关心和帮助的老师、亲人、同学和朋友！

黄祖宏

2018 年 1 月 18 日于安徽合肥

图书在版编目（CIP）数据

西藏人口分布变动及人口功能区规划研究／黄祖宏，
高向东著. -- 北京：社会科学文献出版社，2018.3
　西藏历史与现状综合研究项目
　ISBN 978 - 7 - 5201 - 1768 - 5

　Ⅰ.①西…　Ⅱ.①黄…②高…　Ⅲ.①人口分布 - 研
究 - 西藏②人口规划 - 研究 - 西藏　Ⅳ.①C924.257.5

　中国版本图书馆 CIP 数据核字（2017）第 286799 号

·西藏历史与现状综合研究项目·
西藏人口分布变动及人口功能区规划研究

著　　者／黄祖宏　高向东

出 版 人／谢寿光
项目统筹／宋月华　周志静
责任编辑／袁卫华　孙美子

出　　版／社会科学文献出版社·人文分社（010）59367215
　　　　　地址：北京市北三环中路甲 29 号院华龙大厦　邮编：100029
　　　　　网址：www. ssap. com. cn
发　　行／市场营销中心（010）59367081　59367018
印　　装／三河市尚艺印装有限公司

规　　格／开　本：787mm × 1092mm　1/16
　　　　　印　张：12.75　字　数：206 千字
版　　次／2018 年 3 月第 1 版　2018 年 3 月第 1 次印刷
书　　号／ISBN 978 - 7 - 5201 - 1768 - 5
定　　价／89.00 元

本书如有印装质量问题，请与读者服务中心（010 - 59367028）联系